インターネット関係仮処分の実務

関 述之・小川 直人 [編著]

一般社団法人 **金融財政事情研究会**

はしがき

　人類が自己の思想・知識を伝える最初の手段は，言葉を口に出して述べることでした。しかし，口に出した言葉は消えてしまうので，これを記録する手段が必要になりました。そこで，人類は，文字を発明し，石板，パピルス，羊皮紙などに文字を記録するようになりました。その後，製紙技術のヨーロッパへの伝播と15世紀のグーテンベルクによる活版印刷術の改良が結びついて，迅速・安価な書籍の製作が可能となり，新しい思想・知識の普及に大きく役立ちました。しかし，現代においても，無名の一般人にとって書籍の出版は容易になし得るものではありませんし，個人が所有できる蔵書の量には限界があります。

　ところが，1969年に始まるインターネットの登場とその普及により，情報の送受信をめぐる状況は一変しました。インターネットは，無名の一般人が，自分自身の手で，自分自身のために，世界に向けて情報を発信し，かつ，世界中から情報を収集する手段として広く普及し，われわれの生活を豊かなものにしてくれました。半面，インターネットの世界では，インターネット登場以前にはみられなかった新たな類型の紛争も生じています。

　本書は，こうした新たな類型の紛争のうち，名誉やプライバシーなどの人格的利益やその他の権利利益を侵害する記事がインターネット上に掲載された紛争を念頭に，この紛争に対処するための仮処分（本書では「インターネット関係仮処分」と呼びます）に関する法律問題について，東京地方裁判所民事第9部（保全部）において検討された実務の運用を解説するものです。解説に当たっては，裁判例や各種の書式例も紹介するなどして，実務に即した分かりやすい解説となるよう努めました。本書のこのようなコンセプトは，同じ出版社から既に出版されている『民事保全の実務』（現在は第3版増補版）と共通しています。

　本書の執筆は，東京地裁保全部に現に所属し，またはかつて所属した裁判官及び書記官が分担して行いました。本書は，インターネット関係仮処

分の申立てが集中する東京地裁保全部に蓄積された情報を背景に，同仮処分に関する実務上重要な法律問題について，執筆時点における最新の検討結果をご紹介できたのではないかと考えています。もっとも，インターネット上の表現をめぐる問題には，まだまだ，不明確な部分や議論が確立しているとはいえない部分があり，今後の社会情勢の変化や技術の発展等に伴って，本書でご紹介した実務の運用や検討結果も変わり得ることは，あらかじめ申し上げなければならないでしょう。

東京地裁保全部においては，インターネット関係仮処分は，10年前には保全事件全体の1％にも満たなかったものが，その後の10年間で急増し，いまや保全事件全体の約20％を占めるに至っています。このように，インターネット関係仮処分は，いまや民事保全の重要な一分野となっていますが，本書が，インターネット関係仮処分に携わる実務家はもとより，この分野に関心のあるすべての方に，この分野の実務を理解していただく一助となれば幸いです。

なお，本書が刊行できたのは，東京地裁保全部の渡部勇次部総括判事のご支援によるものです。この場を借りて感謝申し上げます。また，株式会社きんざいの池田知弘氏には，編集作業全般にわたってご尽力をいただきましたことに感謝申し上げます。

本書が，インターネットをめぐる紛争の迅速かつ適正な解決に貢献することができたとしたら，これに勝る喜びはありません。

平成30年7月

編著者を代表して　　関　述之

■主な法令・判例・文献等の略記法

1 　民事保全法を「法」，民事保全規則を「規則」とし，また，特定電気通信役務提供者の損害賠償の制限及び発信者情報の開示に関する法律を「プロバイダ責任制限法」と，特定電気通信役務提供者の損害賠償の制限及び発信者情報の開示に関する法律第四条第一項の発信者情報を定める省令を「総務省令」とした。

2 　本文中で引用する法令は通常の略記により，また（ ）内で引用する法令についても，例えば次のとおり，通常の略記によった。

　　　民　　→民法
　　　民　訴→民事訴訟法
　　　民訴規→民事訴訟規則
　　　民訴費→民事訴訟費用等に関する法律
　　　民　執→民事執行法
　　　民執規→民事執行規則
　　　供　　→供託法
　　　供　則→供託規則
　　　裁　　→裁判所法

3 　法規の条文の引用は，本文中では「○○条○○項」と記載し（ ）内では条，項の文字は省略し，下記のように記述した。

　　　法23Ⅳ　　→民事保全法23条4項
　　　規則13Ⅰ①→民事保全規則13条1項1号
　　　民訴13Ⅰ　→民事訴訟法13条1項

4 　判決（決定）の表記は次のように記載した。
　　　最決平29.1.31民集71巻1号63頁
　　　最判平24.3.23裁判集240号149頁

最大判昭44.6.25刑集23巻7号975頁
　　　東京高判平13.2.15判タ1061号28頁
　　　東京地判昭39.9.28判時385号12頁
　なお，最高裁判所判決（決定）のうち，大法廷によるものは「最大判（決）」とし，大審院判決（決定）のうち，連合部によるものは「大連判（決）」とした。

5　判例集，法律雑誌の略記は，下記のとおり，通常の例によった。
　［判例集］
　　　民　集→最高裁判所民事判例集
　　　民　録→大審院民事判決録
　　　刑　集→最高裁判所刑事判例集
　　　裁判集→最高裁判所裁判集民事
　［法律雑誌］
　　　判　時→判例時報
　　　判　タ→判例タイムズ
　　　ジュリ→ジュリスト
　　　金　法→金融法務事情
　　　ＮＢＬ→エヌ・ビー・エル
　　　新　聞→法律新聞
　　　法　教→法学教室
　　　法セミ→法学セミナー
　　　ひろば→法律のひろば
　　　労　判→労働判例

6　文献の引用方法については，次のとおりとした。
　［論文・単行本］
　　　山崎106頁，竹下＝藤田116頁
　［コンメンタール］
　　　注釈民保(上)146頁，条解規則112頁

［最高裁判所判例解説民事篇・刑事篇］
　　塚原朋一・最判解説民昭63年37頁

7　主要文献の略記については，次の一覧によった。
［単行本］
山崎→山崎潮『新民事保全法の解説〔増補改訂版〕』（金融財政事情研究会，1990）
竹下＝藤田→竹下守夫＝藤田耕三編『民事保全法』（有斐閣，1997）
瀬木→瀬木比呂志『民事保全法〔新訂版〕』（日本評論社，2014）
須藤＝深見＝金子→須藤典明＝深見敏正＝金子直史『民事保全〔3訂版〕』リーガルプログレッシブシリーズ（青林書院，2013）
理論と実務(上)，(下)→三宅弘人＝荒井史男＝岨野悌介編『民事保全法の理論と実務上，下』（ぎょうせい，1990）
詳論→東京地裁保全研究会編『詳論民事保全の理論と実務』（判例タイムズ社，1998）
実務の現状→萩尾保繁＝佐々木茂美編『民事保全法の実務の現状100』（判タ1078号，2002）
新裁判実務大系13→門口正人＝須藤典明編『民事保全法』新・裁判実務大系13（青林書院，2002）
裁判実務シリーズ→菅野博之＝田代雅彦編『民事保全の実務』裁判実務シリーズ3（商事法務，2012）
［コンメンタール］
コンメ民保→山本和彦＝小林昭彦＝大門匡＝福島政幸編『新基本法コンメンタール民事保全法』別冊法学セミナー226号（日本評論社，2014）
注解民保(上)，(下)→竹下守夫＝藤田耕三編『注解民事保全法上，下』（青林書院，1996，1998）
注釈民保(上)，(下)→山崎潮監修，瀬木比呂志編集代表『注釈民事保全法上，下』（民事法情報センター，1999）
菊井＝村松・全訂民訴法Ⅰ～Ⅲ→菊井維大＝村松俊夫『全訂民事訴訟法Ⅰ〔補訂版〕，Ⅱ，Ⅲ』（日本評論社，1993，1989，1986）

エッセンシャル→瀬木比呂志監修『エッセンシャル・コンメンタール民事保全法』（判例タイムズ社，2008）

［その他］

書式・実務→東京地裁保全研究会編『書式民事保全の実務〔全訂5版（第2刷）〕』（民事法研究会，2012）

条解規則→最高裁判所事務総局編『条解民事保全規則〔改訂版〕』（司法協会，1999）

八木＝関→八木一洋・関述之編著『民事保全の実務　第三版増補版』（金融財政事情研究会，2015）

野村→野村昌也『東京地方裁判所民事第9部におけるインターネット関係仮処分の処理の実情』（判タ1395号25頁）

最新裁判実務大系3→須藤典明＝深見敏正編著『民事保全』最新裁判実務大系3（青林書院，2016）

プロバイダ解説→総務省総合通信基盤局消費者行政課著『プロバイダ責任制限法〔改訂増補版〕』（第一法規，2014）

佃・プライバシー→佃克彦著『プライバシー権・肖像権の法律実務〔第2版〕』（弘文堂，2010）

佃・名誉毀損→佃克彦著『名誉毀損の法律実務〔第3版〕』（弘文堂，2017）

情報法概説→曽我部真裕＝林秀弥＝栗田昌裕著『情報法概説』（弘文堂，2016）

松井＝鈴木＝山口→松井茂記＝鈴木秀美＝山口いつ子編『インターネット法』（有斐閣，2015）

宍戸＝門口＝山口→宍戸常寿＝門口正人＝山口いつ子『HOT issue インターネットにおける表現の自由とプライバシー──検索エンジンを中心として』（ジュリスト1484号）

8　通達，回答などの引用については，次のものを除き正式に表記した（ただし，通達などのタイトルは付さない）。

第5002号通達→平成2年11月13日法務省民4第5002号民事局長通達『民事保全法等の施行に伴う供託事務の取扱いについて』

■ 編著者・執筆者一覧 （所属は執筆時）

【編著者】

| 関 | 述之 | 熊本地方裁判所判事 |
| 小川 | 直人 | 東京地方裁判所判事 |

【執筆者】（50音順）

阿部	哲哉	東京地方裁判所主任書記官
今泉	香代	東京地方裁判所主任書記官
岩立	英雄	東京地方裁判所主任書記官
遠藤	啓佑	法務省民事局付
太田	章子	最高裁判所事務総局家庭局付
大野	晃宏	法務省民事局参事官
川勝	庸史	広島高等裁判所岡山支部判事
北村	ゆり	横浜家庭・地方裁判所川崎支部判事
小泉	敬祐	神戸地方・家庭裁判所尼崎支部判事補
児島	章朋	那覇地方・家庭裁判所判事
小谷	岳央	仙台地方・家庭裁判所古川支部判事補
捧	直樹	東京地方裁判所主任書記官
佐藤	彩香	最高裁判所事務総局行政局付
篠山	裕一	さいたま地方裁判所主任書記官
鈴木	雄輔	広島高等裁判所判事
高木	俊明	那覇家庭・地方裁判所沖縄支部判事補
崇島	誠二	神戸地方・家庭裁判所社支部判事
田中	一洋	東京地方裁判所判事
田町	賢	東京地方裁判所主任書記官
野口	晶寛	大分地方裁判所判事補
野村	昌也	東京地方裁判所判事
林	雅子	最高裁判所事務総局民事局付
日浅	さやか	大津地方・家庭裁判所長浜支部判事
福田	敦	東京地方裁判所判事
古谷	健二郎	東京地方裁判所判事
森谷	五月	東京地方裁判所主任書記官
山本	明子	福島家庭・地方裁判所会津若松支部判事補
吉賀	朝哉	法務省民事局付
渡邉	堅司	東京地方裁判所主任書記官

目　次

第1章 総　論

Q 1　民事保全手続が利用される理由 …………………………………… 2
Q 2　インターネット関係仮処分の種類 …………………………………… 9

第2章 判断基準

第1節　概　説 …………………………………………………………… 18
Q 3　仮の地位を定める仮処分の要件・手続 …………………………… 18
Q 4　プロバイダ責任制限法による発信者情報開示請求制度 ………… 24
Q 5　発信者情報開示請求権の成立要件 ………………………………… 30
Q 6　コンテンツプロバイダに対する発信者情報開示仮処分 ………… 35
Q 7　経由プロバイダに対する発信者情報消去禁止仮処分 …………… 41

第2節　被保全権利の成立要件・立証責任の分配等 ……………………… 47
Q 8　雑誌や新聞の差止めの判断基準との関係 ………………………… 47
Q 9　動画の仮の削除を求める仮処分の判断基準 ……………………… 53
Q10　同定可能性の認定 …………………………………………………… 59
Q11　名誉毀損の判断枠組み ……………………………………………… 63
Q12　社会的評価を低下させるか否かの判断基準 ……………………… 68
Q13　真実性の抗弁等の主張立証責任 …………………………………… 71
Q14　名誉感情の侵害を理由とした申立て ……………………………… 76
Q15　死者の社会的評価を低下させる投稿記事 ………………………… 81
Q16　プライバシー侵害の判断枠組み …………………………………… 86
Q17　前科前歴を掲載した記事の削除請求 ……………………………… 91
Q18　氏名権の侵害を理由とした削除請求 ……………………………… 97
Q19　肖像権・パブリシティ権の侵害を理由とした削除請求 ……… 104
Q20　忘れられる権利 …………………………………………………… 110

第3節　保全の必要性 …………………………………………………… 119
　Q21　保全の必要性を基礎づける疎明資料 ……………………………… 119
　Q22　保全の必要性から見た経由プロバイダに対する発信者情報開
　　　　示仮処分の限界 …………………………………………………… 124
　Q23　将来の投稿を禁止する仮処分 ……………………………………… 126
第4節　インターネット特有の問題 …………………………………… 132
　Q24　検索事業者に対する検索結果の削除請求 ………………………… 132
　Q25　検索結果中のスニペットとリンク先の記事が整合しない場合
　　　　の削除請求 ………………………………………………………… 146
　Q26　なりすまし投稿 ……………………………………………………… 149
　Q27　自ら投稿した記事の削除 …………………………………………… 154
　Q28　ログイン型投稿の発信者情報開示 ………………………………… 163
　Q29　スレッド自体の削除請求 …………………………………………… 169

第3章　手　　続

第1節　仮処分の申立て ………………………………………………… 176
　Q30　プロバイダの特定 …………………………………………………… 176
　Q31　国際裁判管轄及び国内裁判管轄（総論）………………………… 181
　Q32　投稿記事削除の仮処分の国内裁判管轄 …………………………… 188
　Q33　発信者情報開示又は消去禁止の仮処分の国内裁判管轄 ………… 191
　Q34　外国法人を債務者とする投稿記事削除の仮処分の管轄 ………… 193
　Q35　外国法人を債務者とする発信者情報開示及び消去禁止の仮処
　　　　分の管轄 …………………………………………………………… 199
　Q36　管轄がない場合の裁判所の対応 …………………………………… 204
　Q37　申立書を作成する際の留意事項 …………………………………… 205
　Q38　別紙目録を作成する際の留意事項 ………………………………… 211
　Q39　必要となる疎明資料及び提出書類の留意事項 …………………… 217
　Q40　債務者が外国法人である場合の留意事項 ………………………… 223
　Q41　携帯電話端末からの投稿記事に係る発信者情報開示の留意事

項 …………………………………………………………………… 229
　Q42　経由プロバイダが MVNO（仮想移動体通信事業者）の場合の
　　留意事項 ……………………………………………………………… 232
第 2 節　債務者の期日呼出し ……………………………………………… 239
　Q43　債務者の期日呼出し（国内法人等）………………………… 239
　Q44　債務者の期日呼出し（日本国内に営業所等がない外国法人）…… 245
第 3 節　面接・審尋 ………………………………………………………… 248
　Q45　債務者の審尋等 ………………………………………………… 248
　Q46　債権者面接・債務者審尋における裁判所及び当事者の留意事
　　項 …………………………………………………………………… 252
第 4 節　記録の閲覧謄写 …………………………………………………… 259
　Q47　閲覧謄写事務における留意事項 ……………………………… 259
第 5 節　担　　保 …………………………………………………………… 263
　Q48　担保額・担保提供期間・担保提供方法 ……………………… 263
第 6 節　保全命令手続の終了 ……………………………………………… 271
　Q49　仮処分命令書を作成する際の留意事項 ……………………… 271
　Q50　和解の実務と和解条項 ………………………………………… 278
第 7 節　保全命令発令後 …………………………………………………… 285
　Q51　保全命令送達の際の留意事項 ………………………………… 285
　Q52　保全執行の概要 ………………………………………………… 289
　Q53　担保の取消し及び取戻しの手続 ……………………………… 292
第 8 節　不服申立て ………………………………………………………… 298
　Q54　不服申立手続の概要 …………………………………………… 298

資料編　書　式　等

【書式 1 】申立ての主旨の記載例 …………………………………………… 308
　【書式 1 - 1 】発信者情報開示仮処分 ……………………………… 308
　【書式 1 - 2 】投稿記事削除仮処分 ………………………………… 308
　【書式 1 - 3 】発信者情報消去禁止仮処分 ………………………… 308

【書式2】当事者目録の記載例 ………………………………………… 309
【書式3】発信者情報目録の記載例 ……………………………………… 310
　【書式3−1】発信者情報目録① ……………………………………… 310
　【書式3−2】発信者情報目録② ……………………………………… 310
　【書式3−3】発信者情報目録③ ……………………………………… 310
　【書式3−4】発信者情報目録（ログイン型）① …………………… 310
　【書式3−5】発信者情報目録（ログイン型）② …………………… 311
　【書式3−6】発信者情報目録（ログイン型）③ …………………… 311
　【書式3−7】発信者情報目録（ログイン型）④ …………………… 311
　【書式3−8】発信者情報目録（ログイン型）⑤ …………………… 311
　【書式3−9】発信者情報目録（MVNO） …………………………… 311
　【書式3−10】発信者情報目録（発信者情報消去禁止仮処分） ……… 312
【書式4】投稿記事目録の記載例 ………………………………………… 313
　【書式4−1】投稿記事目録① ………………………………………… 313
　【書式4−2】投稿記事目録② ………………………………………… 313
　【書式4−3】投稿記事目録③ ………………………………………… 313
　【書式4−4】投稿記事目録④ ………………………………………… 313
　【書式4−5】投稿記事目録（ログイン型） ………………………… 314
　【書式4−6】アカウント目録 ………………………………………… 314
　【書式4−7】投稿記事目録（MVNOの情報開示を求める場合） …… 314
　【書式4−8】投稿記事目録（発信者情報消去禁止仮処分） ………… 314
【書式5】発信者情報開示仮処分命令申立書の記載例 ………………… 315
【書式6】発信者情報消去禁止仮処分命令申立書の記載例 …………… 319
【書式7】投稿記事削除仮処分命令申立書の記載例 …………………… 323
【書式8】証拠説明書の記載例（発信者情報開示仮処分申立事件の場合） ……………………………………………………………………… 326
【書式9】管轄上申書の記載例 …………………………………………… 328
　【書式9−1】外国法人が債務者である場合の管轄についての上申書 ……………………………………………………………… 328
　【書式9−2】外国法人がペーパーカンパニーで主たる業務担当

　　　　者が日本に住所を有する場合の管轄についての上
　　　　申書 ………………………………………………………… 328
　【書式10】上申書の記載例 ………………………………………… 330
　　【書式10−1】無審尋上申書 …………………………………… 330
　　【書式10−2】第三者供託の上申書 …………………………… 330
　【書式11】保全異議申立書の記載例 ……………………………… 332
　【書式12】保全異議答弁書の記載例 ……………………………… 334

　事項索引 ……………………………………………………………… 336

第1章

総　　　論

Q1 民事保全手続が利用される理由

インターネット上の人格的利益の侵害となる表現をめぐる紛争について、民事保全手続が利用されるのはなぜか。

【参照条文】憲法21条、民法2条、法1条、23条4項

答 インターネット上に、ひとたび人格的利益の侵害となる投稿記事が投稿されると、その投稿は直ちに全世界から閲覧可能な状態に置かれて被害が継続・拡大する。しかもその投稿が匿名・仮名でなされた場合、その投稿者を特定するために必要なデータを一定期間保存する旨の義務を定めた明文の規定はなく、投稿者の特定には時間的な制約がある。そのため、短期間で結論を出すことができる民事保全手続が利用される。ただし、民事保全手続は、終局的な権利義務関係を確定するものではないから、民事保全手続のみで匿名の投稿者の住所・氏名を特定することや、投稿者の法的責任に関して終局的な結論を得ることはできない。

1 はじめに――本書が論じる問題

今日、インターネットはビジネスや生活の隅々まで入り込んでわれわれに利便を提供するが、他方で、インターネットに関係して従来にはみられなかった類型の紛争も生じている。

本書は、こうした新たな類型の紛争のうち、インターネット上に、他者の人格的利益（名誉、プライバシーなど）その他の権利利益を侵害する記事が投稿された場合に用いられている仮処分について論じるものである。以下、本書において、「インターネット関係仮処分」という場合には、こうした仮処分を念頭に置いている。

2　インターネットの構造

(1)　インターネットの意義

インターネット（Internet）は，相互に接続されたコンピューター・ネットワークのネットワークである。インターネットの語は「internetwork」に由来するが，「inter-」は「結びつき，相互接続する」という意味の接頭語であるから，インターネットという語自体にネットワークが相互接続したものという意味合いがある。

もともと，インターネットは，1969年，アメリカ国防総省内にあるARPA（高等研究計画局）という機関が構築した「ARPANET」というコンピューターのネットワークがその発祥である。このネットワークは，軍や，防衛関連企業，軍にかかわる研究を行う大学などにおいて利用されるコンピューター・ネットワークが，複数の経路をもつことによって，たとえ戦争でネットワークの一部が損傷を受けても相互に情報伝達を行うことができるように開発されたものである。そして，コンピューター・ネットワークが，当初の関係者を超えて，いろいろな大学や研究組織に形成され，それらがやがて相互に接続され，世界規模でコンピューター・ネットワークのネットワークが形成された。これがインターネットである。現在では，全世界で29億人以上の人がインターネットを利用している状況である（以上につき，松井＝鈴木＝山口2頁以下参照）。

(2)　インターネットの特徴

ア　インターネット全体を統括する主体は存在せず，特定の国家や団体によって管理・運営されるものではない。このようなインターネットの運用が可能となるのは，通信に用いられる基本的な約束事が公開されており，この約束事に従えば誰でも接続が可能となるからである（中澤佑一『インターネットにおける誹謗中傷法的対策マニュアル〔第2版〕』8頁）。

イ　インターネットへの接続は，組織の内部的なネットワークからインターネットに接続するか，経由プロバイダ（インターネットに接続する回線を提供する業者）と契約することによってインターネットに接続するのが多数である。この接続方法は，光ケーブルなどの有線通信のみならず，無

線で行うこと(「無線LAN」と呼ばれる。なお「Wi-Fi」は,無線LANの特定の規格の名称である。)も一般となっており,かつ,いずれの方法でも,通信速度を早くする技術的進歩が顕著である。

ウ　インターネットにおける通信は,それぞれのコンピューター機器に割り振られたIPアドレスという数字の列に基づき,特定のIPアドレスを有する機器から別の特定のIPアドレスを有する機器に宛てて送信がなされる。そのため,インターネットの世界では,送信する機器と受信する機器の双方について,送受信の時点におけるIPアドレス(必要な場合にはさらにポート番号。詳細は**Q4**参照。)が特定できれば,発信者・受信者の氏名が特定されなくても通信は可能となる。

3　インターネット上の表現の特徴

　インターネット上にある文書(文章・画像などすべて)のことをウェブページといい,ウェブページの集合をウェブサイト(ホームページと呼ぶ場合もある。)という。電子掲示板,ブログ,SNS(Social Networking Serviceの略語。インターネット上で社会的なつながりをつくりだすサービス。),動画サイトは,いずれもウェブサイトの一種である(中澤・前掲9頁)。

　インターネット上のウェブページないしウェブサイトに掲載される表現については,次のような特徴がある。

①　**情報伝達の即時性・大量性**

　インターネットが世界規模のネットワークである上,伝達される情報はすべてデジタル情報(情報を0と1だけで表現する情報)であることから,情報が広範に,かつ即時・大量に伝達される(例えば,情報伝達の広範性・大量性についていえば,平成27年末時点の我が国におけるインターネットの利用者数は約1億46万人であるのに対し(**Q21**参照),同じ年の新聞(一般紙の朝夕刊セット合計)発行部数は約4069万部である(一般社団法人日本新聞協会のウェブサイト〔www.pressnet.or.jp/data/circulation01.php〕による)。)。このように,インターネットでは,人格権を侵害する表現行為も瞬時のうちに広範囲かつ多数の者が知り得る状態に置かれてしまう。

② 一般市民による情報発信

インターネットは，パソコンやスマートフォンなどの端末を用意し，経由プロバイダとの間でインターネットに接続する回線を利用する契約を締結すれば手軽に開始できる。したがって，活字媒体を利用できない一般市民であっても，インターネットを利用すれば個人として情報発信することが容易である。憲法学では，かつて，マスメディアが情報発信手段を独占し，一般市民は情報の受け手の地位に甘んじざるを得ない状況を前提として表現の自由論を構築したが，こうした状況は一変した，と指摘されている（情報法概説32頁）。

③ 匿名・仮名による投稿

インターネットによる情報の送受信においては，送受信者の住所や氏名ではなく，IPアドレスやポート番号といった数字の列に基づいて情報を発信する機器と受信する機器が特定されるため，インターネット上では匿名・仮名による情報発信が可能である（Q2参照）。そのため，他者を誹謗中傷する記事をインターネット上に投稿する際に，匿名・仮名でなされることがしばしばみられる。

4 インターネット関係の事件で民事保全手続が利用される理由

上記3で述べたインターネットの特色から，残念なことに，インターネット上には，氏名不詳の発信者が，他者の名誉権，プライバシーなどの人格的利益やその他の権利利益を侵害する記事を匿名・仮名で投稿する場合が少なからずみられる。次に，こうした投稿をめぐる紛争について，民事保全手続（仮の地位を定める仮処分）が利用される理由について述べる。

(1) 裁判外の手続は利用できないか

インターネット上に投稿された記事で人格権を侵害された者がいる場合，その侵害状態を回復するためには，問題の投稿記事を削除したり，投稿者に対して損害賠償をするという手段が考えられるが，こうした手段は，裁判外の手続を利用できないか，という点が問題になる。

この点，インターネット上で一般市民からの投稿を広く受け入れる掲示

板やブログを運用している業者によっては，自主的に一定の要件と被害者からの申告手続を定めてこうした人格的利益の侵害となる記事を削除する利用規約を定めている場合があり，そのような場合は，その手続を利用すれば足りる。しかし，そのような業者が自主的に定めた要件に該当しない投稿記事を業者の自主的判断で削除を求めることは，なかなか難しい場合も多いと思われる。

　また，外国とは異なり，我が国では，現在，インターネット関連紛争を解決するADR（裁判外紛争処理手続）が存在しない，といった事情もある（ただし，法務省の人権擁護機関では，インターネット上の人権侵害についても人権侵犯事件として調査救済活動を行っている。）。

(2) 民事訴訟は利用できないか

　私法上の権利義務の有無を終局的に確定するのは民事訴訟であることなどから，インターネット関係の事件についても，民事保全ではなく，民事訴訟を利用するべきではないか，という点が問題となり得る。

　インターネット上にひとたび人格的利益の侵害となる記事が投稿されると，その表現は，世界中どこからでも常に閲覧可能な状態に置かれ，かつ，検索サイトの利用等により，当該表現にアクセスすることが容易になっている。その上に，インターネット上の投稿記事は，端末の簡易な操作により短時間に複製・拡散が可能であるため，一旦インターネット上に掲載された情報を完全に消し去ることは困難である。このように，インターネット上の投稿記事による人格的利益の侵害の被害は急速かつ広範に拡大し回復困難になりかねないため，投稿記事の削除や発信者情報の開示を求める手続を民事訴訟のみによるべきとすることは，その審理期間中にも被害の拡大が継続することとなる点で，被害者の救済が十分でないとの懸念がある。

　また，インターネット上の人格的利益の侵害となる投稿が匿名・仮名でなされた場合，その投稿者を特定するために必要なデータの保存期間に法的制限はなく，投稿者の特定には時間的な制約がある。

　以上のような事情があるので，インターネット上の人格的利益を侵害する記事をめぐる紛争については，短期間で結論を出すことができる民事保

全手続が利用される。

(3) 民事保全で処理することの可否をめぐる議論

　以上に関しては，インターネット上の記事の削除を民事保全手続で審理することは慎重であるべきとの指摘がある。たしかに，こうした投稿記事の仮の削除を命ずる仮処分命令が表現の自由に対する不当な制約とならないよう慎重に審理判断することは重要であり，この種の民事保全を担当する裁判官は，常にこの心構えを忘れてはならないのは当然である。しかし，こうした事件を民事保全手続で審理することの適否を検討するに当たっては，次のような視点も考慮すべきであろう。

ア　上記(2)で説明した，人格的利益の侵害の被害の急速かつ広範な拡大という状況からすれば，人格的利益の侵害を理由に投稿記事の削除等を求める場合，その旨の本案判決を待てない「急迫の危険」(法23Ⅱ)が認められる場合が多い(詳細はQ21，22参照)。

イ　理論的な面からすれば，インターネット上の記事の削除を民事保全手続で審理することは慎重であるべきとの指摘の根拠として，新聞の出版差止めを命ずる仮処分に関する北方ジャーナル事件最高裁判決(最大判昭61.6.11民集40巻4号872頁)が仮処分による出版差止めに厳格な要件を課していることをあげる見解もある。

　しかし，出版差止めの仮処分は表現行為の事前抑制であるところ，上記最高裁判決は，「表現行為に対する事前抑制は，新聞，雑誌その他の出版物や放送等の表現物がその自由市場に出る前に抑止してその内容を読者ないし聴視者の側に到達させる途を閉ざし，又はその到達を遅らせてその意義を失わせ，公の批判の機会を減少させるものであ」るなどの理由から，出版差止めの仮処分命令発令は「厳格かつ明確な要件のもとにおいてのみ許容されうる」と判断している。これに対し，投稿記事の削除を命じる仮処分を含め，本書で論じるインターネット関係仮処分は，その大半が(例外としてQ23参照)，インターネット上で全世界から閲覧可能な状態に置かれた後に削除等を求めるものであって，その意味では表現行為の事後抑制に属する。

　よって，インターネット関係仮処分に関する民事保全手続は，上記最高

裁判決とは事案を異にする。

ウ　実際上も，書籍や新聞においては，掲載される記事等の筆者とは別の者（例えば，書籍であれば出版社の編集者，新聞であれば紙面の整理や編集を担当する記者など）の目を通ることにより，人格的利益の侵害となる記事の頒布が抑制されることが期待可能である。また，書籍や新聞には，著者や発行者などが明記され，記載内容に対する責任の所在が明確であり，この面からも人格的利益の侵害の抑制が期待可能である。

これに対し，インターネットでは，投稿記事の作成者が投稿すれば，瞬時に，その記事は全世界から閲覧可能な状態に置かれるので，他者の目を通ることによる人格的利益の侵害の抑制はまったく期待できない。また，インターネット上では，記事が匿名や仮名で投稿される場合も多々存在するので，責任の所在が投稿の記載上からはまったく判明しない場合も多々みられ，このような場合には記載内容の責任の所在が明確になることによる人格的利益の侵害の抑制はまったく期待できない。よって，裁判上の手続により人格的利益の侵害の迅速な回復（ないし拡大防止）を図る必要性は，書籍や新聞と比べれば大きい。

5　民事保全の限界（民事訴訟との役割分担）

しかし，インターネット上の表現をめぐる紛争に関しては，民事保全には，その暫定性から，次に述べるような限界があり，民事訴訟との間で適切な役割分担がなされなければならない。

① 　民事保全は，あくまでも暫定措置をとるための手続であり，国民の権利義務を終局的に決するのは民事訴訟である。加えて，発信者に関する情報は，ひとたび開示されたらこれを元に戻すことは不可能である。そこで，発信者を特定する住所・氏名などの情報の開示請求は，民事保全ではできないと解されている（詳細は，**Q22**参照）。

② 　また，民事保全は，民事訴訟の本案の権利関係につき仮の地位を定めるにすぎず（法1），その判断は暫定的なものであるから，投稿者の被害者に対する法的責任に関して終局的な結論を得ることはできない。

6　インターネット関係仮処分の現状

　東京地裁保全部においては，インターネット関係仮処分の事件数は増加傾向にあり，近年では，仮の地位を定める仮処分の6割以上がインターネット関係仮処分である（詳細は，拙稿「平成27年度の東京地方裁判所民事第9部における民事保全事件の概況」（金法2044号30頁）参照）。

　このように，インターネット関係仮処分は，民事保全の重要な一分野をなしているのが現状である。

［参考文献］
　本文中に掲げたもののほか，宍戸＝門口＝山口 ii 頁以下

（関　述之）

Q2　インターネット関係仮処分の種類

　インターネット上の人格的利益を侵害する表現に関係する仮処分には，どのような種類があるか。

【参照条文】民法2条，プロバイダ責任制限法4条1項

答　被害者が投稿記事を削除してほしいと思った場合，コンテンツプロバイダ，すなわち掲示板やブログを直接管理している業者に対して，民事保全の手続で，投稿記事の仮の削除を命ずる仮処分を申し立てることができる。これに対し，被害者が，発信者を特定してその発信者に対し法的責任を追及したいと考えた場合，まず，コンテンツプロバイダに対して発信者情報の仮の開示を求める仮処分を申し立てることができ，これによって，経由プロバイダが判明すると，次に，暫定措置として，経由プロバイダに対して，発信者情報の消去禁止の仮処分を申し立ててその旨の仮処分命令を得た上で，民事訴訟で発信者

の住所・氏名等の開示を請求して発信者を特定し，最後に，発信者に対して損害賠償の請求など法的責任を追及する，という流れになる。

1 用いられる仮処分の種類

インターネット上に名誉権やプライバシー権を侵害する内容の，匿名の，又は仮名を用いた投稿記事が掲載された場合，これによって被害を受けた被害者は，通常，①インターネット上の問題の投稿記事を削除してほしいということや，②問題の投稿記事を発信した人を突き止めて損害賠償を請求するなど，投稿者の責任を追及したい，ということを望む場合が多い。

このような希望を実現する手段として，まず，①インターネット上の投稿記事を削除するためには，民事保全において，投稿記事の仮の削除を求める仮処分を申し立てることができる（詳細は Q 8，9 参照）。

次に，②投稿記事の発信者に損害賠償を請求するためには，発信者の正確な住所・氏名を特定した上で，その発信者に損害賠償請求をする，という二段の手順が必要になる。そのうちの第 1 段階である発信者の特定のためには，概ね，2 種類の仮処分を経て民事訴訟を提起する必要がある。以上の仮処分は，すべて，仮の地位を定める仮処分に属する（Q 3 参照）。

この仮処分及び民事訴訟としてどのような申立て・訴えが必要になるか，について理解するためには，インターネット上に投稿記事が掲載されるまでの通常の過程を理解する必要がある。なお，以下の記述は，インターネット関連仮処分を知る上で最小限必要なインターネットの知識の概略を述べるにとどまるものであり，インターネットに関する正確な技術的知見が必要となる場合には，コンピューター関係の専門書を参照されたい。

2 インターネット上に投稿記事が掲載されるまで

インターネット上にある文書（文章・画像などすべて）のことをウェブページと呼び，ウェブページの集合をウェブサイトと呼ぶ。ここでは，

ウェブサイトの一種であるブログや掲示板に記事を投稿する場合を例にとって，インターネット上に投稿記事が掲載されるまでの流れを説明する。

(1) **投稿者→経由プロバイダ**

ブログや掲示板へ記事を投稿する行為は，要するに，投稿者の端末から，そのウェブサイトのデータを保存しているコンピューター（これをウェブサーバと呼ぶ場合がある。）に対して，投稿記事のデータを送信し，かつ，「この内容の投稿記事を加えなさい。」という指令を発することである。

この指令と投稿記事のデータは，まず，発信者のコンピューターなどの端末から，発信者と契約してインターネット用の通信回線を提供しているプロバイダ（経由プロバイダ）に対して送信される。なお，経由プロバイダは，インターネットサービスプロバイダ（ISP）とも呼ばれるが，本書では基本的には「経由プロバイダ」の語を用いることとする。

(2) **経由プロバイダ→コンテンツプロバイダ**

次に，経由プロバイダに送信された指令と投稿記事の情報データは，ウェブサイトを管理している別のプロバイダ（コンテンツプロバイダ）に送信され，そのプロバイダが，自己が管理しているウェブサーバに当該情報を保存する。

このような，発信者から送信されてきた投稿記事のデータをインターネットに常時接続されたウェブサーバに記録し，これを閲覧者に送信可能な状態にするサービスを提供するプロバイダを，仮処分事件では，「コンテンツプロバイダ」と呼ぶ（ホスティングプロバイダとも呼ばれるが，本書では基本的には「コンテンツプロバイダ」の語を用いることとする。）。

そして，このように，コンテンツプロバイダが当該情報を一般の人が読むことが可能な状態に置くと，その時点で被害者の名誉やプライバシー侵害という被害が発生する，ということになる（名誉毀損の成立時期についてはQ11参照）。

(3) **コンテンツプロバイダ→閲覧者**

このウェブサーバに保存された情報は，閲覧者のコンピューターにイン

ストールされたウェブブラウザ（ウェブページを閲覧するためのアプリケーションソフト）からの「閲覧したい」旨の指令に応じて閲覧者のコンピューターに送信され，その結果，送信された情報が，閲覧者のコンピューターの画面上に掲示板やブログとして表示される。

(4) **「指令」の記録化＝アクセスログ**

なお，経由プロバイダやコンテンツプロバイダのサーバでは，上記のような「この内容の投稿記事を加えなさい。」という指令が，いつ，どのコンピューターから出されていつ受け取ったか，という記録が一定期間残されている。この記録をアクセスログという（2全体につき，中澤佑一『インターネットにおける誹謗中傷法的対策マニュアル〔第2版〕』9頁以下参照）。

3　投稿記事の仮の削除を求める仮処分

まず，被害者の求めていることの第一，すなわち，投稿記事を削除するためには，人格権や営業権などに基づく差止請求権を被保全権利として，コンテンツプロバイダに対して，投稿記事の仮の削除を命ずる仮処分を申し立てることが考えられる。

どのような基準で，人格権侵害かどうかを判断しているのか，また，削除請求の根拠となる権利については，本書のQ8〜Q20やQ24〜Q27を参照されたい。

なお，コンテンツプロバイダが仮の削除を命ずる保全命令を受けても従わなかったら債権者（被害者）はどうすればよいのか，については，本書のQ52を参照されたい。

4　発信者の特定と法的責任の追及に要する作業

(1) **概　　要**

次に，被害者が求めていることの第二，すなわち，発信者に損害賠償請求など法的責任を追及するためには，その前提として，匿名で投稿した発信者を特定しなければならない。

そこで，発信者を特定するための作業が必要となるが，この作業は，要するに，「インターネットでの通信を逆にたどっていく作業」である。

⑵　**コンテンツプロバイダの特定**

　まず，被害者が，掲示板やブログを見て投稿記事を確認したら，そのサイトの記載などから（詳細はQ6，30参照），その管理者であるコンテンツプロバイダを特定する。ここまでは，法的な手続を使わなくても可能である。

⑶　**経由プロバイダの特定＝発信者情報開示仮処分**

ア　IPアドレスとは

　次に，経由プロバイダを特定する必要があるが，ここからは仮処分を活用することが必要になる。その際に重要なのは「IPアドレス」という数字の列である。

　すなわち，Q1で述べたとおり，インターネット上では，特定のコンピューター機器（ウェブサーバを含む。）から別の特定の機器への通信は，IPアドレスという数字の列によって送受信する機器を特定して行われる。たとえていえば，われわれの日常生活でも，人の家のありかが住所によって特定されるため郵便物に配達先の住所を正確に記載すれば郵便物が配達先に間違いなく届くのと同様に，インターネットの世界でも，IPアドレスによってコンピューター機器が一つひとつ特定されているため，インターネット上でデータをやりとりする際に，住所に相当するIPアドレスによって，どの機器からどの機器へデータを送信するのかが正確に判明する仕組みになっている（なお，ポート番号についてはQ4参照）。

　発信者の有するコンピューターなどの端末機器がインターネットに接続した場合には，その接続の都度，経由プロバイダから，端末機器の1台ずつに，IPアドレスが割り当てられる。そして，この，経由プロバイダから割り当てられたIPアドレスは，発信者がインターネットに接続し，投稿記事を経由プロバイダを通してコンテンツプロバイダが管理する掲示板やブログに投稿すると（すなわちコンテンツプロバイダのウェブサーバに投稿を保存するよう指令を出すと），コンテンツプロバイダまで送信されるので，コンテンツプロバイダは，自動的に，発信者の端末機器に割り当てられたIPアドレスや，情報を受信した年月日・時刻を記録するのが通常である（これが前記2で述べた「アクセスログ」である。）。ただし，投稿記事

の発信者の住所や氏名といった情報はインターネット上の通信には不要であることなどから，コンテンツプロバイダは，こうした情報を必ずしも入手しているわけではない。

イ　タイムスタンプ開示請求の必要性

なお，このIPアドレスは，家庭用の機器などでは，通常，接続の都度コンピューター機器に割り当てられるため，常に同一の数字に固定されているわけではないので（これを「動的IPアドレス」という。），どの時刻において当該機器に割り当てられたIPアドレスなのか特定できなければ，IPアドレスだけを開示されても機器の特定には役に立たないことが多い。したがって，IPアドレスの開示に加えて情報が送信された年月日と時刻（これを「タイムスタンプ」という。）も開示されないと無意味であるから，債権者としては，IPアドレスの開示を求める場合には，同時に，タイムスタンプの開示も求める必要がある（Q4，Q28，【書式3-2】「発信者情報目録」参照）。

ウ　コンテンツプロバイダに対する発信者情報開示仮処分

以上から，(2)に続く次の作業は，仮処分命令により，コンテンツプロバイダに対し，コンテンツプロバイダが記録した，発信者の使用する機器のIPアドレスやタイムスタンプを仮に開示するよう命じてもらうことである。これを実務では，発信者情報開示仮処分と呼んでいる。この仮処分の詳細は，Q6を参照されたい。

発信者情報開示請求仮処分の被保全権利は，プロバイダ責任制限法4条1項所定の発信者情報開示請求権である。この請求権についての詳細は，Q4，Q5を参照されたい。

なお，上記のとおり，コンテンツプロバイダは，発信者の住所や氏名を把握していないことが通常なので，これらを開示するよう求める仮処分をコンテンツプロバイダに対して申し立てることは困難である。

エ　経由プロバイダを特定する作業

発信者情報開示仮処分命令により，コンテンツプロバイダがIPアドレスとタイムスタンプ等を開示すると，次に，債権者は，そのIPアドレスの割当てを受けていた経由プロバイダを特定する，という作業が必要とな

る。

　すなわち，経由プロバイダは，JPNIC（ジェイピーニック。一般社団法人日本ネットワークインフォメーションセンター）という団体から，一定の範囲のIPアドレスの割当てを受けている。したがって，コンテンツプロバイダから開示を受けたIPアドレス等に基づいて検索することにより，当該IPアドレスを割り当てられていた経由プロバイダ，すなわち，発信者が使用している経由プロバイダを特定することができる。その詳細は，Q30を参照されたい。

(4) **発信者の特定＝発信者情報消去禁止仮処分＋民事訴訟**
ア　**発信者情報消去禁止仮処分が必要となる理由**

　経由プロバイダが特定されると，次に，被害者は，経由プロバイダから，発信者を特定するに足りる情報を入手する作業が必要になる。

　この段階では，被害者は，コンテンツプロバイダから，既に，問題の投稿記事の送信に使われたIPアドレスとタイムスタンプの開示を受けている。他方で，経由プロバイダは，発信者がインターネットを利用するために契約している業者であるから，発信者から利用料金の支払を受けるために，契約当事者である発信者の住所・氏名・メールアドレス等の情報を記録している。したがって，経由プロバイダは，自分のもっている情報と，IPアドレス及びタイムスタンプを照合すれば，問題の記事の送信日時に，問題のIPアドレスを使って送信を行った者の住所・氏名が分かる。ところが，こうした照合に必要なデータの保存を一定期間義務付ける法律の規定はないので，債権者の手続の遅れ等により，経由プロバイダがこのデータを消去してしまう危険がある。

　そこで，被害者は，経由プロバイダを相手にして，この，送信者の住所・氏名を割り出すために必要な情報の消去を禁止する仮処分を申し立てて必要な情報の消去を防止しておく必要がある。これを実務では，発信者情報消去禁止仮処分という。この仮処分の詳細についてはQ7を参照されたい。

　この仮処分の被保全権利もまた，プロバイダ責任制限法4条1項所定の発信者情報開示請求権である。

イ　民事訴訟による開示請求

　以上のような発信者情報消去禁止仮処分の発令を経た上で，民事訴訟により，発信者の住所，氏名及びメールアドレス等の開示を請求することになる。

　なぜ民事保全と民事訴訟の二段の手続が必要になるかについては，**Q22**を参照されたい。

5　発信者に対する法的責任の追及

　以上の手続によって発信者が特定されると，被害者は，投稿記事の投稿が名誉権やプライバシー権の侵害を理由とする不法行為だと主張して，発信者自身に対し，損害賠償を請求する民事訴訟を提起するなどの法的責任を追及することになる。

6　おわりに

　以上は，典型的なプロセスを述べたものであり，場合によっては，これと異なるプロセスをたどることもある点に留意されたい（その例として，**Q42**参照）。また，インターネット関係仮処分の保全命令手続及び保全執行手続の留意点は，**Q30**ないし**Q54**を参照されたい。

[参考文献]

　本文中に掲げたもののほか，八木＝関(上)Q76，三輪賢一『かんたんネットワーク入門〔改訂3版〕』

（関　述之）

第2章

判断基準

第1節 概　説

Q3 仮の地位を定める仮処分の要件・手続

インターネット関係仮処分は仮の地位を定める仮処分の一種であるが，仮の地位を定める仮処分の要件・手続はどのようなものか。

【参照条文】法1条，3条，13条，14条，23条，24条

答　仮の地位を定める仮処分は，争いがある権利関係について債権者に生じる著しい損害又は急迫の危険を避けるため，一定の権利関係を暫定的に形成するものである。仮の地位を定める仮処分では，密行性の要請が比較的少ない上，暫定的とはいえ決定により債務者が義務を負うこととなり，債務者の受ける影響が大きいことから，債務者に対する手続的保障として，原則として，債務者審尋等を経ることを要するほか，被保全権利及び保全の必要性についても，債権者において高度に疎明することが求められる。

1　仮の地位を定める仮処分の概要

(1) 民事保全の3類型

民事保全法は，民事保全の種類として，①仮差押え，②係争物に関する仮処分，③仮の地位を定める仮処分（以下本問においては「仮地位仮処分」という。）の3種類を定めている（法1）。

(2) 仮地位仮処分の概要

仮地位仮処分は，当事者間の権利関係に争いがあり，債権者に現在の危

険が生じている場合において，その危険を避けるべく，本案判決が確定するまでの間，債務者に対して一定の作為や不作為を命じることにより，一定の暫定的な権利関係を形成するものである。

なお，仮地位仮処分は，他の種類の民事保全とは異なり，将来の強制執行を保全することを目的とするものではなく，将来，本案訴訟において債権者が勝訴判決を得たとしても，実質的に権利が満足されないという現在の危険や損害を防ぐことを目的とするものである。

また，仮地位仮処分は，法律を適用して権利関係を確認するという司法作用のみならず，紛争解決までに当事者間に生じる混乱や危険を救済するために国家が後見的に関与するという作用も有しており，この面において非訟事件的性格を併有するともいわれている。

2　仮地位仮処分の要件等

(1)　概　　要

保全命令の申立ては，「その趣旨並びに保全すべき権利又は権利関係及び保全の必要性」を明らかにした書面によりしなければならず，また被保全権利及び保全の必要性は疎明しなければならないとされている（法13，規則1①）。

(2)　被保全権利

仮地位仮処分によって保全すべき権利関係は，他の保全処分のように金銭債権や特定物の給付請求権などに限定されず，争いのある権利関係であればすべて含まれることとなる。もっとも，当該権利関係は実体法上認められ得るものでなければならず，事実上の利益や不安といった，法的な権利関係として観念できないものは被保全権利とはならない。

被保全権利を基礎づける具体的事実として債権者が疎明すべきであるのは，原則として，本案訴訟において債権者が立証責任を負担するべき事実である（八木＝関上31頁など。以上の詳細はＱ8〜Q20参照）。

(3)　保全の必要性

仮地位仮処分における保全の必要性は，「争いがある権利関係について債権者に生ずる著しい損害又は急迫の危険を避けるためこれを必要とする

とき」(法23Ⅱ)に認められる。

　なお，仮地位仮処分は，他の保全処分とは異なり，暫定的とはいえ当事者間に一定の権利関係を形成するものであり，債務者の被る不利益も大きいことから，保全の必要性は，このような暫定的な地位を形成する必要性が明らかに存在する場合に初めて認められるのであり，被保全権利の性質・内容等のほか，債務者の被る不利益と，仮処分が発令されないことにより債権者が被る不利益などを比較衡量して判断されることとなる（詳細はQ21～Q23参照）。

3　管　　轄

　国際裁判管轄については，日本の裁判所に本案の訴えを提起することができるとき又は仮差押えの目的物若しくは係争物が日本国内にあるときに認められる（法11）。

　国内裁判管轄については，「本案の管轄裁判所」と「仮に差し押さえるべき物若しくは係争物の所在地を管轄する地方裁判所」とが管轄を有する（法12）。前者については，裁判所法及び民事訴訟法等の規定により事物管轄及び土地管轄を有すべき第一審裁判所（ただし，本案が係属中の場合は当該係属中の裁判所，本案が終了している場合はかつて係属した裁判所）を指すものであり，特別裁判籍が認められる場合には数個の管轄裁判所が生じ得ることとなる。後者については，ここにいう「係争物」とは，係争物に関する仮処分に限る趣旨ではなく，仮地位仮処分も含む趣旨である。また，この「係争物の所在地」は，実務上，争いのある権利関係について仮処分をすべき有体又は無体の目的物の所在地，という程度で足りる広い概念であると解されている（八木＝関上66頁）。

　なお，迅速性，審理の便宜等のため，保全命令事件の管轄は専属管轄とされており（法6），合意管轄，応訴管轄又は併合管轄の規定は適用がない（法7，民訴7，11ないし13）。もっとも，本案について合意管轄等がある場合には，その裁判所が「本案の管轄裁判所」として保全事件についても管轄を有することとなる。インターネット関係仮処分の管轄については，Q31～Q36を参照されたい。

4　債務者の審尋

(1) 必要的審尋

　審理の迅速化を図るため，保全命令に関する手続における審理及び裁判は，すべて決定手続により行うこととされており（オール決定主義），事案の性質に応じて裁判所が柔軟に審尋又は口頭弁論の審理手続を選択することが可能となっている。

　ただし，仮地位仮処分を発令するためには，原則として口頭弁論又は債務者審尋期日を経なければならない（法23Ⅳ）。これは，暫定的な法律状態を形成するという仮地位仮処分の性質上，保全命令の発令により，債務者とされる者の自由や権利を制限することとなる場合や，債務者に大きな影響を与える場合も少なくない一方，性質上，申立ての内容が債務者に知られたとしても，保全命令の目的を達し得なくなるおそれは少ないと考えられることから，債務者が意見を述べる機会を手続的に保障したものである。

　なお，法23条4項の文言によれば，債務者が立ち会うことのできる審尋期日を経れば足り，審尋期日に債務者が現実に出頭しなかったとしても，発令の妨げとはならない。また，債権者審尋を先行させるか，最初から双方審尋を行うか，双方審尋において当事者双方を同時に審尋するか，債権者又は債務者を個別に審尋するかなどは，事案の性質や緊急性の要請などをふまえた裁判所の裁量に委ねられている。

　また，上記法の文言上，申立てを却下する場合には，債務者審尋を行う必要はないことから，申立てが明らかに要件を欠く場合などには，債権者の審尋のみを行い，取下げを促すか却下決定をする例が多い。

(2) 例　外

　債務者審尋等の期日を経ることによって申立ての目的を達することができない事情があるとき（緊急性，密行性が高い場合等）は，債務者審尋等を経ずに仮地位仮処分の命令を発することが認められている（法23Ⅳただし書）。密行性の要請によるものとしては，動産の引渡しの断行など，債務者が保全命令の申立てをすることにより目的物を処分するおそれが生じる

場合などが考えられる。迅速性の要請によるものとしては，債務者が海外に所在する事案において，申立書及び呼出状を早期に有効に送付する手段がなく，送付を待って審尋期日等を経ていると仮処分命令の実効性が失われてしまう場合などが考えられる。もっとも，無審尋による発令はあくまで例外的なものであり，その判断においては債務者の被る不利益等を慎重に考慮する必要がある（(1)，(2)につき，**Q45**，**Q46**参照。また期日の呼出しにつき**Q43**，**Q44**参照）。

(3) 疎明及びその程度

ア 上記2(1)のとおり，保全命令を申し立てるに当たり，債権者は被保全権利及び保全の必要性について疎明する必要がある（法13Ⅰ）。

保全手続においては，迅速性，暫定性の要請が高いことから，証明ではなく疎明で足りるとされている。証明の場合，合理的な疑いを容れることができないほど高度の蓋然性を示さなければならないのに対し，疎明の場合，確信の程度には至らず，一応確からしいとの推測が得られればよい。

イ しかし，仮地位仮処分において，保全命令を発する場合における疎明の程度は，仮差押えや係争物に関する仮処分を発する場合の疎明よりは高度なものが要求され，通常の民事訴訟における請求認容の場合における心証の程度と大差がないと考えられている。これは，仮地位仮処分においては，その執行により本案訴訟の確定前に強制執行がされたことと同様な結果を生じる等，債務者に大きな影響を与えることが多いことから，その発令には慎重な検討と配慮が求められるためである。

(4) 審理手続

ア 疎明は，即時に取り調べることができる証拠によってしなければならない（民訴188）。すなわち，裁判所が直ちに取り調べられる証拠方法によらなければならず，審尋期日において裁判所に提出できる証拠，検証物，証人，鑑定人，本人等に限られ，文書提出命令の申立てや，文書送付嘱託によることはできない。また，証人の呼出しなども行えず，裁判所外における検証なども実施できない。

イ 審尋期日が指定された場合，債権者は主張書面及び書証の写しを相手方に送付する必要がある。規則14条は，債務者は，主張書面を提出するに

当たり，裁判所用の原本のほかに，相手方の人数分の写しを提出すべき旨を定めている。この場合，裁判所が相手方に書類を送付することとなる。ただし，実務では，当事者間での直送による方法が多くとられている。

5 発令等

　裁判所は，審尋等の結果，被保全権利及び保全の必要性について疎明がなされていると判断したときは，債権者に担保を立てさせ（この場合は，まず担保決定をする。），若しくは一定の期間内に担保を立てることを条件とし，又は担保を立てさせずに保全命令を発する（法14。詳細は **Q48**，**Q53**参照）。また，上記疎明が不十分であると判断したときは，申立てを却下する決定を発する。なお，実務上は，審尋において，債権者に取下げを促すことや，事件を和解により終了させることも多く行われている（詳細はQ50参照）。

　保全命令の申立てを認容する決定について，法17条は，「保全命令は，当事者に送達しなければならない。」と定めていることから，当該決定は当事者双方に対し送達される。これは，債権者に保全執行の債務名義を与えるという重要な決定であることから，その内容を確実に当事者に了知させ，かつ了知させたことやその時期を記録上明らかにする必要がある（例えば法43Ⅱ参照）ためである。

　これに対し，保全命令の申立てを却下する決定については，①債権者に対しては，法令上，特に送達を義務付ける規定は設けられていない。しかし，債権者に対し却下の決定があったこと及びその理由を確実に了知させる必要があるほか，債権者は告知を受けた日から2週間の不変期間内に即時抗告をすることができる（法19Ⅰ）から，その始期を記録上明確にすべき必要があるので，実務では，上記決定を送達の方法により告知している。②債務者に対しては，仮地位仮処分では債務者審尋がなされることから，密行性の要請が解除されている上，債務者も保全命令の申立ての事実を知っているため，却下決定の事実を知らせないと債務者に無用な準備等を強いることになりかねない。そのため，実務上，仮地位仮処分の却下決定については，債務者に対しても，送達の方法により告知している（規則

16Ⅰ参照)。決定の送達についての詳細は **Q51**参照。また,決定に対する不服申立手続については **Q54**参照。

[参考文献]

　八木＝関[上]2〜25頁,29〜39頁,64〜67頁,91〜98頁,138〜142頁,159〜161頁,須藤＝深見＝金子1〜14頁,52〜66頁,148〜158頁,瀬木187〜191頁,223〜250頁,263〜280頁,290〜302頁

(児島章朋)

Q4 プロバイダ責任制限法による発信者情報開示請求制度

プロバイダ責任制限法4条1項の発信者情報開示請求の制度はどのような制度か。また,これにより開示を請求できる情報には,どのようなものがあるか。

【参照条文】 プロバイダ責任制限法4条1項,総務省令

答 ウェブサイト上に名誉毀損やプライバシー侵害など被害者の権利を侵害する表現等がなされた場合に,被害者が,加害者(発信者)を特定するための情報(発信者情報)を当該表現等の流通に媒介,関与した事業者(コンテンツプロバイダ,経由プロバイダ)に開示させるため,被害者にその開示を求める請求権を認めたものである。発信者情報開示請求により開示できる情報はプロバイダ責任制限法4条1項及び総務省令によって定められており,発信者の氏名・住所等のほか,侵害情報に係るIPアドレスやタイムスタンプなどが含まれる。

1　概　説

ウェブサイト上に名誉毀損やプライバシー侵害などの表現等がなされた

場合，被害者は，加害者を特定し，その者を相手にして，法的な責任を追及し，最終的には損害賠償請求訴訟等を提起することになる。そのためには，被害者は，加害者の氏名・住所等を知る必要があるが，ウェブサイト上の表現等は，多くの場合，匿名又は仮名でなされており，何らかの手段によって加害者の氏名・住所等が判明している場合を除き，被害者が加害者を特定することはきわめて困難である。

　ところで，インターネット上の情報通信においては，このような加害者は，通常，インターネットに接続する通信サービスを提供する事業者（経由プロバイダ，インターネットサービスプロバイダ（ISP））が提供する通信回線を通じ，ウェブサイトに関する情報が記録されているサーバにアクセスすることによって，情報のやりとりをしている。そして，経由プロバイダやウェブサイトに関する情報が記録されているサーバを管理運営する事業者（コンテンツプロバイダ）は，そのような情報流通に関与する者として，加害者の特定に資する情報（以下「発信者情報」という。）を保有している可能性が高い。

　すなわち，加害者がある電子掲示板に被害者の名誉毀損やプライバシー侵害に該当する書込みをしたという事例を前提にすると，加害者は，いずれかの経由プロバイダのサーバを介して，電子掲示板のサーバにアクセスしているが，電子掲示板のサーバには，通常，当該情報通信において加害者のパソコンやスマートフォン等に割り当てられたIPアドレス等と当該情報通信がされた年月日及び時刻（タイムスタンプ）がアクセスログという形で一定期間保存されている。また，経由プロバイダのサーバにも当該情報通信に係るIPアドレスとタイムスタンプがアクセスログの形で一定期間保存されているほか，経由プロバイダは契約の相手方である加害者に対して利用料金を請求する必要があるため，加害者の氏名及び住所等に関する情報を保有しており，したがって，経由プロバイダは，ある特定の時間に当該情報通信をした発信者（正確にはインターネット接続サービスの契約当事者）の氏名・住所等の情報を保有している。

　もっとも，正当な理由もないのにインターネット上の表現等に係る発信者情報が公開されることになれば，その者のプライバシーを侵害するだけ

でなく，通信の秘密や表現の自由に対する侵害ともなり得るのであり，また，それらの情報は一旦開示されると開示前の状態へ回復することは困難なのであるから，発信者情報を開示することは慎重でなければならない。

以上のような状況をふまえ，プロバイダ責任制限法4条1項は，インターネットにおける情報の流通によって名誉やプライバシーなど自己の権利が侵害された場合について，厳格な要件を定めた上で，被害者が，当該情報の流通に関与した特定電気通信役務提供者（具体的には，経由プロバイダ，コンテンツプロバイダ）に対し，保有している発信者情報を開示させることができる権利を認めることにより，被害者が加害者を特定し，法的な責任を追及する方法を確保するために設けられたものである（プロバイダ責任制限法4条の趣旨につき，最判平22.4.13民集64巻3号758頁参照）。なお，発信者情報開示請求権は，プロバイダ責任制限法によって新たに創設された請求権であると解されている。

2　プロバイダ責任制限法4条1項によって開示を請求できる情報

(1)　法令の規定

プロバイダ責任制限法4条1項は，インターネットにおける情報の流通によって自己の権利を侵害された場合，その情報の流通を媒介し，関与した経由プロバイダ，コンテンツプロバイダに対し，保有する権利の侵害に係る「発信者情報」の開示を請求することができると規定し，「発信者情報」については，「氏名，住所その他の侵害情報の発信者の特定に資する情報であって総務省令で定めるもの」と規定してその具体的内容を省令に委任している。

そして，総務省令は，プロバイダ責任制限法4条1項の定める「発信者情報」について，①発信者その他侵害情報に係る者の氏名又は名称（総務省令1号），②発信者その他侵害情報の送信者に係る者の住所（総務省令2号），③発信者の電子メールアドレス（総務省令3号），④侵害情報に係るアイ・ピー・アドレス及び当該アイ・ピー・アドレスと組み合わされたポート番号（総務省令4号），⑤侵害情報に係る携帯電話端末等からのイン

ターネット接続サービス利用者識別符号（総務省令5号），⑥侵害情報に係るSIMカード識別番号のうち，携帯電話機等からインターネット接続サービスにより送信されたもの（総務省令6号），⑦④から⑥までに係る電気通信設備等から開示関係役務提供者の用いる特定電気通信設備に侵害情報が送信された年月日及び時刻（総務省令7号），の7つを定めている。以下，個別に説明する。

(2) **①発信者その他の侵害情報に係る者の氏名又は名称，②発信者その他の侵害情報の送信者に係る者の住所，及び③発信者の電子メールアドレスについて**

発信者その他侵害情報の送信に係る者の氏名又は名称，その者の住所，及び発信者の電子メールアドレスが加害者の特定のために重要な情報であることはいうまでもない。なお，「その他侵害情報の送信に係る者」とは，発信者が自己の所属する企業，大学等の通信端末を用いて情報を発信した場合における当該企業，大学等を意味すると解されている。

(3) **④侵害情報に係るアイ・ピー・アドレス及び当該アイ・ピー・アドレスと組み合わされたポート番号について**

IPアドレスとは，インターネットに接続された個々のコンピューター等の電気通信設備を識別するため，各コンピューター等に割り当てられる番号であり，通常，「123.45.67.89」などの数字で表記される。IPアドレスは，経由プロバイダごとに割り当てられており，Q6で述べるとおり，侵害情報に係るIPアドレスが判明すれば「Whois」を利用して発信者が利用している経由プロバイダを割り出すことができるし，経由プロバイダに対して発信者の氏名，住所等の情報の開示を求めるためにも必要となる。

ポート番号とは，コンピューター等が通信をする際に使用するもので，プログラムを識別するための番号である。ポート番号は，本来，1台のコンピューター上で複数のアプリケーションが動いている場合に，通信相手となるアプリケーションを特定するために用いられるものであり（ウェブコンテンツの送受信（HTTP）は80など），本来は発信者の特定と関係するものではない。もっとも，爆発的なインターネット接続の増加のため，従来

主に用いられていたIPv4（IPアドレスを0〜255までの256個の数字4つの組み合わせで表現するインターネット・プロトコルの名称）というプロトコル（信号を送受信するときの約束事）では各コンピューター等に割り当てることができるIPアドレスに限度がある（約43億個といわれている）ことから，現在，経由プロバイダでは，一つのIPアドレスを複数のユーザーに共有させ，余っているポート番号を割り当てることにより発信者を特定している。よって，IPアドレスだけでなくそれと組み合わされたポート番号が判明しなければ発信者の特定に困難をきたす可能性があり，そのような状況をふまえ，平成28年の総務省令改正によって新たに「発信者情報」に追加されることとなった。

(4) **⑤侵害情報に係る携帯電話端末等からのインターネット接続サービス利用者識別符号について**

携帯電話端末等からのインターネット接続サービス利用者識別符号とは，携帯電話等からのインターネット接続サービスの利用者をインターネットにおいて識別するために，当該サービスを提供する電気通信事業者により割り当てられる文字等をいい，株式会社NTTドコモではiモードID，UID，KDDI株式会社ではEZ番号，ソフトバンクモバイル株式会社ではユーザーIDなどがこれに該当する。

(5) **⑥侵害情報に係るSIMカード識別番号のうち，携帯電話機等からインターネット接続サービスにより送信されたものについて**

SIMカード識別番号とは，携帯電話機等からのインターネット接続サービスを提供する電気通信事業者との間で当該サービスの利用者を特定するために電磁的記録媒体を識別するために割り当てられる番号をいう。携帯電話事業者によっては，携帯電話端末等からインターネット接続サービスを利用した際にSIMカード識別番号を送信することが可能となっていることから，その開示を受けることによって発信者を特定することができる。

⑤及び⑥並びに⑤及び⑥に係る⑦のタイムスタンプは，平成23年の総務省令改正によって新たに「発信者情報」に追加されたものである。これは，携帯電話機等からインターネット接続サービスを利用して侵害情報が

送信された場合，携帯電話事業者によっては，同時に複数の利用者に対して同一のIPアドレスを共有させていたり，きわめて短時間に異なる携帯電話機等にIPアドレスを割り当てることがあるため，IPアドレスとタイムスタンプによる発信者の特定が困難な場合もある実情をふまえて改正されたものである。

(6) **⑦④から⑥までに係る電気通信設備等から開示関係役務提供者の用いる特定電気通信設備に侵害情報が送信された年月日及び時刻について**

いわゆるタイムスタンプと呼ばれるものであり，発信者がサーバにアクセスした時間を記録したものである。IPアドレスの数は有限であるため，例えば家庭用のコンピュータ端末や携帯電話などでは，IPアドレスは，コンピューター等が接続するたびに新たなものが割り振られることが多く，発信者を特定するためには，アイ・ピー・アドレス等と相まってタイムスタンプが必要になるため，発信者情報に含まれている。

[参考文献]

東京地方裁判所プラクティス委員会第一小委員会「名誉毀損訴訟解説・発信者情報開示請求訴訟解説」判タ1360号4頁，八木＝関上Q75，野村25頁以下，大村真一＝大須賀寛之＝田中晋「特定電気通信役務提供者の損害賠償責任の制限及び発信者情報の開示に関する法律の概要」NBL730号27頁，大村真一＝大須賀寛之＝田中晋「特定電気通信役務提供者の損害賠償責任の制限及び発信者情報の開示に関する法律」ジュリ1219号101頁，坂本光英「プロバイダ責任制限法の検証と省令改正の概要」NBL964号14頁，プロバイダ解説

（野村昌也）

Q5 発信者情報開示請求権の成立要件

プロバイダ責任制限法4条1項の発信者情報開示請求権の成立要件はどのようなものか。

【参照条文】プロバイダ責任制限法4条1項，総務省令，民法709条，710条，民訴29条

答 ①相手方がコンテンツプロバイダや経由プロバイダなどの開示関係役務提供者であること，②コンテンツプロバイダや経由プロバイダが侵害情報に係る発信者情報を保有していること，③インターネットにおける情報の流通によって自己の権利が侵害されたことが明らかであること，④開示を受ける正当な理由があることが成立要件である。権利侵害が「明らか」といえるためには，被害者において，不法行為の客観的な要件が充足していることに加え，違法性阻却事由を窺わせるような事情が存在しないことまで主張立証（疎明）する必要があるが，発信者の故意・過失まで主張立証（疎明）する必要はない。

1 法令の規定

プロバイダ責任制限法4条1項は，「特定電気通信による情報の流通によって自己の権利を侵害されたとする」者が，「侵害情報の流通によって当該開示の請求をする者の権利が侵害されたことが明らかであるとき」及び「当該発信者情報が当該開示の請求をする者の損害賠償請求権の行使のために必要である場合その他発信者情報の開示を受けるべき正当な理由があるとき」には，「当該特定電気通信の用に供される特定電気通信設備を用いる特定電気通信役務提供者（開示関係役務提供者）」に対し，「保有する」権利の侵害に係る「発信者情報」の開示の請求をすることができると規定して，発信者情報開示請求権の要件を定めている。なお，「発信者情

報」にどのようなものが含まれるかについてはQ4も参照されたい。

2　発信者情報開示請求の主体

特定電気通信による情報の流通によって自己の権利を侵害された者であり，典型的にはウェブサイト等で自己の権利を侵害する情報（名誉毀損・プライバシー侵害等）が掲載された者が該当する。自然人や法人だけでなく，民事訴訟法29条により当事者能力が認められるいわゆる権利能力なき社団など法律的に権利の主体となり得る者はすべて含まれると解される。

3　発信者情報開示請求の相手方

他人の権利を侵害したとされる情報が流通することとなった特定電気通信の用に供される特定電気通信設備を用いる特定電気通信役務提供者（開示関係役務提供者）が相手方である。特定電気通信とは，「不特定の者によって受信されることを目的とする電気通信の送信」（プロバイダ責任制限法2①）であり，インターネット上のウェブページ，電子掲示板，インターネット放送などがこれに該当する。電子メールの送信は1対1の通信であるから，これに含まれず，多数の者に宛てて同時に送信される電子メールも1対1の通信が多数集合したものにすぎないからこれに含まれない。また，テレビ等公衆によって直接受信されることを目的とする電気通信の送信は放送法で別途規律が図られているから，プロバイダ責任制限法の対象から外されている。

特定電気通信設備では，特定電気通信の用に供される電気通信設備をいい（同法2②），特定電気通信を行うために運用される一切の機械や器具などが含まれる。具体的には，ウェブサーバ，ルータ，ケーブルなどである。

特定電気通信役務提供者（同法2③）には，通常，権利侵害に係る情報が掲載されているウェブサイトのコンテンツプロバイダや，発信者が契約している経由プロバイダなどが含まれ（経由プロバイダがここにいう特定電気通信役務提供者及び開示関係役務提供者に含まれることについては最判平22.4.8民集64巻3号676頁を参照），企業，大学等が自ら特定電気通信設備

を設定して、従業員や学生に設備を使用させている場合にも、特定電気通信役務提供者に該当する。

4 発信者情報の保有

開示請求の対象となる発信者情報は、開示関係役務提供者（コンテンツプロバイダ、又は経由プロバイダ）が保有しているものに限られる。発信者情報にどのようなものが含まれるかは、プロバイダ責任制限法4条1項及び総務省令に規定されている。詳細についてはQ4を参照されたい。

「保有」とは、法律上又は事実上、管理・支配している状態を指すが、プロバイダ責任制限法4条1項にいう「保有」とは、開示関係役務提供者が発信者情報を開示することができる権限を有している場合をいうと解されている。開示を行うことのできる権限を有すると認められる場合であれば、第三者に委託して顧客管理を行わせているような場合や他人の管理するサーバ内にデータが存在している場合であっても「保有する」といえる。他方で、開示関係役務提供者のサーバ内に保存されている発信者情報であっても、データの抽出のために莫大なコストを要し実質的に開示を行うことができない場合や、データが体系的に保管されておらず、開示関係役務提供者としてはその存在が把握できないような場合には「保有する」とはいえない。

なお、開示関係役務提供者が発信者情報を「保有」していることは、発信者情報開示請求の要件であるから、開示請求をする者（被害者）がその事実を主張立証（疎明）する必要があると解される。もっとも、IPアドレスやタイムスタンプなどのアクセスログについては保存期間等を定めた法律等があるわけではないこと、アクセスログは開示関係役務提供者の管理下にあって被害者が保存の有無について調査することは不可能であることなどからすれば、開示関係役務提供者としては、被害者が主張する発信者情報を保有していない場合には、その理由（当該経由プロバイダが定める保存期間が経過していることなど）についてある程度説明をする必要がある場合もあろう。

5 権利侵害の明白性

　プロバイダ責任制限法4条1項は，発信者情報開示請求権の要件として「権利が侵害されたことが明らかである」ことを規定しており，いわゆる権利侵害の明白性を要件としている。これは，発信者情報開示の制度が，ウェブサイト上で名誉毀損やプライバシー侵害などの表現等がなされた被害者にとって，加害者を特定するための手段となり，被害者の被害回復のために不可欠なものである一方で，正当な理由がないのに発信者情報が開示されることになれば，発信者のプライバシーを侵害するだけでなく，通信の秘密や表現の自由に対する侵害ともなり得るのであり，それらの情報は一旦開示されると開示前の状態へ回復することは困難であることから，発信者の有するプライバシー，通信の秘密及び表現の自由と被害者の権利の救済を図る必要性との調和をとるため，厳格な要件の下で発信者情報開示請求を認めるべく，権利侵害の明白性が要件とされたものである（最判平22.4.13民集64巻3号758頁参照）。

　「権利」とは民法709条にいう「権利」と同義であり，名誉権，プライバシー権に限らず，著作権等法的に保護される権利であれば，その範囲に限定はない。また，「明らか」とは権利の侵害がなされたことが明白であるという趣旨であり，不法行為の客観的要件が充足していることに加え，不法行為の成立を阻却する事由の存在を窺わせるような事情が存在しないことまで意味すると解される。したがって，例えば，ウェブサイト上に自己の名誉を毀損する表現等がなされたと主張する被害者は，その表現等によって自己の社会的評価が低下したこと，損害の発生と表現行為等との因果関係といった事実を主張立証（疎明）するだけでなく，違法性阻却事由である真実性の抗弁が成立することが窺われないこと（公共目的でないこと，公益の利害に関するものでないこと，又は内容が真実ではないこと）や論評として違法性が阻却されることが窺われないことなどについても，主張立証（疎明）しなければならない。

　また，いわゆる（真実）相当性の抗弁についてもこれを主張立証（疎明）する必要があるかについては，裁判例が分かれているところであるが，

「権利が侵害されたことが明らかであるとき」との文言から責任阻却事由である（真実）相当性の不存在の主張立証（疎明）まで要求されると解することは困難であること，発信者が特定されていない発信者情報開示請求の段階で発信者の主観まで被害者に立証（疎明）させることは，被害者に過大な負担を強いるものであり不相当であることなどから，（真実）相当性の主張立証（疎明）までは要しないと解すべきである（東京地判平20.2.27，東京地判平27.9.4，東京地判平28.4.28（いずれも公刊物未登載））。

なお，ウェブサイト上の名誉毀損における真実性の抗弁の判断基準の詳細については，Q13を参照されたい。

6　故意・過失

プロバイダ責任制限法4条1項には要件として，故意又は過失が規定されていないし，発信者が特定されていない発信者情報開示請求の段階で発信者の主観まで被害者に立証（疎明）させることは被害者に過大な負担を強いることになるから，被害者が発信者の故意又は過失を立証（疎明）することは必要ないと解される。

7　開示を受ける正当理由

被害者に発信者情報を入手するための必要性その他の正当理由があることが要件となっており，必要性の判断には，発信者のプライバシーなどの利益を考慮した開示の「相当性」の判断も含まれる。ウェブサイト上で名誉毀損やプライバシー侵害などの表現等がなされた被害者にとって，発信者情報開示請求は，加害者を特定するためのほとんど唯一の手段であるから，多くの場合は必要性が肯定されることになると思われるが，不当な自力救済を目的とする開示請求権の濫用のおそれがある場合や，損害賠償金が支払ずみであり損害賠償請求権が消滅しているような場合には，必要性を欠くことになる。

また，損害賠償請求権行使のためだけでなく，発信者に対して，謝罪広告等の名誉回復措置の請求，差止請求，及び削除請求等を行う場合も「正当な理由があるとき」に含まれる。

[参考文献]

東京地方裁判所プラクティス委員会第一小委員会「名誉毀損訴訟解説・発信者情報開示請求訴訟解説」判タ1360号4頁，八木＝関上Q75，野村25頁以下，大村真一＝大須賀寛之＝田中晋「特定電気通信役務提供者の損害賠償責任の制限及び発信者情報の開示に関する法律の概要」NBL730号27頁，大村真一＝大須賀寛之＝田中晋「特定電気通信役務提供者の損害賠償責任の制限及び発信者情報の開示に関する法律」ジュリ1219号101頁，プロバイダ解説

(野村昌也)

Q6 コンテンツプロバイダに対する発信者情報開示仮処分

コンテンツプロバイダに対する発信者情報開示を求める仮処分は，どのような仮処分か。また，なぜこのような仮処分が必要となるのか。

【参照条文】プロバイダ責任制限法4条1項，総務省令，民法709条，710条，法23条2項

答 コンテンツプロバイダに対して侵害情報に係るIPアドレスやタイムスタンプなどのアクセスログの開示を求める仮処分であり，被害者は，開示されたアクセスログから発信者が利用している経由プロバイダを割り出すことができる。開示されたアクセスログから直ちに発信者の氏名・住所等を割り出すことはできないため仮処分によっても発信者のプライバシー等を侵害する可能性は低い一方，大手の経由プロバイダは3か月程度しかアクセスログを保存しないため，コンテンツプロバイダに対する開示請求を本案訴訟で行うとすると，本案訴訟係属中に経由プロバイダがアクセスログを消去してしまい被害者の権利救済が不可能になる可能性があるため，仮処分によって開示を求め

る必要がある。

1　概　　説

　ウェブサイト上に名誉毀損やプライバシー侵害などの表現等がなされた場合，被害者としては，加害者を特定し，法的な責任を追及することになるが，ウェブサイト上の表現等は，ほとんどの場合，匿名又は仮名でなされているため，ウェブサイト上の記載のみから加害者（発信者）を特定することはきわめて困難である。

　発信者は，通常，いずれかの経由プロバイダと契約し，その経由プロバイダのサーバを介して，電子掲示板等を運営しているコンテンツプロバイダのサーバにアクセスすることによって，ウェブサイト上に記事を投稿するなどしているが，コンテンツプロバイダのサーバには，上記アクセスに係るIPアドレスやタイムスタンプなどのアクセスログ（サーバが他のコンピューターから受け取った指令に関する記録）が保存されていることが通常であり，経由プロバイダのサーバにも同様のアクセスログが保存されているほか，経由プロバイダは，契約の相手方である発信者の氏名・住所等を把握している。

　もっとも，コンテンツプロバイダが保有しているのは，通常，アクセスログのみであり，発信者の氏名・住所等発信者の特定に直接つながる情報については把握していないから，被害者が，コンテンツプロバイダに対して，発信者の氏名・住所等の発信者情報の開示請求をしても，発信者情報を保有していないとして開示されない。

　一方，経由プロバイダは発信者の氏名・住所等を把握しているが，被害者は，通常，発信者の利用している経由プロバイダを知ることはできない。

　そこで，被害者としては，まず，コンテンツプロバイダに対し，侵害情報に係るIPアドレスやタイムスタンプなどアクセスログについて発信者情報の開示を求め，アクセスログから発信者が利用している経由プロバイダを割り出し，その後，経由プロバイダに対して発信者の氏名・住所等に

ついての発信者情報の開示を求め，発信者に対して損害賠償請求等を行うこととなる。

　すなわち，コンテンツプロバイダに対して発信者情報の開示を求めるのは，発信者の利用している経由プロバイダを割り出すためであり，発信者が，経由プロバイダ，次にコンテンツプロバイダという順にインターネットにアクセスしている過程を，被害者は，コンテンツプロバイダ，次に経由プロバイダという逆の順序をアクセスログを手がかりにしてたどっていき，発信者を特定することとなる。

2　仮処分の必要性（保全の必要性）

　被害者は，前記1で述べたとおり，まず，コンテンツプロバイダに対してアクセスログについて発信者情報の開示を求め，コンテンツプロバイダから開示されたアクセスログから経由プロバイダを割り出し，経由プロバイダから発信者の氏名・住所等についての発信者情報の開示を求めることになるが，コンテンツプロバイダが訴訟外で任意にアクセスログの開示に応じない場合，法的手続によって開示を求めることとなる。しかし，大手の経由プロバイダは，一般的にアクセスログを3か月程度の短期間しか保存していないから，本案訴訟によってコンテンツプロバイダに対しアクセスログの開示を求めた場合，仮に被害者が勝訴したとしても，その間に経由プロバイダのアクセスログが削除されてしまい，発信者を特定することが不可能になる可能性が高い。そこで，コンテンツプロバイダが保有しているIPアドレスやタイムスタンプなどのアクセスログについては，仮処分命令により開示を受ける必要があり，上記事情が仮処分命令における保全の必要性を肯定する事情となることが多い。

　他方，コンテンツプロバイダに対してアクセスログの開示を命じたとしても，被害者は，発信者が契約している経由プロバイダを割り出すことができるにすぎず，発信者の氏名・住所等の情報を得るには，別途，経由プロバイダに対して発信者情報の開示請求をする必要がある。そのため，仮処分によってコンテンツプロバイダに対してアクセスログの開示を認めても，発信者の氏名・住所等が直ちに開示されるわけではない。その上，経

由プロバイダに対する発信者の氏名・住所等の開示請求については，仮処分では消去禁止を命じるにとどめ，これらの開示については本案訴訟で審理することとされている。したがって，これらの仮処分は本案と同様の結果を与える，という批判は当たらないと思われる。

　なお，インターネット関係仮処分の保全の必要性については**Q21**，**Q22**も参照されたい。

3　コンテンツプロバイダの特定

　ウェブサイト上の記載から当該ウェブサイトの管理運営主体が明らかである場合には，その者をコンテンツプロバイダとして発信者情報の開示を求めればよいが，ウェブサイトのなかには管理運営主体を明らかにしていないものもある。そのような場合，コンテンツプロバイダを特定する方法として，ドメイン名（インターネット上に存在するシステムに割り当てられる名前）による検索を行うことが考えられる。ドメイン名は，日本国内のドメイン（「.jp」JPドメイン）であれば，株式会社日本レジストリサービス（JPRS）が管理運営しており，「Whois」と呼ばれるサービスを利用して（http://whois.jprs.jp/），ドメイン登録者の情報を得ることができ，それ以外のドメイン（「.com」「.net」など）であれば，InterNIC等の「Whois」（http://internic.net/whois/html）等を利用してドメイン登録者の情報を得ることができる。

　もっとも，上記「Whois」によっても登録者の氏名・住所等が判明しない場合もあるし，ドメイン名の検索は，あくまでドメイン登録者の情報が得られるものであり，ドメイン取得代行業者等によって取得されたドメインなどの場合には，ウェブサイトの管理運営主体とは無関係な者の情報が示される場合もあるため注意を要する。コンテンツプロバイダの特定についての詳細は**Q30**を参照されたい。

4　コンテンツプロバイダに対し仮処分で開示を求めることができる情報

　発信者情報の開示は，プロバイダ責任制限法4条1項に基づくものであ

り，開示を求めることができる情報は氏名・住所その他の発信者の特定に資する情報であり，具体的には総務省令によって定められている。発信者情報にどのようなものが含まれるかについてはＱ４を参照されたい。

　前記のとおり，被害者は，発信者が契約している経由プロバイダを割り出すため，コンテンツプロバイダに対し，IPアドレス及びタイムスタンプといったアクセスログの開示を求める必要があり，大手の経由プロバイダが一般的にアクセスログを３か月程度の短期間しか保存していない現状からすれば，保全の必要性が認められる場合が多い。一方で，コンテンツプロバイダは，発信者の氏名・住所等発信者の特定に直接つながる情報については把握していないことがほとんどであるから，これらの情報の開示をコンテンツプロバイダに求めたとしても，情報を保有していないとして開示されない。

　また，発信者情報のうち，携帯電話端末等からのインターネット接続サービス利用者識別符号及びSIMカード識別番号のうち携帯電話端末等からインターネットサービスにより送信されたものについては，これらの情報がコンテンツプロバイダに保存される場合があり，発信者が契約している経由プロバイダを割り出すために役立つ情報であること，その内容から発信者の氏名・住所等発信者の特定に直接特定することはできないことなどからして，民事保全の段階でこれらの開示を認めたとしても問題はない。

　他方，コンテンツプロバイダが発信者の電子メールアドレスを把握している場合，その開示を求めることができるかについては争いがある。これを認めるべきであるとする見解もあるが，電子メールアドレスは，氏名の一部が用いられる場合もあり，IPアドレスなどのアクセスログと比較して発信者の特定につながりやすい情報であること，多くの事案でアクセスログから発信者を特定することが可能であることなどからして，保全の必要性に乏しく，これを消極に解する見解が有力である。

5　経由プロバイダの特定方法

　コンテンツプロバイダに対してアクセスログの開示を求め，IPアドレ

ス及びタイムスタンプ等が開示されたら，IPアドレスを「Whois」などで検索すると（日本国内のIPアドレスについては，一般社団法人日本ネットワークインフォメーションセンター（JPNIC）が管理しており，「Whois」サービスを提供している），IPアドレスの割当先の経由プロバイダの情報を得ることができる。経由プロバイダの特定についての詳細は**Q30**を参照されたい。

6 まとめ

　ウェブサイト上に匿名又は仮名で自己の権利を侵害するような表現等がなされた被害者は，発信者を特定するため，原則として，まずコンテンツプロバイダに対してIPアドレスやタイムスタンプ等のアクセスログといった発信者情報の開示を求める必要がある。ウェブサイト上の記載からではコンテンツプロバイダ（ウェブサイトの管理運営主体）が不明な場合には，ドメイン名の登録先などを調査してコンテンツプロバイダを割り出す。コンテンツプロバイダに対する発信者情報開示請求の本案判決を待っているのでは経由プロバイダの保有するアクセスログが削除されてしまうおそれがある場合には，仮処分によってその開示を求めることができる。IPアドレスから発信者が利用している経由プロバイダを割り出すことができるため，経由プロバイダに対して，発信者の氏名・住所等の情報の開示（又は消去禁止）を求めることになる。

［参考文献］
　東京地方裁判所プラクティス委員会第一小委員会「名誉毀損訴訟解説・発信者情報開示請求訴訟解説」判タ1360号4頁，八木＝関[上]Q75，野村25頁以下，大村真一＝大須賀寛之＝田中晋「特定電気通信役務提供者の損害賠償責任の制限及び発信者情報の開示に関する法律の概要」NBL730号27頁，大村真一＝大須賀寛之＝田中晋「特定電気通信役務提供者の損害賠償責任の制限及び発信者情報の開示に関する法律」ジュリ1219号101頁，プロバイダ解説

（野村昌也）

Q7 経由プロバイダに対する発信者情報消去禁止仮処分

経由プロバイダに対する発信者情報消去禁止を求める仮処分は，どのような仮処分か。また，なぜこのような仮処分が必要となるのか。

【参照条文】プロバイダ責任制限法4条1項，総務省令，民法709条，710条，法23条2項

答 経由プロバイダに対してその利用者である侵害情報の発信者に係る発信者情報を消去せずに保存するよう求める仮処分であり，被害者が発信者を特定するために経由プロバイダに対する発信者情報開示請求に係る本案訴訟を提起するに当たり，この仮処分を申し立てることが必要となる。すなわち，経由プロバイダは，課金の都合上，利用者の氏名及び住所等の発信者情報を把握しているところ，Q6において見たように，大手の経由プロバイダは3か月程度しかアクセスログを保存しないため，上記の本案訴訟の結果を待っていたのでは，本案訴訟の係属中に経由プロバイダがアクセスログを消去してしまい，発信者の特定ができなくなり，被害者の権利救済が不可能になる可能性があるため，仮処分によって発信者情報の消去禁止（保存）を求める必要がある。

1 概 説

(1) 経由プロバイダの役割と本仮処分の意義

経由プロバイダとは，インターネット利用者のコンピューターをインターネットに接続するサービスを提供する事業者であり（インターネット・アクセス・サービス・プロバイダ（IASP）ともいう。），一般に個人がインターネットを利用して電子掲示板等に記事を投稿する場合には，経由プロ

バイダとの間でインターネット接続サービスに関する契約を締結した上で、経由プロバイダを通じてインターネットにアクセスし、コンテンツプロバイダ（電子掲示板等が記録されているサーバを管理運営する事業者）の提供する電子掲示板等のサービスを利用することになる。そのため、経由プロバイダは、課金の都合上、発信者の氏名・住所等の発信者情報（氏名・住所その他の侵害情報の発信者の特定に資する情報であって総務省令で定めるもの（プロバイダ責任制限法4Ⅰ参照））を把握している。

経由プロバイダに対する発信者情報消去禁止を求める仮処分とは、このような経由プロバイダが把握しているインターネット利用者の氏名・住所等を特定するために必要な情報を消去しないよう求める仮処分である。

(2) **本案訴訟による権利救済**

ウェブサイト上に名誉毀損やプライバシー侵害などの表現等がされた場合、被害者としては、加害者を特定し、法的な責任を追及することになるが、インターネット上の電子掲示板は、匿名や仮名による記事の投稿をすることができるものが多く、また、コンテンツプロバイダは、投稿記事に係る発信者のIPアドレス（インターネットに接続された個々の電気通信設備を識別するために割り当てられる番号）やタイムスタンプ（電子データの作成や更新、アクセス等が行われた日時を示す情報）などのアクセスログを自動的に取得しているのが通常である一方、発信者が記事を投稿する際にその正確な氏名・住所等を記載することを要求していないことがほとんどであるため、加害者である発信者の氏名・住所等の発信者情報を把握しているのは経由プロバイダのみであることが多い。

しかしながら、被害者は、通常、発信者の利用している経由プロバイダを知ることはできないため、まず、コンテンツプロバイダに対し、発信者情報の開示を求めて投稿記事に係るIPアドレスやタイムスタンプなどのアクセスログを取得し、これらの情報から発信者の利用している経由プロバイダを割り出した後、その経由プロバイダに対し、発信者情報の開示を求める本案訴訟を提起し（経由プロバイダがプロバイダ責任制限法2条3号にいう「特定電気通信役務提供者」に該当することについては、最判平22.4.8民集64巻3号676頁参照。）、発信者の氏名・住所等の発信者情報を取得し、

この情報により特定された発信者に対し，損害賠償等を求める訴訟を提起して権利救済を受けることになる。

(3) 保全の必要性

もっとも，（特に大手の）経由プロバイダは，一般にIPアドレスやタイムスタンプなどのアクセスログを比較的短期間（プロバイダごとに異なるものの，概ね3か月程度であることが多いようである。）しか保存していないため，発信者情報開示請求に係る本案訴訟の結果を待っていたのでは，経由プロバイダの保有する発信者のアクセスログが削除されてしまい，発信者を特定することが不可能になる可能性が高く，権利救済の道が閉ざされてしまう。

そこで，被害者の権利救済の道を確保するため，上記の本案訴訟に先立ち，経由プロバイダに対して発信者の氏名・住所等の発信者情報の消去禁止を命ずる仮処分を申し立てることが必要となるのである。

他方，経由プロバイダが保有する発信者の氏名・住所等の発信者情報の開示自体を求める仮処分については，一旦これらの発信者情報を開示してしまうと事後的に開示がなかった状態に戻すことができず，仮処分によって本案と同様の結果を与えることとなり，発信者に与える不利益が大きい上，仮処分の段階では上記発信者情報の消去禁止をしておけば本案訴訟における権利救済の道を確保することができることから，仮処分の段階で認められるのは，あくまで経由プロバイダに対する上記発信者の消去禁止を命ずる限度にとどまり，基本的に上記発信者情報の開示自体を命ずることは，保全の必要性を欠くものとして許されない。

なお，経由プロバイダに対する仮処分を含むインターネット関係仮処分の保全の必要性については，Q21及びQ22も参照されたい。

2 発信者が二重に経由プロバイダを経由している場合

発信者が二重に経由プロバイダを経由している場合（例えば，発信者→第一次経由プロバイダ→第二次経由プロバイダ→電子掲示板等の存するウェブサーバといった経路で記事が投稿された場合）には，第二次経由プロバイダが発信者の氏名・住所等の発信者情報を把握しているわけではないため，

第二次経由プロバイダが保有している発信者情報のみで発信者を特定することは不可能である。

そこで，被害者としては，仮処分において，第二次経由プロバイダに対してはIPアドレスやタイムスタンプなどのアクセスログの開示を求めることとなり，これらの情報から第一次経由プロバイダを割り出した後，その第一次経由プロバイダに対して発信者の氏名及び住所等の発信者情報の消去禁止を求めることになる。

3 発信者が仮想移動体通信事業者（MVNO）を利用している場合

発信者が，NTTドコモ，KDDI及びソフトバンクモバイル等の移動体通信事業者（Mobile Network Operator。以下「MNO」という。）の通信設備を借り受けて割安な移動体通信サービス（いわゆる格安SIM等）を提供している仮想移動体通信事業者（Mobile Virtual Network Operator。以下「MVNO」という。）の移動体回線網を利用してインターネットに接続した場合，利用者の氏名及び住所等を把握しているのはMVNOのみであって，IPアドレスから判明するMNOは利用者の氏名・住所等を把握していないという事態も生じ得る。

そのため，MNOからMVNOの情報を得た上で，このMVNOに対して発信者の氏名・住所等の発信者情報の消去禁止を求める必要がある。そして，MNOが任意にMVNOの名称及び住所等を開示しない場合には，MNOに対してこれらの情報の開示を求めた上で，さらに，MVNOに対して発信者の氏名・住所等の発信者情報の消去禁止を求めることになる。

なお，債務者であるプロバイダがMVNOである場合における仮処分の申立ての際の留意事項については，**Q42**も参照されたい。

4 債務者の特定

Q6において見たとおり，コンテンツプロバイダに対してアクセスログの開示を求め，IPアドレス及びタイムスタンプ等が開示されたら，IPアドレスを「Whois」などで検索すると（日本国内のIPアドレスについては，

一般社団法人日本ネットワークインフォメーションセンター（JPNIC）が管理しており，「Whois」サービスを提供している。），IPアドレスの割当先の経由プロバイダの情報を得ることができる。コンテンツプロバイダ及び経由プロバイダの特定についての詳細は，Q30を参照されたい。

5 まとめ

ウェブサイト上に匿名又は仮名で自己の権利を侵害するような表現等がされた被害者は，発信者を特定するため，Q6において見たとおり，まずコンテンツプロバイダに対してIPアドレスやタイムスタンプ等のアクセスログといった発信者情報の開示を求める仮処分を申し立てることになる。そして，IPアドレスから発信者が利用している経由プロバイダを割り出した上で，経由プロバイダに対して発信者の氏名・住所等の発信者情報の消去禁止を求める仮処分を申し立てることになる。

発信者が二重に経由プロバイダを経由している場合には，第二次経由プロバイダに対してIPアドレスやタイムスタンプなどのアクセスログの開示を求める仮処分を申し立て，第一次経由プロバイダを割り出した上で，第一次経由プロバイダに対して発信者の氏名及び住所等の発信者情報の消去禁止を求める仮処分を申し立てることになる。

また，発信者が格安SIM業者などのMVNOの移動体回線網を利用してインターネットに接続した場合には，MNOに対してMVNOの名称及び住所等の発信者情報の開示を求める仮処分を申し立てた上で，さらに，MVNOに対して発信者の氏名・住所等の発信者情報の消去禁止を求める仮処分を申し立てることになる。

[参考文献]
東京地方裁判所プラクティス委員会第一小委員会「名誉毀損訴訟解説・発信者情報開示請求訴訟解説」判タ1360号4頁，八木＝関止Q75, Q76，野村，大村真一＝大須賀寛之＝田中晋「特定電気通信役務提供者の損害賠償責任の制限及び発信者情報の開示に関する法律の概要」NBL730号27頁，大村真一＝大須賀寛之＝田中晋「特定電気通信役務提供者の損害賠償責任の制限及び発信者情報の

開示に関する法律」ジュリ1219号101頁,プロバイダ解説,市川多美子・最判解説民平22年(上)272頁

(吉賀朝哉)

第2節 被保全権利の成立要件・立証責任の分配等

Q8 雑誌や新聞の差止めの判断基準との関係

名誉毀損やプライバシー侵害を理由に投稿記事の仮の削除を求める仮処分を申し立てる場合、その判断基準は、雑誌や新聞の記事の名誉毀損やプライバシー侵害を理由に出版等を差し止める場合の判断基準と同じか。

【参照条文】民法2条、198条、199条、709条

答 投稿記事の仮の削除を求める仮処分については、雑誌や新聞の記事の名誉毀損やプライバシー侵害を理由に出版等を差し止める場合の判断基準を基本としつつも、事案の内容や表現媒体等、投稿記事の特質に応じた検討を要する。

1 雑誌や新聞の記事による名誉毀損

(1) 名誉毀損の成否の判断基準

名誉毀損とは、人の名誉（社会的評価）を低下させることをいい、ある雑誌や新聞（以下「新聞等」という。）の記事が人の社会的評価を低下させるかどうかは、一般の読者の注意と読み方を基準として判断するべきものとされている（最判昭31.7.20民集10巻8号1059頁）。

また、上記判断に当たっては、当該記事が掲載された新聞等の編集方針、その主な読者の構成及びこれらに基づく当該新聞等についての社会の一般的な評価は影響しないものとされている（最判平9.5.27民集51巻5号2009頁参照）。

(2) 違法性阻却事由

　もっとも，他人の名誉を毀損する事実を摘示する行為であっても，その行為が，①公共の利害に係り，②もっぱら公益を図る目的に出た場合には，③摘示された事実が真実であるときは，違法性が阻却される（最判昭41.6.23民集20巻5号1118頁）。

　また，特定の事実を基礎とする意見ないし論評による名誉毀損については，上記①，②の場合には，④表明に係る内容が人身攻撃に及ぶなど意見ないし論評としての域を逸脱したものではなく，⑤意見等が前提としている事実の重要部分が真実であるときには，違法性が阻却される（最判平9.9.9民集51巻8号3804頁，最判平16.7.15民集58巻5号1615頁）。

(3) 差止請求

　名誉を違法に侵害された者は，人格権に基づき，現に行われる侵害行為を排除し，又は将来生ずべき侵害を予防するため，侵害行為の差止めを求めることができる。この点，北方ジャーナル事件判決（最大判昭61.6.11民集40巻4号872頁）は，公務員又は公職選挙の候補者に対する評価，批判等の表現行為に関する出版物について，これを仮処分によって事前に差し止めることができるのは，①表現内容が真実でないか又はもっぱら公益を図る目的のものではないことが明白であって，②被害者が重大にして回復困難な損害を被るおそれがある場合に限られる旨判示しているが，私人や私企業に関する表現行為や，表現行為が既に開始されている場合には，上記①，②より緩やかな要件で差止めが認められる場合もあり得るだろう（八木＝関[上]Q74）。

2　投稿記事による名誉毀損

(1) 投稿記事による名誉毀損の成否の判断基準

　では，インターネット上の投稿記事（以下「投稿記事」という。）によって名誉を違法に侵害され，人格権に基づく差止請求（削除請求も含む。）をする場合，その判断基準は，新聞等の記事による名誉毀損の判断基準と同一に考えるべきだろうか。

　名誉毀損の成否については，そもそも名誉毀損は，表現の手段に関係な

くその内容を問題とする違法行為類型であるから，それが新聞等によるものか，インターネットによるものかの違いを問わず，その内容が人の社会的評価を低下させるものであれば名誉毀損が成立し，その成否の判断基準についても，原則として，メディアによって異なることはないという見解があり（高橋和之＝松井茂記＝鈴木秀美『インターネットと法〔第4版〕』53頁，浦川道太郎「判批・最判平24.3.23」私法判例リマークス46号54頁），判例（最判平24.3.23裁判集240号149頁）にも，投稿記事が名誉毀損に当たるか否かが問われた事案において，「一般の読者の注意と読み方を基準として判断すべきもの」として，新聞等の記事による場合と同一の基準による判断を示しているものがある。

(2) 投稿記事の特質

もっとも，投稿記事には，新聞等と異なる特質もあるため，その特質が名誉毀損の成否に与える影響について検討する必要がある。

投稿記事の特質としては，①匿名性の高さ，②言論の双方向性（反論可能性），③損害の拡大の容易性，④発信される情報の正確性の低さなどが指摘されている（橘井雄太「判批・最判平24.3.23」北大法学論集64巻6号2218頁参照）。

(3) 投稿記事の特質と名誉毀損の成否

このうち，上記④の特質に関連して，インターネット上の情報のなかには，信頼性が低いとみられるものも多数存在するという点を捉え，インターネット上の投稿記事，特に個人利用者により発信された情報は，信頼性に欠けるものも多く，読者もその点を意識しているなどとして，新聞等の記事による名誉毀損に妥当する基準を緩和することができるとの見解もある（浦川道太郎「判批・最判平24.3.23」私法判例リマークス46号54頁）。他方で，信用性の低い情報が存在するのはインターネット上に限ったことではなく，反対に，インターネット上の情報のなかにも，確実な資料，根拠に基づいた信頼性の高い情報も多数存在し，このことは，個人利用者が発信する情報についても同様であるから，投稿記事であるからといって，閲覧者が，常に信頼性の低い情報として受け取るとは限らない，かえって，そのような情報のなかにも真実が含まれていると考えるのが通常であると

して，一律に，他の表現手段を利用した場合と区別して基準を緩和するのは相当でないとする見解もあるところである（東京高判平21.1.30判タ1309号91頁参照）。

　また，上記③の特質に関しては，投稿記事は，ほぼ無限に転載，拡散される可能性があり，閲覧者が，もともと記事が掲載されたウェブサイトで記事を閲覧するとは限らないため，新聞記事に関する前掲最判平9.5.27と同様，名誉毀損の成否は，当該記事が投稿されたウェブサイトの趣旨や読者層等には影響を受けないものと考えるべきとの見解がある（松浦聖子「判批・最判平24.3.23」法セミ714号130頁，中村肇「判批・最判平24.3.23」法の支配170号92頁参照）。

　これらの点に関しては，前掲最判平24.3.23が，「本件投稿記事は，インターネット上のウェブサイトに掲載されたものであるが，それ自体として，一般の閲覧者がおよそ信用性を有しないと認識し，評価するようなものであるとはいえず」と判示した上，投稿された記事内容自体に基づいて名誉毀損の成否を判断しているところであり，参考になる。

(4)　投稿記事の特質と違法性阻却事由

ア　違法性阻却事由についても，新聞等の記事の場合と同様の基準を基本としつつ，投稿記事の特質に応じた判断が必要になってくるものと考えられる。

　なお，名誉毀損の主観的要件に関する「相当の理由」（違法性阻却事由の要件である真実性が証明されなくても，その行為者においてその事実を真実と信ずるについて「相当の理由」があるときには，その行為には故意もしくは過失がないものと解されている（最判昭41.6.23民集20巻5号1118頁，最大判昭44.6.25刑集23巻7号975頁）。）についてではあるが，最判平22.3.15刑集64巻2号1頁は，投稿記事についても，他の表現手段を利用した場合と同様の要件によって「相当の理由」の有無を判断すべきであり，より緩やかな要件で判断すべきではない旨判示している。

イ　また，上記②の特質に関し，投稿記事による表現行為の被害者は，インターネットを利用できる環境がある限り，インターネット上での反論が可能であるとして，他の表現手段よりも，「対抗言論の法理」により違法

性が阻却される可能性が高いとの見解もある。しかし，言論の応酬による名誉回復を要求するためには，これを要求することが不公正でないことが必要であるから，反論可能性により違法性が阻却されるか否かは，対等な反論の場の存否や，インターネット上での反論を要求することの合理性，言論の応酬による被害拡大の可能性等の様々な事情を考慮する必要があると思われる（高橋ほか・前掲67頁，新裁判実務体系9・58頁。名誉毀損罪の事案で対抗言論の法理について検討した事案として，前記最判平22.3.15及び家令和典・最判解説刑平22年1頁参照）。

(5) **投稿記事についての差止請求（削除請求）の要件**

投稿記事についても，人格権に基づき，仮の削除を求める仮処分を求めることができるものと解される。もっとも，投稿記事の削除請求は，北方ジャーナル事件の場合と異なり，私人や私企業に関する表現行為や，表現行為が既に開始されているものが対象となる場合が多く，また，表現行為が行われる媒体によっても，考慮すべき要素が異なってくる可能性がある。よって，投稿記事の削除に当たっては，同事件の基準を基本にしつつも，投稿記事の特質に応じた当てはめを検討する必要があり，今後の裁判例の動きにも注目する必要があるだろう。

3 雑誌や新聞の記事によるプライバシー侵害

(1) **プライバシー侵害の成否の判断基準**

プライバシーの定義には様々な見解があるが，いわゆる「宴のあと」事件の東京地裁判決（東京地判昭39.9.28判タ165号184頁）は，「私生活をみだりに公開されないという法的保障ないし権利」と定義づけている。そして，上記裁判例は，プライバシー侵害の要件として，①私生活上の事実又は私生活上の事実らしく受け取られるおそれのある事柄であること，②一般人の感受性を基準にして当該私人の立場に立った場合公開を欲しないであろうと認められること，換言すれば一般人の感覚を基準として公開されることによって心理的な負担・不安を覚えるであろうと認められる事柄であること，③一般の人々にいまだ知られていない事柄であること，④公開によって当該私人が実際に不快・不安の念を覚えたことが必要である旨判

示している。

(2) 差止請求

　プライバシーを違法に侵害された者は，人格権に基づき，現に行われる侵害行為の排除や侵害行為の差止めを求めることができるが，その違法性の判断については，表現の自由等，相対する利益を比較衡量して，当該行為が受忍限度を超えるものであるか否かを総合判断することになるものと解される（最判平6.2.8民集48巻2号149頁，最判平14.9.24裁判集207号243頁参照）。

4　投稿記事によるプライバシー侵害

(1)　投稿記事によるプライバシー侵害の成否の判断基準

　プライバシー侵害も，表現手段に関係なくその内容を問題とする違法行為類型であることに照らすと，その表現手段を問わず，内容がプライバシー侵害に該当するものであれば成立すると解し，その判断基準を，新聞等他の表現行為における場合と同様の基準を基本に考えることは可能であろう。もっとも，損害拡大の容易性をはじめとする投稿記事の特質に照らすと，新聞等の媒体と異なる考慮要素が出てくる可能性があることは，名誉毀損の場合と同様である。

(2)　投稿記事についての差止請求（削除請求）の要件

　投稿記事によって違法にプライバシーを侵害された場合にも，新聞等の記事による場合と同様，人格権に基づく差止請求（削除請求も含む。）をすることができるものと解される（最決平29.1.31民集71巻1号63頁）。

　また，差止請求（削除請求）の要件についても，表現の自由等，相対する利益との比較衡量をするとの判断枠組み自体については，他の表現方法と同一の基準を基本にできると思われるが，具体的な比較衡量の過程においては，投稿記事の特質を考慮し，事案の内容や，表現行為が掲載されている媒体等に応じた検討をすることが必要であろう。この点，検索サービスを提供する事業者に対する検索結果等の削除請求については，前掲最決平29.1.31があり，今後も，裁判例や，様々な事例の集積が待たれるところである。

[参考文献]

本文中に掲げたもののほか，家令和典・最判解説刑平22年１頁，八木一洋・最判解説民平成９年(中)630頁

(日浅さやか)

Q9 動画の仮の削除を求める仮処分の判断基準

名誉毀損やプライバシー侵害を理由にインターネット上の動画の仮の削除を求める仮処分を申し立てる場合，その判断基準は，テレビジョンで放映される映像等に関する判断基準と同じか。

【参照条文】法24条，民法709条，710条，724条

答 名誉毀損やプライバシー侵害を理由にインターネット上の動画の仮の削除を求める仮処分を申し立てる場合，その判断基準は，原則として，テレビジョンで放映される映像等に関する判断基準と同一と考えるべきである。

1 名誉毀損の場合に生じる差止請求権の法的根拠・成立要件

(1) 法的根拠

名誉毀損は，人の品性，徳行，名声，信用等の人格的価値について社会から受ける客観的評価（社会的評価）を低下させる行為であり（最判昭31.7.20民集10巻８号1059頁。以下「昭和31年判決」という。），名誉毀損を受けた者は，人格権に基づき，現に行われている侵害行為を排除し，又は将来生ずべき侵害を予防するため，侵害行為の差止めを求めることができるものとされている（最大判昭61.6.11民集40巻４号872頁・北方ジャーナル事件判決）。

第２節 被保全権利の成立要件・立証責任の分配等 53

(2) 成立要件

ある表現内容が人の社会的評価を低下させるか否かについては，一般の読者の普通の注意と読み方を基準として判断すべきとされている（昭和31年判決）。

そして，名誉毀損を受けた者の有する差止請求権の根拠は，上記のとおり，人格権に求められること，名誉権が民法上特に侵害に対して保護されることが明定されていること，これに関連して実体法上侵害差止請求権が規定されていること（不正競争防止法3条等参照）から，排他的な性格を有するものとして（潮見直之「情報社会と名誉毀損」新裁判実務体系9・58頁以下），名誉毀損の場合に生じる差止請求権の成立においては，故意・過失等の主観的要件は不要であり，名誉が違法に侵害されている（侵害される蓋然性があるときを含む。）ことで足りるものと解される。

名誉を違法に侵害された者は，人格権に基づき，現に行われる侵害行為を排除し，又は将来生ずべき侵害を予防するため，侵害行為の差止めを求めることができるが，その違法性の判断については，表現の自由等，相対する利益と比較衡量をして，当該行為が受忍限度を超えるものであるか否かを総合判断することになる（前掲最判昭61.6.11参照）。

(3) 違法性阻却事由

他人の名誉を毀損する事実を摘示する行為であっても，その行為が，①公共の利害に係り，②もっぱら公益を図る目的に出た場合には，③摘示された事実が真実であるときは，違法性が阻却される（最判昭41.6.23民集20巻5号1118頁，特定の事実を基礎とする意見ないし論評による名誉毀損については，Q8参照）。

名誉毀損に係る表現の差止めを求める仮処分命令の申立てに当たっては，表現の自由に対する抑制であること，保全手続という本案に比して手続保障が十分でない手続で表現行為を禁止するという性質に照らして，上記の違法性阻却事由の存在を窺わせる事情がないことについての主張及び疎明が必要となることに留意すべきである。

2 テレビジョンで放映される映像等と名誉毀損

(1) テレビジョンで放映される映像等の特質

テレビジョンは動く映像及びそれに連動する音声により情報を伝達するメディアであり，かかる情報伝達の方法は，受け手の視覚及び聴覚を同時に刺激して行うことから活字メディアと比較して受け手に与える印象が鮮烈なものとなりやすいという特徴がある。他方で活字媒体とは異なり，情報伝達が一過性のものであることから，受け手が情報の意味内容を十分正確に認識・把握できないままにあいまいな印象を抱きやすいという特徴も有する（大寄久「テレビ放映と名誉毀損」新裁判実務体系9・72頁以下参照）。

(2) テレビジョンで放映される映像等による名誉毀損の成否の判断基準

最判平15.10.16民集57巻9号1075頁（以下「平成15年判決」という。）は，テレビジョン放映の報道について，昭和31年判決を引用した上で，まず，「テレビジョン放送をされた報道番組の内容が人の社会的評価を低下させるか否かについても，同様に，一般の視聴者の普通の注意と視聴の仕方とを基準として判断すべきである」旨判示した。

これは，報道により人の社会的評価が低下したか否かは当該報道の受け手の一般的な受取り方を基準として判断すべきことはテレビジョンで放映される報道等の放送メディアについても新聞記事等と同様に解すべきことを示したものと考えられる（松並重雄・最判解説民平15年(下)514頁参照）。

次に，平成15年判決は，テレビジョン放映の報道番組によって摘示された事実がどのようなものであるかという点について，テレビジョン放映の特質をふまえて，テレビジョン放映の報道等は，新聞記事等の場合とは異なり，視聴者は，音声及び映像により次々と提供される情報を瞬時に理解することを余儀なくされるのであり，録画等の特別の方法を講じない限り，提供された情報の意味内容を十分に検討したり，再確認したりすることができないものであることを理由として，一般の視聴者の普通の注意と視聴の仕方とを基準とすべき旨判示した。その上で，テレビジョン放送による報道の上記のような特性をふまえて，摘示事実の捉え方について，そ

の番組の全体的な構成，これに登場した者の発言内容，画面に表示されたフリップやテロップ等文字情報の内容を重視し，映像の内容，効果音，ナレーション等の映像及び音声に係る情報の内容並びに放送内容全体から受ける印象等を総合的に考慮して判断すべき旨を判示している。

上記判示は，昭和31年判決の立場に立ちつつ，報道等による摘示事実がどのようなものであるかという点については，メディアの種類等により，そのメディアの受け手の一般的な受取り方を基準として，そのメディアの特性をふまえて判断すべきことを示したものということができる（松並重雄・最判解説民平15年〔下〕519頁参照）。

3　インターネット上の動画と名誉毀損

(1)　インターネット上の動画による名誉毀損の成否の判断基準

それでは，インターネット上の動画によって名誉を違法に侵害された場合にも，上記2の場合と同様の判断基準で，人格権に基づく差止請求・削除請求をすることができるであろうか。

インターネット上の動画による名誉毀損の成否を判断するに当たっても，当該動画の受け手の一般的な受取り方を基準として判断すべきことは，テレビジョン放映による報道等と異なるところはなく，「一般の視聴者の普通の注意と視聴の仕方」とを基準とすべきと考えられる（東京地裁平23.4.22判時2130号21頁，高橋和之＝松井茂記＝鈴木秀美『インターネットと法〔第4版〕』53頁参照）。

しかし，「一般の視聴者の普通の注意と視聴の仕方」の具体的な判断に当たっては，インターネット上の動画の場合には，テレビジョンとは異なり，視聴者において繰り返し再生して視聴することが一般に可能かつ容易であるということをどのように考慮するかが問題となり得る。

(2)　近時の決定例

この点，近時の決定例として，大阪地決平27.6.1判時2283号75頁は，動画投稿サイトであるユーチューブ等に投稿された演説の録画による名誉毀損が問題とされた投稿動画削除等仮処分申立ての事案における判断が参考となろう。

上記決定においては，当該動画は，テレビジョン放送の場合に比べて，ユーチューブ等のサイト上で繰り返し視聴することが可能であるという違いがあるものの，動画の視聴という面でテレビジョン放映による報道等と本質的に共通するものであるし，繰り返し視聴すれば問題となる発言について別個の意味に解されないことはないにしても，提供された情報の意味内容を再生によって十分に検討したり再確認したりすることが，通常であるとも一般的に期待されているともいうことはできないとして，平成15年判決を引用して判断しており，原則としてインターネット上の動画についても平成15年判決と同様の判断基準とする立場に立って判断されたものということができる。

(3) 検　　討

　インターネット上の動画がサイト上で繰り返し視聴することが可能かつ容易であるとしても，繰り返しの視聴が必然的に随伴するものということはできず，視聴者において提供された情報の意味内容を再生によって十分に検討したり再確認したりすることが通常であるとも一般的に期待されているともいうことはできない。

　したがって，原則としてインターネット上の動画についてもテレビジョン放映による報道等に関する平成15年判決と同様の判断基準とする上記決定の立場は妥当なものということができるが，上記決定に関しては，比較的長時間の録画であったという事案の内容に即して基本的に妥当な立場と解しつつ，再生時間の短い動画であるなど，動画がいかなるものであるかによって「一般の視聴者の普通の注意と視聴の仕方」は変わってくるものとする意見もあり（佃・名誉毀損172頁），参考になろう。

(4) **違法性阻却事由**

　上記3の判断基準によって確定された摘示事実については，違法性阻却事由の有無を，上記1(3)と同様の基準によって判断するべきものと解される（Q8参照）。

　なお，インターネット上の投稿による表現行為の被害者は，インターネットを利用できる環境がある限り，インターネット上での反論が可能であるとして，他の表現手段よりも，「対抗言論の法理」により違法性が阻

却される可能性が高いとの見解もあるが，反論可能性により違法性が阻却されるか否かは，対等な反論の場の存否や，インターネット上での反論を要求することの合理性，言論の応酬による被害拡大の可能性等の様々な事情を考慮する必要があると思われることは Q8 のとおりであり（高橋ほか・前掲67頁，新裁判実務体系9・58頁），インターネット上の動画に関しても異なるところはない（大阪地決平27.6.1判時2283号75頁も同様の立場に立つものと思われる。なお，対抗言論の法理とインターネット上での表現行為による名誉毀損との関係については，最決平22.3.15刑集64巻2号1頁及びその調査官解説である家令和典・最判解説刑平22年11頁参照。）。

4 インターネット上の動画によるプライバシー侵害

(1) 法的根拠

プライバシーを違法に侵害された者は，名誉毀損と同様，人格権に基づき，現に行われる侵害行為の排除や侵害行為の差止めを求めることができる（最判平14.9.24裁判集207号243頁参照）。

(2) プライバシー侵害の成否の判断基準等

プライバシーの定義については様々な見解があること，いわゆる「宴のあと」事件の東京地裁判決（東京地判昭39.9.28判タ165号184頁）における権利侵害の要件については前記 Q8 のとおりであるが，名誉毀損とは異なり，社会的評価の低下は要件とされないこと，公表された事実が真実であるか否かは人格権侵害を妨げる事由にはならないこと，また，上記1(3)と同様，違法性阻却事由の存在を窺わせる事情がないことについての主張及び疎明が必要となることには留意すべきである。

(3) 検　討

テレビジョン報道・ひいてはインターネット上の動画によるプライバシー侵害の場合にも，原則として上記同様の判断基準が妥当するものと解されるが，当該動画の特性をふまえた判断をすべき場合があり得ることは名誉毀損の場合と異なるところはないといえよう（上記2(2)）。

[参考文献]
本文中に掲げたもののほか，八木＝関[上]344頁，野村

（北村ゆり）

Q10 同定可能性の認定

インターネット上の投稿記事では，人格権侵害の被害者のフルネームが明確に記載されていない場合もあるが，その場合，その投稿記事が債権者に関する記事であるか否か（同定可能性）は，どのように判断されるか。

答 対象となる投稿記事にフルネームが明確に記載されていない場合であっても，当該記事が掲載されている掲示板等のタイトルや当該記事の内容に関連する前後の記事等を検討し，当該記事が対象としている者の情報を総合的に考慮することによって，債権者と当該記事の対象としている者との同一性（同定可能性）を認定できる場合がある。

1 はじめに

インターネット関係仮処分は，特定の投稿記事により，債権者の人格権が侵害されている場合に申し立てられるものである以上，当該記事が債権者のことについて記載されていること，すなわち，債権者と当該記事の対象としている者との同一性（同定可能性）について具体的に主張・立証する必要がある。

同定可能性の検討が必要であることは，インターネット関係仮処分固有の問題ではなく，書籍や週刊誌等の出版差止め等においても必要とされているものである。ただ，インターネット上の掲示板等に投稿される記事は，書籍等と異なり，文章が短い上，投稿者が閲覧する者に対し，正確に

情報を伝達することを意識した上で投稿しているか疑問がある記事も散見される。また，記事の投稿が複数の者により会話のように積み重ねられ，仮処分の対象となる記事を見ただけでは，誰のことを対象としているか不明な場合が多い。そのため，インターネット上の投稿記事については，書籍や週刊誌等の出版差止め等の場合に比して同定可能性の判断が困難である場合が少なくない。そうであるにもかかわらず，インターネット関係仮処分の申立てにおいては，必ずしも同定可能性を意識せず申し立てているのではないかと思われる申立ても散見される。そこで，対象となる記事の同定可能性がどのように判断されるか検討する。

2 同定可能性の判断手法

(1) 対象となる投稿記事にフルネームが明記されている場合の同定可能性の留意点について

対象となる記事にフルネームが記載されていても，同姓同名の人物又は，同一商号の会社があることをふまえ，同定可能性についての主張・立証を行うことが必要である。例えば，「△△株式会社の○○○○が「××××」といっていた。」などと記載された投稿記事があった場合，○○○○の部分にフルネームが記載され，これが債権者の氏名であったとしても，△△会社に債権者と同姓同名の人物がいれば，当該記事がどちらの人物を対象としているのか不明となるため，債権者は，インターネット関係仮処分の申立てに当たり，△△株式会社に同姓同名の人間がいないかなどを調査した上，当該記事の対象となっている者が債権者であることを主張・疎明することが必要な場合がある。また，「××県にある○○医院は，△△をやっているような病院である。」などと記載された投稿記事があった場合も同様であり，債権者は，××県において，○○医院という同名の病院があるかどうかなどを調査して，××県において，○○病院が債権者の経営する病院以外に存在しないことを主張・疎明することが必要な場合がある。

⑵　**対象となる投稿記事にフルネームが明記されていない場合の同定可能性の留意点について**

　インターネット関係仮処分の対象となる投稿記事にフルネームが明確に記載されていない場合であっても，債権者と当該記事が対象とする者との同定可能性が直ちに否定されるものではない（インターネットの投稿記事に係る事案ではないものの，被控訴人（原告）が小説の出版差止め等を求めた事案において，被控訴人の属性が，そのまま小説中に描かれた人物の属性とされていると認定し，被控訴人が日常的に接する人々のみならず，被控訴人の幼い頃からの知人らにとっても，本件小説中に描かれた人物を被控訴人と同定することは容易なことであるとして同定可能性を肯定したもの（東京高判平13.2.15判タ1061号28頁）がある。）。以下，同定可能性を判断する上で検討の対象になり得るものをいくつか紹介する。

ア　当該記事に通称名やニックネームが記載されている場合，債権者は，それが債権者の通称名やニックネームであることを具体的に主張・疎明することにより，当該記事が対象としている者と債権者との同定可能性が認められる場合がある。ただし，当該通称名やニックネームが一般にも使用されるようなものである場合，当該記事の内容等を考慮し，当該記事が対象としている者が債権者であることをさらに主張・疎明する必要がある。

イ　当該記事が掲載されている掲示板等のタイトルにより，その記事が対象としている者が判明する場合がある。例えば，当該記事に対象となる者のフルネーム等が記載されていなくとも，その記事が掲載されている掲示板のタイトルが「○○○○ってどうよ」などと記載されていれば，当該記事の内容からして○○○○以外の者についての記事であることが明らかな場合を除き，当該記事は，○○○○についての記事と捉えることができ，○○○○が債権者のフルネームであれば，当該記事が債権者のことを対象としているものと認定することができる。

ウ　当該記事に記載された対象となる者の職業や肩書によって，債権者との同定可能性が認定できる場合もある。例えば，当該記事が「○○株式会社の社長が××といった」などと記載されている場合，債権者が○○株式会社の社長であれば，当該記事が対象としている者と債権者の同定可能性

を認めることができる場合がある。ただし，過去に社長が交代している会社については，社長経験者が1人ではないため，債権者としては，当該記事が記載された時期や当該記事の内容を考慮し，「○○株式会社の社長」と表現されている人物が債権者と同一であることをさらに主張・疎明する必要がある。

エ　当該記事と同一掲示板等に投稿された前後の記事の記載によって，当該記事が対象となっている者を特定することができる場合もある。例えば，当該記事においては，対象とする者の名前等が記載されていない場合であっても，同一投稿者が当該掲示板等において，1人の人間に係る事実についての記事しか投稿しておらず，同一投稿者が記載した当該記事の前後の記事にフルネーム等対象となる人物を特定できる内容の記事が存在し，その人物が債権者であると認められる場合や当該掲示板等において，複数の人間によって1人の人間についての事実をテーマとして投稿がなされており，当該記事の前後の記事により，その人物のフルネーム等が明示され，その人物が債権者であると認められる場合等，当該記事の前後の記事を検討し，当該記事が対象としている人物に関する情報を積み重ねることによって，債権者との同定可能性が認められる場合がある。この場合，債権者は，疎明資料として，仮処分の対象となる記事のみならず，その前後の記事も提出する必要がある。

　ただし，仮処分の対象となる記事と同定可能性を判断するために考慮する記事との間に，相当長期間の時期の隔たりがある場合や投稿番号が相当程度離れている場合には，仮処分の対象となる記事と同定可能性を判断するための記事との関連性に疑問が生じる場合もあるので留意する必要がある。

オ　当該記事又は当該記事と内容が関連する前後の記事にリンクが含まれており，リンク先の内容を併せて読むことにより，当該記事の対象とする者が特定され，債権者との同定可能性が認められる場合もある。例えば，当該記事のなかにリンクが張られており，これを操作することにより，債権者のSNSのプロフィールページが開かれるような場合には，当該記事は，債権者のことについて記載された記事であると判断することが可能で

ある。

3 まとめ

以上のとおり，対象となる投稿記事にフルネームが明確に記載されていない場合であっても，当該記事の内容を検討するのみならず，当該記事と関連する内容の前後の記事を検討し，当該記事が対象とする人物に関する情報を総合的に考慮することによって，債権者と当該記事が対象とする人物の同定可能性が認定できる場合がある。

[参考文献]
八木＝関[上]Q76，野村30頁，佃・名誉毀損294頁以下

（小谷岳央）

Q11 名誉毀損の判断枠組み

インターネット上の投稿記事が名誉毀損となるか否かは，どのような判断枠組みで判断されるか。

【参照条文】民法709条，710条，723条

答 名誉毀損の成否については，インターネット上の投稿記事の場合も，基本的には，一般読者の普通の注意と読み方を基準に，当該記事が人の社会的評価を低下させるか否かを判断することとなる。

もっとも，当該記事が人の社会的評価を低下させるものであっても，当該記事が，①公共の利害に係る事実に係るものであること，②もっぱら公益を図る目的であること，③摘示事実の重要部分が真実であると証明がされたこと（当該記事が意見ないし論評であれば，④人身攻撃に及ぶなど意見ないし論評としての域を逸脱したものでないことでないことも）が認められれば，当該記事に係る表現行為は違法性を欠

き，仮に③の証明がないとしても，真実であると信ずるにつき相当の理由があれば，故意又は過失がないとされる。

1 はじめに

インターネット上のブログ，掲示板又はSNSに投稿された記事が債権者の名誉を毀損するとして，発信者情報開示（発信者情報消去禁止を含む。以下，本問において同様）や投稿記事の仮の削除を求める仮処分がしばしば申し立てられる。このような申立てが認容されるためには，対象となっている投稿記事が債権者の名誉を毀損するものと認められる必要がある（各申立ての被保全権利に関する他の要件については，発信者情報開示を求める仮処分についてはQ5を，投稿記事の仮の削除を求める仮処分についてはQ8をそれぞれ参照されたい。）。

本問では，インターネット上の投稿記事による名誉毀損の成否について判示した主要な最高裁判例を紹介することで，名誉毀損の判断枠組みを概観する。なお，本問で紹介する最高裁判例の多くは，新聞や雑誌といった従来のマスメディアにおける名誉毀損に関する判断枠組みを示したものであるが，これらの判断枠組みは，基本的にはインターネット上の投稿記事による名誉毀損についても妥当するものと考えられることを前提とする（最決平22.3.15刑集64巻2号1頁，最判平24.3.23裁判集240号149頁参照。詳細はQ8を参照されたい。）。

2 名誉毀損の成立要件

(1) 名誉の意義

名誉毀損にいう「名誉」とは，「人の品性，徳行，名声，信用等の人格的価値について社会から受ける客観的評価」（最大判昭61.6.11民集40巻4号872頁）であり，憲法13条に保障される人格権の一つとされる。

これに対し，判例は，民法723条の解釈についてではあるものの，「人が自己自身の人格的価値について有する主観的な評価，すなわち名誉感情は含まない」（最判昭45.12.18民集24巻13号2151頁）と判示し，名誉には名誉

感情は含まれないとしている。このように，判例においては，外部である社会からの客観的評価（社会的評価）である名誉と自身の人格的価値に関する主観的評価である名誉感情とが区別されている（もっとも，名誉感情も法的に保護された人格的利益であり，社会通念上許容される限度を超える侮辱行為には不法行為が成立するとされる。詳細はQ14を参照されたい。）。

(2) 社会的評価の低下に関する判断基準

名誉毀損は，名誉，すなわち他人の社会的評価を低下させることにより成立する。そして，ある記事の投稿が他人の社会的評価を低下させるか否かは，「一般読者の普通の注意と読み方を基準」（最判昭31.7.20民集10巻8号1059頁）として判断される。

いかなる場合に投稿記事が人の社会的評価を低下させるのかという問題については，Q12において詳細に検討するため，本問では判例が示した基準を紹介するにとどめる。

(3) 事実の摘示と意見ないし論評の区別

他人の名誉を毀損する表現には，特定の事実を摘示するものと，事実を基礎として意見ないし論評を表明するものとがある。当該表現が証拠等をもってその存否を決することが可能な他人に関する特定の事項を明示的又は黙示的に主張するものと理解されるときは，当該表現は，上記特定の事項についての事実を摘示するものであるとされる（最判平9.9.9民集51巻8号3804頁参照）。

事実の摘示による名誉毀損と意見ないし論評による名誉毀損とでは，後記3のとおり，不法行為の成立要件を異にする（両者の区別については，Q12及びQ13も参照されたい。）。

3 名誉毀損に関する不法行為の成立阻却事由

(1) 総　　論

投稿記事が他人の社会的評価を低下させる場合であっても，投稿者は常に法的責任を負うわけではない。判例は，投稿者の不法行為責任の有無に関して，表現の自由との調和を図るべく，真実性の抗弁等といわれる不法行為の成立を阻却する要件を定立してきた。これらの要件は，発信者情報

開示における権利侵害の明白性要件，あるいは仮の削除の実体要件に関連して，これらを求める仮処分の審理においてもしばしば争点となる。

前記のとおり，事実の摘示による名誉毀損と意見ないし論評による名誉毀損とでは，これらの要件が異なるため，以下では，それぞれの場合に分けて紹介する（真実性の抗弁等の詳細は，Q13を参照されたい。）。

(2) 事実の摘示による名誉毀損の場合

事実の摘示により他人の名誉を毀損する記事の投稿が，①公共の利害に関する事実に係り（事実の公共性），かつ，②もっぱら公益を図る目的に出た場合には（目的の公益性），③-ⅰ摘示された事実がその重要な部分について真実であることが証明されたときは（真実性），当該記事の投稿には違法性がないとされる（いわゆる真実性の抗弁）。また，仮に真実性の証明がないときであっても，③-ⅱ当該投稿者においてその事実を真実と信ずるについて相当の理由があるときには（（真実）相当性），当該記事の投稿には故意又は過失がないとされる（いわゆる（真実）相当性の抗弁。以上につき，最判昭41.6.23民集20巻5号1118頁，最判昭58.10.20裁判集140号177頁参照。）。

(3) 意見ないし論評による名誉毀損の場合

事実を基礎とする意見ないし論評により他人の名誉を毀損する記事の投稿が，①公共の利害に関する事実に係り（事実の公共性），かつ，②その目的がもっぱら公益を図ることにあった場合に（目的の公益性），③-ⅰ当該意見ないし論評の前提としている事実が重要な部分について真実であることの証明があったときには（真実性），④人身攻撃に及ぶなど意見ないし論評としての域を逸脱したものでない限り，当該記事の投稿は違法性を欠くとされる（最判平元.12.21民集43巻12号2252頁参照）。また，仮に真実性の証明がないときであっても，③-ⅱ投稿者において上記事実の重要な部分を真実と信ずるについて相当な理由があれば（（真実）相当性），その故意又は過失はないとされる（前掲最判平9.9.9，最判平16.7.15民集58巻5号1615頁参照。なお，これらの判断基準は「公正な論評の法理」と呼ばれることがある。）。

(4) インターネット仮処分における留意点

以上，判例により定立された名誉毀損による不法行為の成立阻却要件を整理すると，次のようになろう（〈　〉のものは意見ないし論評による場合特

有の要件である。）。

> ①　事実の公共性
> ②　目的の公益性
> ③－ⅰ　摘示事実〈前提事実〉の真実性
> 　　　　　又は
> 　　　ⅱ　真実相当性
> 〈④　意見ないし論評の域を逸脱しないこと〉

　もっとも，インターネット仮処分（発信者情報開示及び投稿記事の削除）における，（真実）相当性の要件（上記③－ⅱ）の位置づけについては注意が必要である。まず，発信者情報開示を求める場合には，権利侵害の明白性（プロバイダ責任制限法４Ⅰ①）の要件との関係で，債権者において不法行為等の成立を阻却する事由の存在を窺わせるような事情が存在しないことを主張立証する必要があるが，真実相当性がないことの主張立証までは必要ないとする見解もある（Q13参照）。また，人格権としての名誉権に基づく妨害排除請求権又は妨害予防請求権を被保全権利とする投稿記事の仮の削除を求める仮処分においても，投稿者の故意又は過失は要件とならないとされることから（Q13参照），債権者において（真実）相当性がないことについて相当程度の蓋然性があることを主張立証する必要はないと解される。

4　名誉毀損の成立時期

　最後に，名誉毀損の成立時期の問題についても簡潔に言及する。
　名誉毀損は，人の客観的評価を低下させるものであり，名誉感情と異なって人の内心の状態に左右されるものではないから，その成否には被害者がその社会的評価を低下させる表現の存在を知ったか否かは無関係と考えられる（松井＝鈴木＝山口57頁。最判平9.5.27民集51巻5号2024頁参照）。この点は，インターネット上の投稿記事の場合にも同様と考えられるから，被害者がその名誉を毀損する投稿記事の存在を知ったか否かに関係な

く，当該投稿記事がアップロードされ，一般ユーザーがそれを閲読し得る状態になった時点で名誉毀損が成立するものと解される（松井＝鈴木＝山口75頁。なお，大阪高判平16.4.22判タ1169号316頁は，刑事事件の判決ではあるが，被告人が，被害者の名誉を毀損する記事をサーバコンピューターに記憶・蔵置させ，不特定多数のインターネット利用者らに閲覧可能な状態を設定した時点で名誉毀損罪は既遂になると判示しており，参考になる。）。

[参考文献]
本文中に掲げたもののほか，佃・名誉毀損109頁以下，高橋和之＝松井茂記＝鈴木秀美編『インターネットと法〔第4版〕』53頁以下，窪田充見編『新注釈民法⒂債権⑻』490頁以下。

（高木俊明）

Q12 社会的評価を低下させるか否かの判断基準

インターネット上の投稿記事が，特定人（債権者）の社会的評価を低下させるか否かは，どのように判断されるか。

【参照条文】民法723条

答 インターネット上の投稿記事の意味内容及び同意味内容が他人の社会的評価を低下させるものであるかどうかは，一般読者の普通の注意と読み方を基準として判断すべきである。

1 一般読者の基準

ある記事の意味内容が他人の社会的評価を低下させるものかどうかは，一般読者の普通の注意と読み方を基準として判断すべきものとされており（最判昭31.7.20民集10巻8号1059頁），最判平24.3.23裁判集240号149頁は，

インターネット上のウェブサイトに投稿された記事が名誉毀損に当たるか否かが問われた事案においても，上記基準を用いて判断している。

同基準は，記事の意味内容について，一般読者を基準として解釈し，また，そのように解釈した意味内容が特定人の社会的評価を低下させるかについて，一般読者を基準として判断するものと理解される。

2 意味内容の解釈（事実の摘示と意見・論評の区別）

民法上の名誉毀損の不法行為については，特定の団体又は個人の社会的評価を低下させるものであれば，これが事実を摘示するものであるか，又は意見・論評を表明するものであるかは問わず，成立し得る。しかし，事実を摘示しての名誉毀損と意見・論評の表明による名誉毀損とでは，不法行為責任の成否に関する要件が異なるため（Q13参照），問題とされている表現が，事実を摘示するものであるか，意見・論評の表明であるかを区別する必要がある。社会的評価の低下の有無が問題となっている記事部分について，一般の読者の普通の注意と読み方を基準として，証拠等をもってその存否を決することが可能な他人に関する特定の事項を主張するものと理解されるときは，同部分は，事実を摘示するものといえる。そして，この区別の判断に当たっては，社会的評価の低下の有無が問題となっている記事部分に用いられている文言だけでなく，当該部分の前後の文脈や，当該記事の公表当時に一般の読者が有していた知識ないし経験等も総合的に考慮して判断される（最判平9.9.9民集51巻8号3804頁，最判平16.7.15民集58巻5号1615号参照）。

同一の文言であっても，公表の状況や文脈によって，事実を摘示するものと理解される場合もあれば，意見を表明するものと理解される場合もある。インターネット上の投稿記事についても，社会的評価を低下させるとする部分を特定した上で，当該部分の意味内容の解釈に当たっては，当該部分の文言のみならず，事案によって，画面に表示された他の文字や映像等に係る情報内容，一般の閲覧者が認識する当該記事の掲載されたウェブサイトの性格及び当該記事から誘導されるリンク先の内容を含め，一般の閲覧者の有していた知識や経験等なども考慮して，事実の摘示の有無や摘

示事実の意味内容を理解することになるものもあると思われる（摘示事実の内容を認定するに当たり，ハイパーリンク先の記事内容を考慮した事例として東京高判平24.4.18公刊物未登載参照）。

　なお，インターネット上の投稿では短文のものも多く，社会的評価の低下の有無が問題とされる部分について，間接的にも黙示的にも事実の摘示がないと理解される場合も少なくない。このような場合には，違法性阻却事由の問題として，前提事実を論評者側に摘示させ，それができないとき，又は，真実性等の立証ができないときは，名誉毀損の責任を免れないとする見解（堀内明「公正な論評」新裁判実務体系9・46頁）や前提事実を明らかにしないということ自体，意見の域を逸脱していると判断する方向に働く一要素だと考える見解（窪田充見編『新注釈民法⒂債権⑻』519頁）がある。事実の摘示のない投稿記事については，そのような記事が人の社会的評価を低下させるか否かについても含めて，今後の裁判例の集積が俟たれる。

3　社会的評価の低下

　一般読者を基準として解釈した意味内容による他人の社会的評価の低下の有無についても，一般読者を基準として判断される。

　判断するに当たっては，表現行為の対象とされた者の社会における地位や状況等が考慮される（大判明38.12.8民録11輯1665頁参照）。また，インターネット上の投稿記事は，いつでも，誰でも，自由に投稿でき，安価で世界中に情報を発信することができる。情報発信の容易さや投稿者の匿名性もあり，インターネット上の情報と紙媒体の情報とで，信用性に差違はあるかが問題となり得るが，インターネット上の情報といっても，その情報発信の主体，理由や背景，態様は一様ではなく，一概に，紙媒体の情報に比べてインターネット上の情報の信用性が低いということはできないと思われる。最判平9.5.27民集51巻5号2009頁は，紙媒体である新聞記事による名誉毀損の成否が問題となった事案ではあるが，当該新聞の編集方針，その主な読者の構成及びこれらに基づく当該新聞の性質についての社会的一般的な評価は，不法行為責任の成否を左右するものではないと判断

した。もっとも，インターネット上のウェブサイトには，様々な性質を有するものがあるため，インターネット上の投稿記事による名誉毀損の成否の判断に当たっては，問題となる記事が投稿されたウェブサイトの性格も考慮要素になるか議論がある（Q8参照）。

[参考文献]
　本文中に掲げたもののほか，八木＝関[上]Q74，佃・名誉毀損109頁以下

（山本明子）

Q13　真実性の抗弁等の主張立証責任

　インターネット上の特定人（債権者）の社会的評価を低下させる投稿記事について，真実性の抗弁はどのような基準で判断されるか。また，債権者と債務者のどちらが主張立証すべきか。

【参照条文】プロバイダ責任制限法4条1項，民法709条，710条，723条

答　インターネット上の投稿記事による名誉毀損についても，出版物等による名誉毀損の場合と同様に，その表現が事実の摘示である場合は，それが①公共の利害に関する事実に係り，②もっぱら公益を図る目的に出た場合において，③摘示された事実が真実であるときは，その違法性が阻却される。また，事実を基礎とする意見ないし論評による名誉毀損に関しては，前記①，②に加えて，④意見等の前提としている事実の重要な部分が真実であり，⑤表明に係る内容が人身攻撃に及ぶなど意見等としての域を逸脱したものでないときは，違法性が阻却される。主張立証に関しては，債権者において，違法性阻却事由の存在を窺わせる事情がないことについても主張立証する必要があると解されている。

1 真実性の抗弁

これまで、出版物等による名誉毀損の不法行為に関しては、判例等を通じていわゆる真実性の抗弁が法理として定着している。すなわち、名誉毀損が事実の摘示による場合には、その行為が、①公共の利害に関する事実に係り、②もっぱら公益を図る目的に出た場合において、③摘示された事実が真実であるときは、その違法性が阻却されるものと解されている（最判昭41.6.23民集20巻5号1118頁）。また、特定の事実を基礎とする意見ないし論評の表明による場合には、前記①、②に加えて、④意見等の前提としている事実の重要な部分が真実であり、⑤表明に係る内容が人身攻撃に及ぶなど意見等としての域を逸脱したものでないときは、違法性が阻却されるものと解されている（最判平9.9.9民集51巻8号3804頁。いわゆる公正な論評の法理）。これらの基準は、名誉毀損がインターネット上の投稿等による場合においても当てはまるものと解されるが、このような違法性阻却事由が名誉毀損の不法行為に基づく損害賠償請求事件において抗弁と位置づけられているのに対して、インターネット関係仮処分においては、後述のとおり、その取扱いが異なる部分があると考えられている。

2 発信者情報開示を求める仮処分における主張立証

発信者情報開示を求める仮処分の被保全権利は、プロバイダ責任制限法4条1項に基づく発信者情報開示請求権であるところ、発信者情報の開示を求めることができる場合として、同項1号には「権利が侵害されたことが明らかであるとき」と規定されており、この要件は、不法行為等の成立を阻却する事由の存在を窺わせるような事情が存在しないことまでを意味するものとされている（プロバイダ解説65頁）。

したがって、債権者は、社会的評価の低下等自己の権利の侵害に係る客観的事実を主張立証するだけでなく、違法性阻却事由の存在を窺わせる事情がないことについても主張立証する必要があると解され、投稿記事が事実を摘示するものである場合には、投稿が公益目的ではないこと、摘示された事実が公共の利害に関するものではないこと、投稿記事の内容が真実

ではないことのいずれかを主張立証しなければならない。

　ところで，名誉毀損の不法行為の成立を妨げる事由には，前記1の違法性阻却事由のほかに，いわゆる（真実）相当性の抗弁も法理として定着している。すなわち，事実の摘示による名誉毀損については，前記1①及び②に加えて，行為者においてその事実を真実と信じるについて相当の理由があるときには，故意もしくは過失がなく，不法行為は成立しないとされ（前掲最判昭41.6.23），また，特定の事実を基礎とする意見ないし論評の表明による場合には，前記1①，②，⑤に加えて，意見等の前提としている事実を真実と信じるについて相当の理由があれば，やはり故意又は過失が否定され，不法行為は成立しないと解されている（前掲最判平9.9.9）。そこで，発信者情報開示を求める債権者が，投稿記事の内容につき真実ではないと主張疎明した場合に，併せて相当性がないことをも主張立証する必要があるか否かが問題となる。

　前述のプロバイダ責任制限法4条1項1号の要件に係る「不法行為等の成立を阻却する事由の存在を窺わせるような事情が存在しないこと」との解釈をそのまま敷衍すると，相当性の抗弁についても不法行為の成立を阻却する事由に含まれるので，その不存在の立証を要するとの考え方もあり得るのであって，そのような結論をとる裁判例もある（東京地判平20.9.9判時2049号40頁）。しかしながら，不法行為の成立に故意又は過失を要するのに対し，プロバイダ責任制限法4条1項1号には故意又は過失が要件として明示されていないことや，発信者が特定されていない発信者情報開示請求の段階で，発信者の主観まで立証させることは，債権者に過大な負担を強いるもので不相当であるから，相当性がないことの主張立証までは要しないと解するのが相当であろう（東京地判平20.2.27（公刊物未登載），東京地判平20.4.18（公刊物未登載），東京地判平22.10.21（公刊物未登載）等参照）。

3　投稿記事の仮の削除を求める仮処分における主張立証

　投稿記事の仮の削除を求める仮処分における被保全権利については，実務上，人格権としての名誉権に基づく妨害排除請求権又は妨害予防請求権

が主張されるのがほとんどである。これは，不法行為とは異なり故意又は過失を要件としないと解されることなどが理由と考えられる。

　人格権としての名誉権に基づく差止めに関しては，北方ジャーナル事件（最大判昭61.6.11民集40巻4号872頁）において，出版物の頒布等に係る事前差止めの要件が示されており，出版物が公務員又は公職選挙の候補者に対する評価，批判等の表現行為に関するものである場合には，事前差止めは原則として許されず，その表現内容が真実でないか又はもっぱら公益を図る目的のものでないことが明白であって，被害者が重大にして回復困難な損害を被るおそれがある場合に限り，例外的に許されるとされている。

　インターネットの投稿記事に係る差止めについても，基本的に，出版物に関する前記最高裁判決の基準を基礎として検討されることになると考えられる。ただし，インターネット上の名誉毀損が問題となる事例では，表現が開始された後に差止めの仮処分が申し立てられるので，差止請求権の成立要件は前記最高裁判決の基準よりは緩やかになると考えられる。もっとも，純然たる事前規制ではないとしても，削除によりその時点より後の表現自体は禁止されるのであって，表現の自由に対する抑制であることに変わりはなく，保全手続という本案に比して手続保障が十分でない手続でこれを禁止するという点をも考慮すると，前記最高裁判決の基準を大幅に緩めるのは相当ではないとも考えられる。その他にも，インターネット上の表現行為については様々なものがあり，例えば，①公務員等に関する表現行為もある一方で，私人に関する表現行為も多く，②出版社が出版物の内容をウェブサイトに転載した場合のように，出版物に近い性質を有すると考えられるものがある一方で，匿名の投稿者が人格攻撃を内容とする投稿を繰り返すなど，出版物における表現行為とは性質や内容が異なると感じられるような表現行為も含まれており，そのような表現行為の性質や内容に応じて前記最高裁判決の基準を緩める必要があるかどうか，あるとすればどの程度緩めるかなどについては，議論の余地があるものと考えられる。そのような点をふまえると，仮の削除を求める債権者は，表現が公共の利害に関するものでないこと，公益を図る目的によるものでないこと，又はその内容が真実ではないことについて，相当程度の蓋然性があること

を主張立証する必要があると解するのが相当であろうか。

以上のとおり，違法性阻却事由（真実性の抗弁に係る事項）については，仮の削除を求める仮処分においても，債権者側がその存在を窺わせる事情がないことについて立証する必要があると解される。

4 事実の摘示と意見ないし論評の表明との区別

前記のとおり，名誉毀損が事実の摘示によるものか意見ないし論評によるかによって，違法性阻却事由の判断要素が異なってくることから，表現行為がそのいずれに該当するかが問題となり得る。この点については，一般の読者の普通の注意と読み方を基準に，前後の文脈等を考慮して判断されるのであり（前掲最判平9.9.9），当該表現が証拠等をもってその存否を決することが可能な他人に関する特定の事項を明示的又は黙示的に主張するものと理解されるときは，当該表現は事実の摘示に該当するとされる（前掲最判平9.9.9，最判平16.7.15民集58巻5号1615頁）。ただし，インターネット上の投稿記事は，出版物など従来のメディアと比べて文章量が少なく，個々の文章が短いことも多いことから，投稿者が表現行為によりいかなる主張をしているかに関する判断は慎重に行う必要があると思われる。

また，インターネット上の投稿等は，出版物などの既存のメディアとは異なり，校正等の作業を経ておらず，また，正確性を期すための確認等が不十分なまま，投稿者の記憶のみに基づいて投稿等がされることが少なくないためか，事実の摘示と思われる部分についても，いかなる事実を摘示しているかの判断が難しい事例が少なからず存する。例えば，ある会社の従業員や元従業員がその会社の評判を書き込む掲示板（いわゆる会社の口コミサイト）において，休暇制度に関して「有給休暇がとれない。」と記載されている場合に，それが，①会社全体のことか，それとも投稿者の所属する部署のことか，②まったくとれないのか，体調不良の場合には取得できるが，遊興等の目的で自由に取得することができないのか，③取得の申出をしたが拒否されたのか，職場全体の雰囲気などから事実上申出が困難なのかなどが争われることがある。そのような場合に，債権者（当該会社）において，「有給休暇がまったくとれない会社である。」との事実が摘

示されていると主張した上で，一部の従業員が数日程度の有給休暇を取得した事実のみを疎明し，もって上記摘示された事実は真実に反すると主張立証しようとすることがある。しかし，これでは，前記の基準に照らして，そのような主張及び疎明では足りないと判断され，追加の主張立証を求められることも少なくないので，申立てに当たっては留意する必要があろう。

[参考文献]
本文中に掲げたもののほか，八木＝関(上)Q74

（古谷健二郎）

Q14 名誉感情の侵害を理由とした申立て

名誉感情の侵害を理由として，インターネット上の投稿記事の仮の削除や発信者情報開示を求める仮処分を申し立てることができるか。

【参照条文】 民法709条，710条，723条，プロバイダ責任制限法4条1項

答 名誉感情が侵害された場合についても，インターネット関係仮処分の申立てをすることは可能である。ただし，投稿記事により名誉感情が侵害されたというだけでは足りず，侵害の程度が社会通念上許容される限度を超える必要があるので，その点を検討しておく必要がある。なお，法人に関して事実を摘示しない投稿記事による人格権の侵害を認めるかどうかについては，今後，議論を要するものと考えられる。

1　名誉感情の侵害と人格権侵害の成否

　「名誉」の概念については，不法行為の保護法益としての名誉（民法710条，723条）の解釈や，刑法における名誉毀損及び侮辱の罪に関する解釈等を通じて，内部的名誉，外部的名誉，名誉感情（主観的名誉）の三つに分類する考え方が定着している。そして，それらの定義については，時期や論者により若干の違いはあるものの，内部的名誉については「客観的にその人の内部に備わっている価値そのもの」と，外部的名誉については「人がその品性，徳行，名声，信用等の人格的価値について社会から受ける客観的な評価」と，名誉感情については「人が自己自身の人格的価値について有する主観的な評価」と定義されることが多いようである。

　このように，名誉の概念は三つに大別されるが，不法行為における「名誉」については，判例上，社会的名誉（外部的名誉）を指すものであって，名誉感情は含まないものと解されている（最判昭45.12.18民集24巻13号2151頁等参照）。

　名誉感情について，古くは，その侵害のみでは不法行為に係る法的保護の対象にはならないと解されていたが，その後，下級審の裁判例を通じて不法行為に基づく損害賠償が肯定されるようになった（加藤一郎編集『注釈民法(19)』185頁〔五十嵐清〕）。ただし，名誉感情は人の内心の問題であり，他人のいかなる言動によって名誉感情が害されるか，害される場合のその程度などについて個人差が大きく，自尊心やプライドの高い人とそうでもない人で保護の範囲が異なるのは相当ではないし，他人の主観的な感情をわずかに侵害するだけで不法行為が成立するようでは，表現等の各種行為の制約が大きいと考えられる。このため，名誉感情の侵害全般が不法行為になるのではなく，それが社会通念上許される限度を超えた侮辱行為等であるときに，人格権ないし法的保護に値する人格的利益を害するものとして，不法行為が成立すると解されている（東京地判平8.12.24判タ955号195頁参照）。さらに，差止請求権についても，名誉感情が法的保護に値する利益であることに鑑みると，社会通念上許容される限度を超える侮辱行為については，人格権の侵害に当たるものとして名誉感情侵害に基づく

差止請求が認められる場合があるものと解される（最判平14.9.24裁判集207号243頁参照。同旨，八木＝関[上]Q74）。

インターネット関係仮処分における被保全権利は人格権の侵害を基礎としているものがほとんどであるから，名誉感情の侵害と不法行為の成否に関する前記の議論は，基本的に，インターネット関係仮処分においても当てはまるものと考えられる。したがって，前記の基準を超えるような投稿記事については，名誉感情の侵害に基づくインターネット関係仮処分が認められる可能性があるものと思われる。

2　外部的名誉の侵害と名誉感情の侵害との区別

不法行為上の名誉毀損について，古くは暴行や不貞行為など表現以外の様々な行為が含まれると解されていた（第2次世界大戦前の裁判例につき，宗宮信次『名誉権論〔増補〕』268頁以下参照）。しかし，刑法230条の2により名誉毀損罪に係る違法性阻却事由が規定され，その趣旨をふまえて，不法行為における名誉毀損についても真実性の法理が採用された（最判昭41.6.23民集20巻5号1118頁）ことや，その刑法において，事実の摘示を要件とする名誉毀損罪とこれを要しない侮辱罪とに規定が分かれていることなどもあってか，不法行為上の名誉毀損については，事実を摘示する行為（事実の摘示又は事実を基礎とする論評等）を中心に議論がされるようになっている。

これに対し，名誉感情の侵害が不法行為となるかどうか争われる事案としては，名誉毀損の要件と対比して考えると，事実を摘示しない行為による場合と公然性を欠く行為による場合が想定される。インターネット関係仮処分との関係では公然性を欠く場合は少ないと考えられるので，ここでは，事実を摘示しない表現行為（侮辱）による場合を対象として検討すべきことになる。とはいっても，インターネットの投稿記事は短文のものや趣旨が明確とはいえないものも多く，事実の摘示を含むかどうかの判断は，必ずしも容易ではない。そこで，侮辱に関する具体的な表現について，近時の裁判例から具体例を若干あげることとする（なお，肯定・否定の結論については，以下に摘示した表現それのみから判断したとは限らず，周

辺の事情を考慮したものもあるので留意されたい。)。

　名誉感情の侵害を肯定した例としては,「不正」「汚いやり方」(東京地判平28.5.17公刊物未登載),「卑劣」「狂って(いる)」「最悪の男」「常識知らない奴」(東京地判平28.6.2公刊物未登載),「アホ」「チンピラ」「恥さらし」「バカ」「キチガイ」「メンヘラ」など(東京地判平28.9.14公刊物未登載)がある。これを否定した事例としては,「短足」(東京地判平28.8.5公刊物未登載),論文掲載に関する表現につき,学説について論争があることを前提として,「真正のおばか」「普通の頭なら載せないだろう」「嘲笑するしかない超低レベル」(東京地判平28.8.30公刊物未登載)などがある。なお,特定電気通信役務提供者が発信者情報開示請求に応じなかったことによる損害賠償請求権の存否に関する判断ではあるが,「気違い」との表現が社会通念上許される限度を超える侮辱行為であることが一見明白であるということはできないと判断された事例があり(最判平22.4.13民集64巻3号758頁),インターネット関係仮処分における人格権侵害の成否に関しても参考になると考えられる。

　なお,実務上,侮辱的表現部分がわずかであっても,インターネット関係仮処分を申し立てる事案が散見されるが,上記の裁判例等もふまえて要件を検討する必要があると思われる。

3　法人について

　法人に対する名誉毀損に関して,過去には,法人が感情を有しないことから,精神的苦痛を観念することができず,民法710条に基づく損害を請求することができないのではないかとする考え方もみられたが,現在では,同条の「財産以外の損害」には無形の損害も含まれるとして,法人に対する名誉毀損についても損害賠償を認める見解が定着している(最判昭39.1.28民集18巻1号136頁参照)。

　これに対し,侮辱による名誉感情の侵害については,法人その他の団体が感情を有していないことを理由に,名誉感情侵害の成立を否定する見解がある(佃・名誉毀損138頁)。

　このような,法人に対する名誉感情の侵害を否定する見解をとると,法

人に対して事実を摘示しない侮辱的表現を含む行為をしたとしても，不法行為は成立しないという結論になりそうである。しかしながら，インターネットにおける表現行為には，SNS，掲示板，いわゆる口コミサイト等における投稿のように，短文のものが多く含まれており，また，前提となる事実関係を摘示せずに，評価や結論のみを記載した投稿も少なくない。そのような投稿は，その文言のみを見れば，事実を摘示した名誉毀損の表現よりも価値や影響力が少ないとも考えられるが，例えば，信用力の蓄積された口コミサイトに投稿された場合，投稿者が過去の多数の投稿により信用力を獲得している場合，掲示板等において同種の投稿が積み重なった場合などのように，評価や結論のみの投稿であっても，法人の活動に相応の影響力を及ぼす事態が生じているように感じられる。

　そうすると，投稿記事の内容を問わず，一律に，法人に対しては事実を摘示しない投稿による人格権侵害は成立しないという結論でよいかどうかは，議論の余地があるように思われる。現時点において議論は成熟していないが，個人の場合であれば人格攻撃に相当するなどとして権利侵害が認められるような事案については，名誉「感情」の侵害と構成できないとしても，名誉毀損と同様に無形の損害が発生し得るなどとして権利侵害を認めることも，検討の余地があると思われる。また，そのような見解を採ることが難しく，侮辱による法人の権利侵害自体は否定せざるを得ないとすれば，事実の摘示の範囲を従来よりも広く認めるなどの対応をすることも検討に値するように思われる。

[参考文献]
　能見善久「名誉侵害」ジュリ906号78頁，潮見佳男『不法行為法Ⅰ〔第2版〕』173頁，建部雅『不法行為法における名誉概念の変遷』

（古谷健二郎）

Q15 死者の社会的評価を低下させる投稿記事

父親Xは，平成29年1月，平成27年に死亡した子Aの社会的評価を著しく低下させる投稿記事をインターネット上で発見した。Xは，この投稿記事を掲載した掲示板を管理するプロバイダYに対し，この投稿記事の仮の削除や発信者情報開示を請求できるか。

【参照条文】プロバイダ責任制限法4条1項，民法709条，710条，刑法230条2項

答 当該投稿記事によって，Aの社会的評価だけでなく，X自身の社会的評価も低下していると認められる場合には，Xに対する名誉毀損として，Yに対し，投稿記事の仮の削除や発信者情報の仮の開示を請求できる。また，Xの社会的評価が低下しているとは認められない場合であっても，A死亡後の期間，AとXの関係，Aの社会的地位，表現行為の目的，態様，必要性，摘示事実の性質（重大性），摘示事実が真実であるか否か，真実であると信ずるについて相当な理由があったか否か，名誉毀損の程度等の事情を総合考慮して，XのAに対する「敬愛追慕の情」が受忍限度を超えて侵害されていると認められる場合であれば，Yに対し，投稿記事の仮の削除や発信者情報の仮の開示を請求できる。

1 総 論

死者に関する名誉は，刑法では刑法230条2項によって規定がなされているが，民法では何ら規定がなく，死者に対する名誉が毀損された場合，民事上，誰がどのような請求をすることができるかは，明らかではない。もっとも，通常の場合は，本問と同様に，遺族が，死者の名誉を毀損する表現行為等をした者やその情報の流通に関与した者に対して，損害賠償等

の請求を行うことになると思われる。

　まず，死者の社会的評価を低下させる表現行為等が同時に遺族の社会的評価を低下させている場合には，遺族自身の名誉が毀損されているといえるから，死者の名誉毀損を観念するまでもなく，通常と同様の名誉毀損としての請求を検討すればよいことになる。この点，静岡地判昭56.7.17（判タ447号104頁）は，殺人事件で死亡した被害者の遺族が，被害者について，犯人との関係を「三角関係のもつれ」などと報じた新聞社に対し，慰謝料等を求めた事案において，遺族である母の社会的評価が低下したことを認め，慰謝料請求を認めている。したがって，本問でも，Aの社会的評価を著しく低下させる投稿記事によって，Xの社会的評価も低下していると認められれば，Xに対する名誉毀損を理由にして，Yに対し，投稿記事の仮の削除や発信者情報の仮の開示を請求することができる。

　もっとも，死者の社会的評価を低下させる表現行為等が同時に遺族の社会的評価を低下させているとはいえない場合も考えられ（前掲静岡地判昭56.7.17でも被害者の遺族である姉については社会的評価が低下したことを否定している。），そのような場合には別の法的構成を検討することになる。

2　死者に対する名誉毀損

(1)　死者の人格権侵害

　学説のなかには，死者であっても人格的利益を有し，死者の人格権が侵害された場合には，法的に保護すべきであるとして，端的に死者の人格権侵害を認める見解がある（五十嵐清「死者の人格権—「事故のてんまつ」「落日燃ゆ」両事件を機縁として」ジュリ653号55頁，斎藤博「故人に対する名誉毀損」判評228号33頁，安次富哲雄「死者の名誉毀損と死者自身あるいはその遺族に対する不法行為の成否」判評297号47頁など）。

　しかし，人格権は自然人・法人等の権利主体の利益を保護するために認められている権利であるから，権利主体が死亡により権利能力を喪失した場合にまで権利が存続すると考えられるかは疑問である。古い裁判例はこれを否定しており（東京地判明36.11.20新聞175号17頁），学説も否定するものが多い。この点，裁判例のなかには死者の人格権の侵害行為について不

法行為の成立を認める可能性があることに言及するものもあるが（東京高判昭54.3.14判タ387号63頁，大阪地裁堺支判昭58.3.23判タ492号180頁），権利を行使する主体について実体法上の根拠を欠くことを理由に不法行為の成立を否定しており，いずれにしても，死者の人格権侵害を理由に差止請求及び不法行為の成立を認めることは困難であると思われる。

そうすると，本問でも，Xが死者であるAの人格権侵害を理由に，Yに対して投稿記事の仮の削除や発信者情報の仮の開示を求めることはできないといわざるを得ない。

(2) 死者に対する敬愛追慕の情

ア 概　　説

死者の社会的評価を低下させる表現行為等が遺族の社会的評価を低下させているといえない場合であっても，遺族の「死者に対する敬愛追慕の情」を人格的利益として認める見解がある。「落日燃ゆ」事件の東京地裁判決（東京地判昭52.7.19判時857号65頁）は，「死者の親族又はその子孫（これと同一視すべき者をふくむ。以下同じ。以下単に「遺族」という。）の死者に対する敬愛追慕の情等の人格的法益を，社会的に妥当な受忍の限度を超えて侵害した者は，右被害の遺族に対し，これに因って生じた損害を賠償する責めに任ずべく」として，遺族の敬愛追慕の情が人格的利益であることを認め，その控訴審（前掲東京高判昭54.3.14）も，遺族の敬愛追慕の情が人格的利益であることを肯定している。近時の裁判例の多くも人格的利益としての「死者に対する敬愛追慕の情」を認めており，その侵害行為に対して損害賠償等を認めている（前掲大阪地裁堺支判昭58.3.23，大阪地判平元.12.27判時1341号53頁，松山地判平22.4.14判タ1334号83頁，東京地判平23.6.15判時2123号47頁など）。

イ 判断基準と法的効果

死者に対する敬愛追慕の情が人格的利益として法的保護に値するとしても，どのような場合に損害賠償が認められるか，その侵害に対してどのような法的効果が認められるかについては，裁判例は分かれている。

前記「落日燃ゆ」事件の東京地裁判決は，死者の名誉を毀損する行為につき，故意又は過失によって内容が虚偽の表現等によって死者の名誉を毀

損し，これによって死者に対する敬愛追慕の情を社会的に妥当な受忍限度を超えて侵害した場合に，裁判所は，損害賠償及び死者の名誉を回復するに適当な処分を命じることができると判示している。もっとも，その控訴審は，死者に対する敬愛追慕の情が時の経過とともに軽減していく一方で，死者に関する事実が歴史的事実へと移行していき，歴史的事実探求の自由や表現の自由への配慮が優位に立つことを指摘し，時の経過を斟酌しつつ，被侵害法益と侵害行為との両面からその態様を衡量して判断すべきであるとしており，原審と異なり内容が虚偽であることは要件ではなく考慮要素の一つにすぎないと考えているとも解される（もっとも，死亡時から名誉毀損行為までの期間からすれば，本件で違法性を肯定するためには内容が虚偽であることを要する旨判示している。）。

　また，近時の裁判例を見ると，死者の名誉が毀損されれば，遺族の死者に対する敬愛追慕の情が侵害されたと判断するものや（前掲松山地判平22.4.14），死者の名誉を毀損する行為が「死者に対する敬愛追慕の情」を受忍限度を超えて侵害するものであるかは，死亡時から名誉毀損行為までの期間の長短，死者と遺族の関係，死者の社会的地位，表現行為の目的，態様，必要性，摘示事実の性質（重大性），摘示事実が真実であるか否か，真実であると信ずるについて相当な理由があったか否か，名誉毀損の程度等の事情を総合考慮して決めるべきであるとするものもある（東京地判平22.12.20（公刊物未登載），前掲東京地判平23.6.15，東京地判平25.6.21（公刊物未登載））。

　また，死者に対する敬愛追慕の情が人格的利益であることを認めつつ，通常の名誉毀損と同様に公共性と公益目的があり内容が真実であれば免責されるべきであるとする見解もある（佃・名誉毀損52～53頁）。

　私見ではあるが，遺族の故人に対する敬いや親しみの気持ちは，仮に表現行為が真実であったとしても，故人の死亡後の期間や表現行為の内容等によっては，著しく侵害されることもあることからすれば，前記諸般の事情を総合考慮した上で死者の名誉を毀損する行為が死者に対する敬愛追慕の情を受忍限度を超えて侵害するものであるか否かを判断すべきであるのが相当と考えられる。

また，これまで死者に対する敬愛追慕の情の侵害を理由に差止請求を認めた事案は見当たらないが，死者に対する敬愛追慕の情が人格的利益である以上，差止めについても他の人格権と同様に認められると解するのが自然であり，差止請求についいても認められるべきであると解される。

3　まとめ

　Aの社会的評価を著しく低下させる投稿記事によって，Xの社会的評価も低下していると認められれば，XはYに対し，投稿記事の仮の削除及び発信者情報開示を請求することができる。

　また，Aの社会的評価を著しく低下させる投稿記事によって，Xの社会的評価が低下しているとは認められない場合であっても，前記2で述べたいずれの判断基準によるかはともかく，投稿記事によってXのAに対する「敬愛追慕の情」が受忍限度を超えて侵害されたと認められるのであれば，XはYに対し，投稿記事の仮の削除を請求することができるといえ，プロバイダ責任制限法4条1項の「権利が侵害されたことが明らか」であるともいえるから，発信者情報開示を請求することもできると解される。

[参考文献]
　本文中に掲げたもののほか，五十嵐清「死者の名誉」（ジュリ666号76頁），浦川道太郎「死者の名誉毀損と遺族に対する不法行為」（ジュリ763号136頁），村上孝止「名誉・プライバシー判例の動向」（ジュリ959号50頁），藤岡康弘「死者の名誉毀損─「落日燃ゆ」事件」（マスコミ判例百選〔第2版〕56頁），伊藤博「落日燃ゆ事件第一審判決」（判タ367号243頁），浅野直人「死者の名誉毀損と不法行為の成否」（判タ411号131頁），村重慶一「死者の名誉毀損」（判タ516号46頁），佃・名誉毀損47頁，竹田稔『プライバシー侵害と民事責任〔改訂増補版〕』190頁

（野村昌也）

Q16 プライバシー侵害の判断枠組み

インターネット上の投稿記事がプライバシー侵害となるか否かは，どのような判断枠組みで判断されるか。

【参照条文】民法709条，710条

答 インターネット上の投稿記事が，特定人のプライバシーにかかわる情報を含むものであるかどうかについて検討した上で，当該事案における問題状況に応じ，利益衡量等の手法により判断される。

1 はじめに

今日において，プライバシーの侵害が不法行為に当たることについては，異論をみないところとされており（幾代通（徳本伸一補訂）『不法行為』95頁参照），最高裁も「個人のプライバシーに属する事実をみだりに公表されない利益は，法的保護の対象となるというべきである」と端的に説示するに至っている（最決平29.1.31民集71巻1号63頁）。

もっとも，プライバシーをどのように定義するか，どのような事柄であればプライバシーとしてこれをみだりに公表されない法的保護を与えることができるのか，またプライバシー侵害の違法性判断のあり方といった点については，いまだ定説をみない状況であるところ，以下では，これらの点について，最高裁の裁判例を中心に概況の整理を試みたい。

2 プライバシーの概念

プライバシーの定義としては，19世紀末にアメリカ合衆国において提唱された当初に広く用いられたとされる「1人にしておいてもらう権利（right to be let alone）」や，「宴のあと」事件判決（東京地判昭39.9.28判時385号12頁）における「私生活をみだりに公開されないという法的保障な

いし権利」などといったものがみられるが，最高裁の裁判例においてこの点を積極的に明らかにするものは見当たらない（ただし，少年法61条が禁止する推知報道によるプライバシー侵害が問題となった最判平15.3.14民集57巻3号229頁は，「本件記事に記載された犯人情報及び履歴情報は，（中略）他人にみだりに知られたくない被上告人のプライバシーに属する情報であるというべきである。」と判示するところ，潮見佳男『不法行為法Ⅰ〔第2版〕』195頁の脚注のように，これを最高裁における定義が表れたものとしてみる理解もある。）。

　プライバシーは，沿革的には，上記の定義に係るもののように私生活の平穏に係る人格的利益に着目して展開され，憲法学における提唱を機に，個人の情報を自らコントロールする権利と捉える見解が有力に展開されてきたが，近年は，プライバシーの外延にかかわる権利ないし法的利益として，氏名権，肖像権なども問題とされるようになった。

　インターネット上の投稿記事によるプライバシー侵害が問題となる事例としては，掲示板やブログにおいて特定の個人に関する情報を掲載しつつ，当該個人に心理的な負担や不安を与える態様のものが典型的であり，私生活の平穏に係る人格的利益の侵害の問題と捉えて権利侵害の有無や救済手段を検討すれば足りるものが多いと思われるので，以下ではこの問題を中心に整理を進める（その他の問題については，**Q18**ないし**Q20**参照）。

3　プライバシー該当性の判断

　私生活の平穏に係る人格的利益としてのプライバシーに該当する事柄はいかなるものかという問題については，「宴のあと」事件判決が採用した判断枠組みが代表的である。同判決は，①私生活上の事実又は私生活上の事実らしく受け取られるおそれのある事柄であること，②一般人の感受性を基準にして当該私人の立場に立った場合に公開を欲しないであろうと認められる事柄（換言すれば，一般人の感覚を基準として公開されることによって心理的な負担，不安を覚えるであろうと認められる事柄）であること，及び③一般の人々にいまだ知られていない事柄であること（非公知性），以上の3点を満たす事柄について，これをみだりに公表されない法的保証を与えるべきであると説示するが，ある事柄がこれら3点を満たすものである

場合に，プライバシーに該当するものとして法的保護を与えることについては，異論がないものと思われる。

　もっとも，上記枠組みがプライバシー該当性を疑義なく判断できるものであるとは言い難い。前科情報は，プライバシーに該当するものとして法的保護を検討すべき事柄であることは今日における裁判実務上異論がないと思われるが，「私生活上の事柄」や「一般の人々にいまだ知られていない」といった条件を厳格に解すると，違法性を個別的に検討するまでもなく，前科情報の公表について不法行為の成立が認められないという帰結になってしまうおそれがあり相当でないからである。

　最高裁の裁判例において，プライバシー該当性の判断枠組みを明示したと解すべきものは見当たらないが，前記①及び③の要素に目を配りつつも，少なくとも前記②の要素を満たす事柄であれば，ひとまず法的保護に値するものと見た上で，後述の権利侵害の違法性ないし不法行為の成否について，個別に検討する傾向にあるように思われる（最判昭56.4.14民集35巻3号620頁，最判平6.2.8民集48巻2号149頁，前掲最判平15.3.14は結論を示すにとどまる。最判平15.9.12民集57巻8号973頁は，「このような個人情報についても，本人が，自己が欲しない他者にはみだりにこれを開示されたくないと考えることは自然なことであり，そのことへの期待は保護されるべきものである」との理由を説示した上で，学籍番号，氏名，住所及び電話番号が上告人らのプライバシーに係る情報として法的保護の対象となると説示するが，これを判断枠組みの明示と捉えてよいかは判然としない）。

4　インターネット上に他人のプライバシーに係る記事を投稿することの違法性

(1)　検討の手法

　ある人物のプライバシーに関する事柄がインターネット上に投稿された場合，それが違法であるかどうかの検討に際しては，投稿を行った者の表現の自由との調整が問題となるが，インターネット上の投稿記事であるとの一事をもって，投稿者の表現の自由を軽んじることはできない。

　インターネット上の投稿記事によるプライバシー侵害の違法性ないし不

法行為の成否について積極的に判断した最高裁の裁判例はないものの，不法行為の成否を被侵害利益の内容と加害行為の態様とを相関的に考慮するという伝統的な見解に通じるということもあり，裁判実務にほぼ定着しているものと思われる比較衡量の手法によって検討するのが一般的であると思われる（八木＝関[上]349頁参照。プライバシーに係る情報が公表された事案において比較衡量の手法によることを示した代表的な最高裁の裁判例として，いわゆるノンフィクション「逆転」事件に係る前掲最判平6.2.8，前掲最判平15.3.14がある。前掲最判平15.9.12は，氏名，住所等の情報の開示について承諾を求めるのが容易であり，それが困難であった特別の事情が窺われない場合において，同意を得る手続を執ることなく無断で当該情報を開示する行為は不法行為を構成する旨を判示するところ，同判決の事案は，氏名や住所といった秘匿性が必ずしも高くない情報を外国首脳の警備上の要請という特殊な状況の下で開示することの是非が問題となった点に特徴があり，また，開示相手が警察と限定的である点で，インターネット上の投稿記事によるプライバシー侵害の事案一般に射程が及ぶものとは解し難いが，プライバシー侵害による不法行為の成否が必ずしも比較衡量の手法によって一様に判断されるものではなく，開示の是非が問題となっている情報の性質やその取得・開示の態様等に照らし，その保護ないし法的救済のあり方を検討すべき必要性を示唆するものとして留意する必要があると思われる）。

(2) **利益衡量の方法**

問題は，利益衡量において，どのような要素を比較の対象とし，それらをどのように考慮するかであるが，前掲最決平29.1.31はインターネット上のウェブサイト検索結果の削除という限定的な問題を扱ったものと見るのが相当であり，インターネット上の投稿記事そのものによるプライバシー侵害の事案に射程が及ぶものとは解し難いものの，同決定が示す「当該事実の性質及び内容，当該URL等情報が提供されることによってその者のプライバシーに属する事実が伝達される範囲とその者が被る具体的被害の程度，その者の社会的地位や影響力，上記記事等の目的や意義，上記記事等が掲載された時の社会的状況とその後の変化，上記記事等において当該事実を記載する必要性など」という比較衡量のファクターは，一定の

示唆を与えてくれるものと思われる。

　発信者情報開示又は消去禁止の仮処分命令の申立てに当たり，債権者は，インターネットに投稿された記事により債権者のプライバシーが侵害されたことが明らかであることを主張疎明しなければならないところ，事案の性質上，投稿者が手続に関与しないなか，当該事案に応じて的確に比較衡量のファクターを抽出し，多角的な検討を加えるのは容易でないが，プライバシー侵害を理由として，上記申立てをしようとする者には，当該投稿によって公表される事実の性質及び内容や当該投稿記事の目的や意義等，当該事案に即して的確に比較衡量の要素を抽出しつつ，プライバシーに係る事実を公表されない法的利益が優越することについて主張疎明することが求められる。

(3)　その他の違法性検討の枠組み

　通常は違法とされるような態様でプライバシー情報を公表した場合であっても，被害者の同意がある場合や法令に基づく行為や正当な業務による行為と認められる場合には違法性が阻却されると解される。このような違法性阻却事由の検討に係る事実関係は，多くの場合，公表される事実の性質及び内容や当該投稿記事の目的や意義等，上記比較衡量の要素に係る事情から違法性阻却事由の有無について一定の推認が可能なものと思われるが，適正迅速な審理判断に向けて，当事者には推認の過程について相応の主張が求められる場合もあろう。

(4)　投稿記事削除の仮処分

　インターネット上の投稿記事によりプライバシーを侵害された者は，人格権ないし人格的利益に基づく妨害排除又は妨害予防請求権としての差止請求権を被保全権利として，投稿記事削除の仮処分命令の申立てをすることができる。

　インターネット上の投稿記事の削除がどのような判断枠組みの下で認められるかという点について，直接的に参考となる最高裁の裁判例はなく（ただし，関連する裁判例として，いわゆる「石に泳ぐ魚」事件に係る最判平14.9.24裁判集207号243頁及び前掲最決平29.1.31がある），事例の集積を俟つべき状況にある。実務上は，プロバイダーのコンテンツ削除に関するポリ

シーに基づくなどして，任意の削除がされる事案が相当数にのぼるが，この点が問題となる事案の判断としては，出版差止めについて形成されてきた考え方を参考に，金銭による損害賠償との関係性（損害賠償請求において違法性を認めつつ，差止請求においては違法性を認めなかった事例として，最判平7.7.7民集49巻7号2599頁参照）や既に記事が投稿されることで表現の自由が一定程度実現されていることを念頭に置きつつ，前記(2)の考慮要素等に基づく比較衡量の手法により，表現の自由に対する過度な制約にならないように慎重に検討するというのが相当であろうと思われる。

[参考文献]

本文に掲記したもののほか、竹田稔『プライバシー侵害と民事責任〔増補改訂版〕』160～214頁，佃・プライバシー6～44、152～235頁，新裁判実務大系9・126～139頁，杉原則彦・最判解説民平15年下481～487頁，潮見佳男『不法行為法Ⅰ〔第2版〕』194～216頁，能見善久＝加藤新太郎編『論点体系　判例民法7　不法行為1〔第2版〕』319～323，327～330頁，内田義厚「プライバシー侵害をめぐる裁判例と問題点」判タ1188号46頁

（川勝庸史）

Q17　前科前歴を掲載した記事の削除請求

インターネット上の投稿記事に自己の前科前歴が掲載された者は，どのような場合に，その投稿記事をプライバシー権侵害を理由に削除請求ができるか。

【参照条文】民法709条，710条，刑法27条，56条1項

答　前科前歴が掲載された者の社会的地位，影響力及びその後の生活状況，前科前歴の内容，表現行為等の目的や意義，前科前歴を公表する必要性等を考慮し，前科前歴を公表されない法的利益が公表でき

場合を優越するとされる場合には，削除請求をすることができる。

1　前科等を公表されない利益とプライバシー

　いわゆる前科前歴や，刑事事件として被疑者とされ，公訴提起されて判決を受けた事実（以下「前科等」という。）は，人の名誉，信用に直接にかかわる事項であり，前科等のある者もこれをみだりに公開されないという法律上の保護に値する利益を有することは判例（最判昭56.4.14民集35巻3号620頁「前科照会事件」，最判平6.2.8民集48巻2号149頁「ノンフィクション「逆転」事件」）もこれを認めている。

　前科等については，「私生活上の事実」ではないことを理由に，プライバシーに該当しないとする見解もあるが，プライバシーに該当するという見解が多数であり，判例も，前記「ノンフィクション「逆転」事件」の最高裁判決ではプライバシーという表現を明示的には用いていないものの，前科等をみだりに公表されない利益がプライバシーの権利又は利益の一つであることを否定する趣旨ではないと解されている（滝澤孝臣・最判解説民平6年130頁。なお，最判平15.3.14（民集57巻3号229頁）では，ある少年が起訴事実に係る罪を犯した事件本人であること（犯人情報）につき，「プライバシーに属する情報である」と判示している。）。

2　保護の限界

　もっとも，前科等は刑事事件又は刑事裁判という社会一般の関心又は批判の対象となる事項であるから，事件それ自体を公表することに歴史的又は社会的な意義が認められるような場合や，その者の社会的活動に対する批判・評価の一資料として前科等の公表を受忍しなければならない場合もある。

　そして，前記「ノンフィクション「逆転」事件」の最高裁判決では，前科等にかかわる事実を実名を使用して著作物で公表したことが不法行為を構成するか否かは，①その者のその後の生活状況，②事件それ自体の歴史的又は社会的な意義，③その当事者の重要性，④その者の社会的活動及び

その影響力について，その著作物の目的，性格等に照らした実名使用の意義及び必要性をも併せて判断すべきとし，その結果，前科等にかかわる事実を公表されない法的利益が優越する場合には，その公表によって被った精神的苦痛の賠償を求めることができると判示している。

なお，前科等はプライバシーに該当するといえるから，その侵害に対しては，損害賠償だけでなく，差止請求（削除請求）をすることも当然可能である。

3 時の経過と前科等

前記2のとおり，前科等は，それを公表することに公共的な意義があるという側面があるところ，前科等については，時の経過により公共的な意義を失い，プライバシー性の側面が強くなるとする見解がある。前記「ノンフィクション「逆転」事件」の最高裁判決も，「有罪判決を受けた後あるいは服役を終えた後においては一市民として社会に復帰することが期待される」から「新しく形成している社会生活の平穏を害されその更生を妨げられない利益を有する」と判示して，時の経過について言及している。たしかに，前科等の性質からすれば時の経過によってプライバシー性が高まることは否定できないが，例えば，社会の耳目を集めたきわめて重大な事件であれば，どれほど時が経過したとしても，公共的な意義が失われることはないといえるし，逆にごく普通に生活する一市民の軽微な事件など公共的な意義のほとんどない事件であれば，有罪判決を受ける前であっても，前科等を公表することが許されない場合があるといえる（滝澤孝臣・最判解説民平6年132頁でも，「ノンフィクション「逆転」事件」の「有罪判決を受けた後あるいは服役を受けた後においては」との判示につき，時の経過によりプライバシー性を具有あるいは回復する時期を，執行猶予の判決を受けた場合には有罪判決以降，実刑判決を受けた場合には当該判決に基づく執行終了以降に限定する趣旨ではないとしている。）。そうすると，時の経過については，前科等の公表が許されるか否かを判断する上での一事情となるにすぎないと解される。

4 具体的検討

(1) 最高裁判例の判断

「ノンフィクション「逆転」事件」では、前記2で述べた事情について、①前科等に係る事件及び裁判から12年が経過しており、その間当事者が社会復帰に努め、新たな生活環境を形成していること、②当事者は地元を離れて大都会で無名の一市民として生活しており、公的立場にある人物のように社会的活動に対する批判ないし評価の一資料として前科にかかわる事実の関係の公表を受忍しなければならない場合ではないこと、③前科等を公表した著作は、陪審制度の長所等を訴え、当時のアメリカ合衆国の沖縄統治の実態を明らかにするというものであるが、作品の目的を考慮しても当事者について実名を明らかにする必要があったとは解されないこと、④他の人物については仮名を使用しており、当事者のみ実名を使用しなければ著作の目的が損なわれることは解されないことなどの理由から、不法行為を肯定している。

また、殺人、強盗殺人、死体遺棄等の事件により起訴され刑事裁判を受けていた者（犯行時少年）が、週刊誌により本人を推知される事項の報道をされたことを理由として損害賠償を求めた事案において、前掲最判平15.3.14は、「ノンフィクション「逆転」事件」を引用しつつ、①週刊誌に掲載された当時の年齢や社会的地位、②当該犯罪の内容、③公表されることによってプライバシーに属する情報が伝達される範囲と被る具体的被害の程度、④記事の目的や意義、⑤公表時の社会的状況、⑥当該情報を公表する必要性など、公表されない法的利益とこれを公表する理由に関する諸事情を個別具体的に審理し、これらを比較衡量して判断することが必要であるとし、個別具体的な事情を審理していないとして原告の請求を一部認容した原判決を破棄した。破棄差戻審（名古屋高判平16.5.12判タ1198号220頁）では、プライバシー情報が伝達される範囲は限定的であり、被る損害が一般社会人と比較して小さいこと、記事の目的は、凶悪、残虐で重大な事件を公表し少年事件の被害者家族の心情を広く伝えるとともに、犯罪少年に対する反省の機会を与えるものであったこと、公表時に少年犯罪の凶

悪化と低年齢化が社会問題となっていたこと，事件は重大で犯人の犯歴を公表することに社会的意義があることなどの事情から違法性阻却を認め，原告の請求を棄却した。

(2) 検　討
ア　当事者

「ノンフィクション「逆転」事件」の最高裁判決でも言及されているとおり，選挙で選出される立場にある者やその候補者については，公職にあることの適否等の判断の一資料として前科等が公表された場合には，犯罪の内容等にかかわらず，原則として，違法と評価されることはないと考えられる（最判昭41.6.23民集20巻5号1118頁参照）。また，選挙で選出される者等でなくとも，社会に及ぼす影響力が大きい者（公権力を直接行使するような公務員や大企業の役員等）や公の社会的活動に関与している者などについては，その他の事情等を考慮しつつも，前科等の公表を甘受しなければならないと評価されることが多いと思われる。過去に公職の候補者となったことがある場合や選挙等へ立候補が窺える場合（自ら立候補について言及したことがある者など）についても，一事情として考慮されよう。

また，公務員であれば，職務の性質上，それ以外の者と比較して前科等の公表が許されやすいとも考えられるが，一口に公務員といっても，具体的な職務内容は様々であり，職務内容等に応じて社会に及ぼす影響力等を考慮することになろう。

そのような立場にない一市民として生活している者については，他の者と比較して前科等の公表が違法の評価を受けやすいといえよう。

イ　事案の内容等

事案が重大で社会の耳目を集めたような場合には，前科等の公表が違法の評価を受けることは比較的少ないと思われる。事案の重大性を判断するに当たっては，法定刑や処断刑などが考慮要素となると思われるが，事案の悪質性等も考慮されよう。また，処断刑等がそれほど重大でなくとも，社会に与えた影響が非常に大きいような場合（大規模経済事件など）や，社会問題となっているような事案の場合については，前科等の公表が許されることが多いと思われる。また，逮捕起訴された後，裁判で無罪となっ

た場合は，当事者の属性や事案の重大性等によっては逮捕起訴の事実が重要な意義を有する場合もあるからそれだけで直ちに前科等の公表が違法の評価を受けるわけではないと考えられるものの，嫌疑が証明されなかったわけであるから，有罪とされた事案と比較すれば，前科等の公表が許されないと判断されやすくなろう。

なお，前記3で述べたとおり，時の経過は前科等の公表が許されるか否かを判断する上での一事情と解されるが，どの程度の時の経過によってどの程度プライバシー性が高まるかは当事者や事案の内容等によって千差万別であるというほかなく，一定期間の経過をもって直ちに前科等の公表が許されないと判断することは困難であると思われる。

ウ 公表の目的及び意義等

表現等をするに当たって，その目的からして前科等を有する者を実名で報じなければ意味がないような場合や社会状況に照らして事件の内容を明らかにする目的及び意義があり，事案の性質等から前科等を明らかにする必要がある場合には，前科等の公表が許されるとする判断を導きやすいと思われる。もっとも，そのような場合であったとしても，当事者が一市民であったり，事案の内容が軽微で公共的な意義のない事案であった場合には，前科等を明らかにすることは許されないと判断されることが多いであろう。

5 補　足

最決平29.1.31（民集71巻1号63頁）は，児童買春によって罰金刑に処せられ，その逮捕記事がインターネット上の電子掲示板に多数回書き込まれた者が，検索サービスを提供する事業者に対し，当該記事に係る検索結果の削除を求めた事案において，検索事業者がその者のプライバシーに属する事実を含む記事等の検索結果を提供する行為が違法となる場合について判断している。上記最高裁決定は，検索結果の削除に係るものであり，投稿記事削除に関する事案に直接適用されるわけではないと考えられるが，前科等の削除に関する事案ではあるため，前科等の投稿記事削除の事案の判断においても上記最高裁決定を考慮する必要があることは否定できない

と思われる。なお，上記最高裁決定の詳細については **Q24，25** を参照されたい。

［参考文献］
　本文中に掲げたもののほか，佃・プライバシー54頁，123頁，竹田稔『プライバシー侵害と民事責任〔増補改訂版〕』55頁，188頁，202頁，喜多村治雄「実名報道と人格権侵害」新裁判実務体系9・326頁，堀部政男「ノンフィクション作品と前科等にかかわる事実の公表」ジュリ1053号85頁，中村哲也「ノンフィクション「逆転」事件上告審判決」ジュリ1064号104頁，松井茂記「「逆転」事件最高裁判所判決（平成6年重要判例解説憲法5）」ジュリ1068号15頁，加藤新太郎「ノンフィクション作品における実名使用による前科の公表と不法行為の成否」NBL566号59頁

（野村昌也）

Q18　氏名権の侵害を理由とした削除請求

　インターネット上の投稿記事に，掲載を承諾していないのに自己の氏名を勝手に掲載された者は，どのような場合に，氏名権の侵害を理由としてその投稿記事の削除請求ができるか。

【参照条文】憲法13条，民法709条

答　投稿記事の作成名義が冒用された場合には，削除請求が認められる可能性がある。それ以外の場合の氏名権侵害を理由とする削除請求は，特段の事情がない限り，認めることは困難である。なお，SNSなどのサイトにおけるなりすましの場合は，Q26のなりすまし事例の議論を参照されたい。
　その掲載された氏名が不正確な場合には，それが①明らかな蔑称である場合，②当該個人の明示的な意思に反して，ことさらに不正確な記載をした場合，又は③害意をもって不正確な記載をしたなどの特段

の事情がある場合には削除請求が認められる可能性がある。

1　氏名権について

　氏名は，社会的に見れば，個人を他人から識別し特定する機能を有するものであるが，同時に，その個人から見れば，人が個人として尊重される基礎であり，その個人の人格の象徴であって，人格権の一内容を構成する（最判昭63.2.16民集42巻2号27頁）。

　もっとも，氏名権の内容は多義的であり，いわゆる通称使用を行う権利も学説の分類上はこれに含まれるが，削除請求との関係では，氏名を他人に冒用されない権利，氏名を正確に呼称される利益，氏名の表示決定権が問題となり得る。

　そこで，以下，氏名を他人に冒用されない権利（典型例のなりすましについてはQ26も参照），氏名を正確に呼称される利益及び氏名の表示決定権について検討することとする（なお，氏名権侵害について，五十嵐清『人格権法概説』148頁，川井健「氏名権の侵害」現代損害賠償法講座(2)223頁，菅原崇「氏名権の侵害」新裁判実務体系9・303頁参照）。

　なお，戸籍上の氏名以外の場合や，法人や権利能力なき社団の場合についての議論，人格権としての氏名権以外の法律構成についても触れることとする。

2　氏名を冒用されない権利について

　氏名権については，最判平18.1.20民集60巻1号137頁が，「氏名は，その個人の人格の象徴であり，人格権の一内容を構成するので，人は，その氏名を他人に冒用されない権利を有する。これが侵害された場合には，損害賠償のみならず侵害行為の差止も可能」である旨判断している。これによれば，何者かによってXの氏名が冒用された上，投稿がされた場合には，Xの人格権の一内容である氏名権の侵害が問題となりそうである。

　上記最高裁判決は，宗教法人が別の宗教法人に対して名称の冒用があると主張した事案であるが，最高裁は，単に，原告と被告の名称の同一性や

類似性だけではなく，原告である宗教法人の名称の周知性の有無，程度，双方の名称の識別可能性，被告である宗教法人において当該名称を使用するに至った経緯，その使用態様の諸事情を総合考慮して判断されなければならないとしている。

そうすると，単に氏名を冒用した投稿がなされたという事実のみならず，関連する事情（氏名の冒用に至った経緯，投稿内容，被掲載者の従前の言動と投稿内容の異同の程度，被掲載者の社会的地位・立場，被掲載者と掲載者の関係，当該ウェブサイトの性格，当該ウェブサイトにおける投稿の位置づけ等などが考えられる。）の主張立証を通じて，Xの人格的利益が侵害されるに至っていることを疎明することが必要となるであろう。

なお，掲載内容自体が名誉毀損や名誉感情侵害，プライバシー権侵害に該当する場合には，格別に氏名権を論じる必要はないであろう。以下に，参考までに，氏名権侵害を理由とした慰謝料請求の事案の裁判例を掲げる（肯定した事案として，東京高判平22.4.7判タ1344号169頁，札幌地判平17.8.18判時1913号112頁，千葉地判平13.2.14判タ1121号214頁。否定した事案として，横浜地判平成4.6.4判タ788号207頁。なお，大阪地判平29.8.30最高裁ウェブサイト参照）。

3　氏名を正確に呼称される利益について

(1)　法的利益の有無

ア　前掲最判昭63.2.16は，「人は他人からその氏名を正確に呼称されることについて，不法行為法上の保護を受ける人格的な利益を有する。しかしながら，氏名を正確に呼称される利益は，氏名を他人に冒用されない権利・利益と異なり，その性質上不法行為法上の利益として必ずしも十分に強固なものとはいえない」とした上で，「当該他人の不正確な呼称をする動機，その不正確な呼称の態様，呼称する者と呼称される者との個人的・社会的な関係などによって，呼称される者が不正確な呼称によって受ける不利益の有無・程度には差異があるのが通常であり，しかも，我が国の場合，漢字によって表記された氏名を正確に呼称することは，漢字の日本語音が複数存在しているため，必ずしも容易ではなく，不正確に呼称するこ

とも少なくないこと」などから，不正確に呼称した行為は，特段の事情のない限り，違法性のない行為として容認され，不法行為を構成するのは，①「不正確な呼称が明らかな蔑称である場合」，②「当該個人の明示的な意思に反して，ことさらに不正確な呼称をした」場合，又は③「害意をもって不正確な呼称をしたなどの特段の事情」がある場合に限られるとしている。

なお，②の場合であっても，外国人の氏名の民族語音（母国語による発音）によらない慣用的な方法が存在し，かつ，右の慣用的な方法が社会一般の認識として是認されたものであるときは，日本語読みをすることは慣用的方法として社会的に許容されているとして，違法性のない行為として容認されると判示している。

イ　そして，前掲最判昭63.2.16は，氏名を正確に呼称される利益について判示した事例であるが，氏名を正確に表記される利益についても，基本的に同様の議論が考えられる（塚原朋一・最判解説民昭63年37頁，39頁注12）。

(2) 成立要件

そうすると，上記(1)の①から③のような特段の事情がある場合には，氏名を正確に掲載（動画の場合は正確に呼称）される利益を被保全権利とした削除請求が認められることとなろう。

ただし，上記②の場合には，当該呼称ないし掲載された氏名について，慣用的な呼称ないし表記方法に沿ったものであって，当該方法が社会的に許容されている場合には，削除請求は認められないことになろう。

4　氏名の表示決定権について

(1) 法的利益の有無

郵政職員に対して勤務時間中のネームプレートの着用を義務付ける職務命令の違法性が争われた事案について，「各個人は，氏名を表示するかしないかを決定する法律上の利益を有するものであり，これを氏名権と称するかはともかく，何ら正当な理由がないのに氏名の表示を強制された場合には不法行為が成立する場合もあるというべきである」とした上で，正当

な理由がないとはいえないとして請求を棄却した事例（仙台地判平7.12.7判タ901号153頁。大阪地判平8.7.17労判700号19頁も同旨）がある。

なお，両事例の控訴審（仙台高判平9.8.29労判729号76頁。大阪高判平10.7.14労判751号46頁）においては，「「したくないことは不当に強制されない」という一般的な行動の自由以上に，氏名権として独自の保護に値する要素があるとは言い難く，結局，かかる行動の自由が不当に侵害されるかどうかという観点から考察すれば足りる」とした上で，原審の結論を維持している。

なお，いずれの判断においても，本人の氏名それ自体は，単体ではプライバシーには該当しないとされている（事案は異なるが，さいたま地判平23.1.26判タ1346号185頁や東京地判平5.11.19判タ835号58頁なども同旨の判断を示している。）。

(2) 検　　討

実際の事例においては，氏名が単体で表示されることはそれほど多くはなく，氏名とともに掲載される内容が名誉権や名誉感情，プライバシー権侵害に該当するか否かで削除請求の帰趨が決せられる場面が多いものと考えられる（なお，仮に，氏名が単体で投稿される場合でも，例えば，当該投稿記事が，特定の性的嗜好を有する者同士のコミュニケーションを目的とする掲示板において投稿されたものであれば，プライバシー権侵害を被保全権利とする構成が考えられよう。）。

そして，氏名とともに掲載された内容が，プライバシー権侵害等の他の法律構成による削除請求が考えられないような場合には，氏名自体は単体ではプライバシー権の保護の対象とはならないと考えられることや（したがって，氏名のみを内容とする投稿記事についての削除請求は認められないであろう。），仮に削除を認めると，その範囲が不明確となり，表現の自由に対する萎縮的効果が大きいことから削除できないこととなろう。

5　戸籍上の氏名以外の場合

なお，戸籍上の氏名に酷似した氏名であっても，経歴等の記載と相まって特定可能性が認められるときには，氏名権侵害が成立し得る（東京地判

昭62.10.21判タ652号92頁。元国会議員秘書が自己の氏名類似の名称を著作者名として冒用した政界の内幕本の出版をされたとして，氏名権及び名誉権侵害を理由とする出版差止めが認められた事例）。

また，戸籍上の氏名以外にも，芸名，ペンネーム，雅号等の変名も，その分野で周知されるに至れば，戸籍上の氏名と同様の保護を受けると解されている（竹田稔『プライバシー侵害と民事責任〔増補改訂版〕』276頁）。いわゆる旧姓を使用する場合には，特段の理由がない限り，既に周知性を獲得していると認められる（秋山仁美「東京地判平成5年11月19日評釈」ひろば47巻4号58頁）。

周知性を獲得するには，特定の生活関係において一定期間の継続的使用が必要となる（新裁判実務体系9・304頁）。

インターネット上のハンドルネームについて，氏名権としての保護を受けるに必要な周知性の程度については，様々な見解があり得るが，いずれにしても，当該ハンドルネームで開設しているブログやSNS等の内容，性質，使用期間，閲覧数や閲覧頻度，著名なウェブサイト上での紹介の有無及び内容等インターネット上での使用状況のみならず，当該ハンドルネームを用いた現実社会で一定の活動実績の有無及び内容（当該ハンドルネームで，ゲーム会社が主催する賞を受賞し，その後受賞したゲームが商品化されたなどの事情があればほぼ確実に認められるであろう。）等も考慮に入れた上で判断することとなろう。

6　法人や団体の場合

(1)　法的利益の有無

なお，自然人の場合は氏名権であるが，法人や団体の場合には団体の名称を専有する権利などとして整理されているところ（森泉章「法人・集団の人格権」現代損害賠償法講座(2)116頁），特定の団体が複数に分裂した場合や，団体から脱退した構成員が団体の名称を利用している場合などについて，下級審裁判例において名称使用の差止請求が認められている（東京地判平20.5.21判タ1292号215頁，大阪地判平18.9.11公刊物未登載，東京地判平7.12.27判タ923号261頁，大阪地決平12.12.7労判807号61頁）。

また，前掲最判平18.1.20は，宗教法人法上の被包括関係が廃止された事案であるところ，宗教法人について，その名称を他の宗教法人等に冒用されない権利を認めている。

　以上からすると，法人や団体の場合にも，インターネット上で名称が冒用されている場合には，削除請求が認められる可能性があろう。

　もっとも，分裂や脱退の場合には，インターネット特有の問題ではないことから，ここではこれ以上触れないこととする（なお，日本舞踊，華道，茶道，家元等の名称について，跡目争いが生じた場合も同様であろう。）。

(2) 成立要件

　そして，法人や権利能力なき社団についても，その信用や評価を守るという趣旨から，その名称を正確に呼称される法的利益があるとすると，上記3の①から③などの特段の事情がある場合には，削除請求が認められる余地がある。

　法人の名誉感情を被保全権利とする削除請求を認めない見解に立つと（八木＝関[上]346頁，佃・名誉毀損138頁，森泉・前掲117頁），特に上記3の①や③の場合にはその実益が生じる場面が考えられる。

　一方で，名誉感情侵害が認められないのは法人には主観的名誉というものが存在しないとされている見解からすると，法人の名称権に基づく削除請求は認められないとも考えられるところである。

7　その他の法律構成について

　なお，これまで触れてきたところは，人格権としての氏名権を前提としたものであるが，その他に氏名などの名称に関して差止請求が考えられる場面としては，不正競争防止法2条1項1号（商品等主体混同惹起行為）又は2号（著名表示冒用行為）による場合や，商法12条（他の商人と誤認させる名称等の使用禁止）による場合，著作権法19条（氏名表示権）による場合，パブリシティ権に基づく場合（著名人の氏名や肖像等を「無断で使用する行為は，……専ら肖像等の有する顧客吸引力の利用を目的とするといえる場合」（ピンクレディ事件判決。最判平24.2.2民集66巻2号89頁））などがあげられる。

[参考文献]
本文中に掲げたもの

（崇島誠二）

Q19 肖像権・パブリシティ権の侵害を理由とした削除請求

インターネット上の投稿記事に，自己の顔写真を無断で掲載されたXは，どのような場合に，肖像権・パブリシティ権侵害を理由としてその投稿記事の削除請求ができるか。

【参照条文】憲法13条，民法709条

答　Xの社会的地位，活動内容，撮影の場所，撮影の目的，撮影の態様，撮影の必要性等を総合考慮して，当該撮影による肖像権の侵害が社会生活上受忍の限度を超えるかどうかを検討することとなる。Xがインターネット上に自分でアップした写真が無断で転載された場合には，肖像権侵害が成立することは考えにくいが，Xによる公表の態様等によっては，肖像権侵害として受忍限度を超えると判断される余地がある。また，Xがタレント等の有名人で，Xの肖像が顧客吸引力を有する場合であって，Xの顔写真がインターネットショッピングにおける商品の広告ページに用いられたというような場合には，パブリシティ権の侵害に当たるとして，差止めが認められる余地があろう。

1　肖像権とは

(1) 肖像権に関する判例

我が国には肖像権について規定した条文はないが，最高裁は，法廷における被告人の容ぼう等の撮影や撮影された写真等の公表につき肖像権侵害による不法行為の成否が争われた事案において，「人は，みだりに自己の

容ぼう等を撮影されないということについて法律上保護されるべき人格的利益を有する。」「人は，自己の容ぼう等を撮影された写真をみだりに公表されない人格的利益も有すると解するのが相当であり，人の容ぼう等の撮影が違法と評価される場合には，その容ぼう等が撮影された写真を公表する行為は，被撮影者の上記人格的利益を侵害するものとして，違法性を有するものというべきである。」と判示した（最判平17.11.10民集59巻9号2428頁）。この判決は，肖像権という用語を使用していないが，肖像に関する人格的利益が法的保護に値する利益であることを明言している。

その後，最高裁は，後述のパブリシティ権の侵害による不法行為の成否が争われた事案（最判平24.2.2民集66巻2号89頁）において，上記判決を引用し，「人の氏名，肖像等（以下，併せて「肖像等」という。）は，個人の人格の象徴であるから，当該個人は，人格権に由来するものとして，これをみだりに利用されない権利を有すると解される。」と判示し，肖像に関する人格的利益は，人格権に由来する排他的権利であることを明らかにした。

(2) **小　括**

したがって，肖像権とは，自己の氏名や肖像等（以下「肖像等」という。）をみだりに利用されない権利であり，その法的性質は人格権であるということになる。肖像権において，保護の対象となる肖像は，写真や動画等に限られず，容ぼうや姿態を描写したイラスト画も含まれるものと解される（前掲最判平17.11.10参照）。

なお，前掲最判平24.2.2は，肖像等の商業的価値から生ずる財産的利益と，肖像等の精神的価値から生ずる人格的利益が別々に観念し得ることを前提に，肖像等の財産的利益を保護する権利がパブリシティ権と（後記4），肖像等の人格的利益を保護の対象とする権利が肖像権と（後記2，3）位置づけて，両者を区別している。したがって，訴訟法的には，パブリシティ権侵害を理由とする請求と，肖像権侵害を理由とする請求は訴訟物が異なるということになる（中島基至・最判解説民平24年(上)55頁以下）。

2　肖像権侵害と不法行為の成否

　個人が人格権としての肖像権を有するとはいっても，日常生活の様々な場面で写真や動画の撮影（以下「写真撮影等」という。）が行われること等に鑑みると，被撮影者の承諾のない写真撮影等が常に肖像権の侵害として不法行為になるとはいえない。この点に関し，前掲最判平17.11.10は，「ある者の容ほう等をその承諾なく撮影することが不法行為法上違法となるかどうかは，被撮影者の社会的地位，撮影された被撮影者の活動内容，撮影の場所，撮影の目的，撮影の態様，撮影の必要性等を総合考慮して，被撮影者の上記人格的利益の侵害が社会生活上受忍の限度を超えるものといえるかどうかを判断して決すべきである。」としており，不法行為の成否は，各種の事情を総合考慮し，その侵害が社会生活上受忍限度を超えるか否かにより判断されることになる。

　上記最判で指摘された事情のうち，①被撮影者の社会的地位に関しては，被撮影者が公的存在又は公共の利害に係る人物といえるかどうか，②被撮影者の活動内容に関しては，他人に知られたくない状況をことさら写したものかどうか，③撮影の場所に関しては，公共の場所であるかどうか，④撮影の目的に関しては，報道目的，芸術目的等の社会的に是認できる目的であるかどうか等が問題となり得る（太田晃詳・最判解説民平17年〔下〕792頁以下）。なお，上記最判は各種の事情を例示したものにすぎないため，事案により，上記最判が指摘した事情以外の事情が考慮されることもあろう。

3　肖像権侵害に対する救済

　肖像権は人格権に由来する排他的権利であるため，その侵害に対しては，不法行為に基づく損害賠償請求のほか，人格権としての肖像権に基づく妨害排除請求又は妨害予防請求として，侵害行為の差止めを求めることができる。この点は，名誉権やプライバシー権に対する侵害の場合と同様である。

　差止請求に関しても，肖像権侵害が社会生活上受忍限度を超えるか否か

について考慮すべき事情は概ね上記2と同様と解される。もっとも，一般的に見れば，差止請求を認めるには，損害賠償請求を認める場合に比べて要求される違法性の程度が高いといわれている。

4 パブリシティ権

(1) パブリシティ権とは

肖像等に関する権利のうち，タレントの肖像等などのように，肖像等が商品の販売等を促進する顧客吸引力を有する場合に，当該顧客吸引力を排他的に利用する権利のことを，パブリシティ権という。

(2) パブリシティ権に関する判例

最高裁は，前掲最判平24.2.2において，パブリシティ権は，肖像等それ自体の商業的価値に基づくものであり，人格権に由来する権利である肖像権の一内容を構成するものであるとして，その権利性を肯定した。その上で，「肖像等に顧客吸引力を有する者は，社会の耳目を集めるなどして，その肖像等を時事報道，論説，創作物等に使用されることもあるのであって，その使用を正当な表現行為等として受忍すべき場合もあるというべきである。」として，表現行為や創作行為にも配慮を示し，パブリシティ権の侵害が不法行為となるのは「もっぱら肖像等の有する顧客吸引力の利用を目的とするといえる場合」であると判示し，パブリシティ権侵害につき不法行為が成立するのは，①肖像等それ自体を独立して鑑賞の対象となる商品等として使用する場合（第1類型），②商品等の差別化を図る目的で肖像等を商品等に付する場合（第2類型），③肖像等を商品等の広告として使用する場合（第3類型）であるとした。

上記第1類型にはブロマイドや写真集等，上記第2類型には肖像等を利用したキャラクター商品などが該当するものと考えられる（中島基至・最判解説民平24年(上)43頁，47頁）。

(3) 小　括

パブリシティ権も人格権に由来する排他的権利であるから，パブリシティ権の侵害に対しても，損害賠償請求のほか，差止請求が認められると解される（中島基至・最判解説民平24年(上)69頁参照）。

5 設問について

インターネット上で肖像権を侵害する記事が投稿され，その侵害が社会生活上受忍限度を超えると認められる場合には，当該記事を投稿した者に対し，人格権に基づく差止請求として，投稿記事の削除を求めることができる（なお，当該記事が掲載されたウェブサイトを管理する者が侵害を行っていると評価される場合には，同管理者に対する差止請求も認められる余地がある。名誉等の侵害につき，八木＝関[上]349頁以下参照）。これに対し，投稿者が不明な場合は，ウェブサイトの管理者ないしコンテンツプロバイダに対して仮の削除を申し立てるほかないであろう。

以下では，設問について場合を分けて検討する。

(1) Xがインターネット上に掲載しなかった写真が無断でインターネット上に掲載された場合

ア　Xが承諾をしていないにもかかわらずXの写真が撮影された場合には，前掲最判平17.11.10のとおり，Xの社会的地位，活動内容，撮影の場所，撮影の目的，撮影の態様，撮影の必要性等を総合考慮して，当該撮影による肖像権の侵害が社会生活上受忍の限度を超えるかどうかを検討することとなる。

Xが一般の個人である場合には，例えば，公道上で撮影されたものか，私的な空間を撮影したものか，当該写真撮影の目的は何か，Xのみを被写体としたものか，撮影されたXの姿態がどのようなものであるか，当該写真にXの容ほうがどの程度はっきりと写っているか，写真撮影の必要性があるか等を総合考慮することとなろう。私的な空間における容ほう等を隠し撮りした場合や，公道上で撮影したものであっても，公益的な目的等によらず，Xのみを被写体とし，その容ほうがはっきりと分かる写真を撮影したような場合には，受忍限度を超えるものとして差止めが認められる可能性が高いと考える。

イ　一方，私人が運動会等の行事の写真を撮影する行為，平穏な態様でスナップ写真を撮影する行為などは，社会生活上許された行為といえ，その写真に他人の容ほう等が写り込んでいたとしても，被撮影者の承諾がなけ

れば不法行為が成立するというものではないと解される（中島基至・最判解説民平17年下789頁）。したがって，撮影者が観光地において撮影した写真の背景に，たまたま小さくXが写り込んでしまったというような場合には，受忍限度を超える肖像権侵害は成立しないというべきである。

ウ また，肖像権には，みだりに容ぼう等を撮影されない利益のみならず，自らの容ぼう等を撮影された写真をみだりに公表されない利益も含まれる。被撮影者が写真撮影は承諾したものの，公表を承諾していない場合に，当該写真の公表が不法行為となるかについては，上記と同様，公表による侵害が社会生活上受忍限度を超えるものかどうかにより判断されることになる。なお，写真撮影が違法となる場合には，撮影された写真を公表することも違法となることは前掲最判平17.11.10が判示しているとおりである。

(2) **Xがインターネット上に自分で写真をアップした場合**

ア Xがインターネット上に自分で写真をアップしたが，当該写真が無断で他のホームページや掲示板等に転載されたという場合には，写真の内容を認識した上で自ら公表をしている以上，肖像権侵害が成立することは考えにくい。もっとも，Xによる公表の態様等によっては，肖像権侵害として受忍限度を超えると判断される余地はあるように思われる。

イ 例えば，XがSNSにおいて一定の範囲内でのみ自己の顔写真を公表したにもかかわらず，当該写真が掲示板に転載されたような場合，Xとしては広く一般に自己の顔写真を公表する意図はなかったのであり，当該掲示板における顔写真の公表を受忍すべきであるとは必ずしもいえない（もっとも，このようなケースは，自ら写真を「公表」したとはいえないと解することもできようか。）。

なお，損害賠償請求に関する事案ではあるが，「肖像権を放棄し，自らの写真を雑誌等に公表することを承諾するか否かを判断する上で，当該写真の公表の目的，態様，時期等の当該企画の内容は，きわめて重要な要素であり，人が自らの写真を公表することにつき承諾を与えるとしても，それは，その前提となった条件の下での公表を承諾したにすぎないものというべきである。したがって，公表者において，承諾者が承諾を与えた前記

諸条件と異なる目的，態様，時期による公表をするには，改めて承諾者の承諾を得ることを要する」とした裁判例（東京地判平13.9.5判時1773号104頁）がある。

(3) Xの顔写真が顧客吸引力を有する場合

上記(1)及び(2)いずれの場合についても，Xがタレント等の有名人であり，Xの肖像が顧客吸引力を有する場合であって，Xの顔写真がインターネットショッピングにおける商品の広告ページに用いられたというような場合には，Xが自ら当該顔写真をインターネット上にアップしたものであっても，パブリシティ権の侵害（第3類型）に当たるとして，差止めが認められる余地があろう。

[参考文献]

本文中に掲げたもののほか，中島基至・最判解説民平24年(上)55頁以下・「スナップ写真等と肖像権をめぐる法的問題について」判タ1433号5頁以下，佃・プライバシー240頁以下

（林　雅子）

Q20 忘れられる権利

「忘れられる権利」とは何か。また「忘れられる権利」は，我が国のインターネット関係仮処分の被保全権利となり得るか。

【参照条文】憲法21条

答　「忘れられる権利」は，我が国の実務では，検索結果の削除請求の根拠として主張されることが多い。EU司法裁判所では，この意味での「忘れられる権利」に親和的な判断がなされた。我が国において，「忘れられる権利」を被保全権利として検索事業者に対し検索結果の仮の削除を命ずる仮処分命令を発令できるか否かは，肯定・否定

の両説があり，さらなる議論の発展が期待される。

1 問題の所在

「忘れられる権利」の母国はフランスであり，その起源は1944年に改正されたプレスの自由に関する1881年7月29日の法律35条3項b号，c号にさかのぼるとされている。これにより，「非難（imputation）が10年以上前にさかのぼる事実を参照してなされる場合」や「非難が，大赦を受けた若しくは時効にかかった犯罪を構成する事実又は復権若しくは再審によって取り消された有罪判決に至らしめた事実を参照してなされる場合」には，摘示事実の真実性による免責を認めないことになった。ただし，同法は「忘れられる権利」という文言を用いていたわけではない。「忘れられる権利」という語がフランスの判決で用いられるようになったのは，1983年4月20日のパリ大審裁判所判決であるとされる。このように，「忘れられる権利」は，フランスでは，インターネットの普及前から議論されていた（村田健介「「忘れられる権利」の位置付けに関する一考察」岡山大学法学会雑誌65巻3＝4号）。

しかし，現在の我が国では，「忘れられる権利」は，インターネット上の検索サイトで個人の氏名を検索ワードとする検索の結果，個人の過去のプライバシーに関する情報がいつまでも公表され続けてよいのかという問題意識から，主として，検索事業者が検索結果の削除義務を負担するか，という問題に関連して論じられることが多い。そこで，本問では，検索結果によって人格的利益に対する被害を受けたと主張する者が，検索事業者に対し，「忘れられる権利」を被保全権利とした仮処分命令によって，検索結果の仮の削除を求めることができるか，という問題を中心に論ずる。以下では，2において「忘れられる権利」に関連すると思われるヨーロッパの個人情報保護法制の概略を述べた上で，これを前提に3において「忘れられる権利」に関して注目されたEU司法裁判所2014年5月13日先決裁定の内容を説明し，これらをふまえて，4において，我が国において，「忘れられる権利」を根拠として検索結果の削除義務を認めることができ

るか否かについて、裁判例を中心に検討する。

2 「忘れられる権利」に関する EU の個人情報保護法制の概略

(1) EU データ保護指令（後記 EU 司法裁判所先決裁定当時）

　欧州委員会は、1995年、「個人データ取扱いに係る個人の保護及び当該データの自由な移動に関する1995年10月24日の欧州議会及び理事会の95／46／EC 指令」（以下「EU データ保護指令」という。）を採択し、同指令は同年中に発効した。EU データ保護指令は、EU 加盟国に対して、EU データ保護指令が規定する内容の国内法の整備を要求するものであり、EU データ保護指令が EU 加盟国各国において直接法令としての効力をもつわけではない。

　EU データ保護指令には、次の条項が存在する（条文の訳文は、村田・前掲500頁以下を引用した）。

・7条

「加盟国は、個人データが以下のいずれかの要件を充たす場合にのみ処理されるよう規定するものとする。

（中略）

c）管理者が従うべき法的義務の尊重のために、データの取扱いが必要な場合。（中略）

f）管理者又はデータが伝達される第三者により追求される正統な利益の実現のためにデータの取扱いが必要である場合。ただし、第1条第1項によって保護が要求されるデータ主体の利益または基本権及び自由が上記利益に優先する場合はこの限りではない。」

・12条　アクセス権

「加盟国は、あらゆるデータ主体に対して、取扱管理者から以下のことを得る権利を保障するものとする。

a）（略）

b）場合によっては、とりわけ、データの不完全さまたは不正確さによって、その取扱いが本指令に適合していないところのデータの修正、消去または封鎖（verrouillage）」

・14条　データ主体の異議権

「加盟国は，データ主体に対して，以下の権利を承認する。
ａ）少なくとも第7条第ｃ号及び第ｆ号に規定されている場合において，データ主体の個別の状況に照らし，優先すべきかつ正統な理由をもって，自らに関するデータが取扱いの対象となることに対して，いつでも異議を申し立てる権利。ただし，国内法に反対の規定がある場合はこの限りではない。異議が正当化される場合には，取扱管理者は，もはや，当該データを対象とする取扱いを実行することはできない。(以下略)」

3において紹介するEU司法裁判所先決裁定は，このEUデータ保護指令12条及び14条に関する判断である。

(2) **EU個人データ保護規則**

2012年以降，このEUデータ保護指令の改定作業が行われ，2016年には，「個人データの処理に関する自然人の保護及び当該データの自由な流通に関する欧州議会及び欧州理事会の2016年4月27日規則」(「General Data Protection Regulation (GDPR)」とも呼ばれている。以下「EU個人データ保護規則」という。)が公布され，2018年5月25日から適用されることになった。このEU個人データ保護規則は，EUデータ保護指令にかわるものであるが，前者は「規則」であって「指示」ではなく，加盟国に直接適用される法令としての効力をもつ。

EU個人データ保護規則17条は，「削除権〔忘れられる権利〕」というタイトルの下，「データ主体は，次のいずれかの根拠に該当する場合，管理者に対し遅滞なく自らに関する個人データを削除してもらう権利を有し，管理者は遅滞なく個人データを削除する義務を負う。」とした（同条1項）。ここでいう「次のいずれかの根拠」については，①個人データ処理時の利用目的との関係で必要がなくなった場合，②同意を撤回し，個人データ処理の法的根拠が失われた場合，など六つの場合が定められている。ただし，この「忘れられる権利」は絶対的な権利ではなく，歴史を書き換える権利でもない。そのため，表現の自由との調整が必要であるとともに，科学研究や歴史研究などには適用されない（同条3項）。

なお，石井夏生利教授によれば，以上のEUデータ保護指令やEU個人

データ保護規則は，プライバシー権とは異なる，個人情報の保護（データ保護）の文脈で削除の可否が検討されているとのことである。すなわち，石井教授は，プライバシー権を提唱し発展させてきたのはアメリカで，ヨーロッパの発想では，削除が認められるかどうかは，あくまでも，個人情報の保護に関するルールに違反した場合という建付けになっている旨，指摘しておられる（2 全体につき，村田・前掲論文のほか，石井夏生利＝神田知宏＝森亮二「鼎談　検索結果削除の仮処分決定のとらえ方と企業を含むネット情報の削除実務」NBL1044号10頁以下，中西優美子「EUにおける個人データ保護権と「忘れられる権利」」奥田喜道編著『ネット社会と忘れられる権利』20頁，宇賀克也「『忘れられる権利』について―検索サービス事業者の削除義務に焦点を当てて」論究ジュリスト18号24頁，宮下紘「忘れられる権利」判時2318号3頁各参照）。

3　EU 司法裁判所2014年 5 月13日先決裁定

(1)　事案の概要及び手続経過

　この事件の事案は，スペインの男性が，新聞社，グーグル・スペイン社及びグーグル社（アメリカ法人）を相手方として，同人の名前で検索したときに16年前の社会保険料の滞納を理由とする自宅の競売に関する新聞記事を掲載したウェブページへのリンクが表示されるので，そのグーグルの検索結果の削除及び同新聞記事を掲載したウェブページの削除を求めた，というものである。

　スペインデータ保護監督機関は，新聞記事を掲載したウェブページの削除は否定した（したがって，この事件では，リンク先のウェブページは合法に存続していることになる。）ものの，検索サイト上の表示に対して削除を命じた。グーグル・スペイン社とグーグル社がこれに対して不服申立てを行い，スペイン国内裁判所で争われ，その事件において，EU 司法裁判所が後記(2)の先決裁定を言い渡した。

　なお，先決裁定（preliminary ruling。先決判決，先行判決とも訳される。）の制度の概略は次のとおりである。すなわち，EU 加盟国の国内裁判所は，国内に係属する訴訟で EU 法の解釈等が争点となった場合に，訴訟手

続を一時停止してその争点に関する質問事項を司法裁判所に付託し，それに対する司法裁判所からの回答（先決裁定）に基づき，訴訟手続を再開して終局判断を下すことになる。司法裁判所の先決裁定は，付託を行った国内裁判所に対して拘束力を有することから，その後の類似の事件にとって重要な意味をもち，これによってEU法の統一的な解釈・適用の実現が図られている（松井＝鈴木＝山口44頁〔山口いつ子〕）。

(2) **先決裁定の判断内容**

EU司法裁判所2014年5月13日先決裁定は，①検索事業者はEUデータ保護指令にいう「取扱管理者」（「controller」。この語は「管理者」と訳される例もある。）に該当し，②アメリカ法人であるグーグル社にもEUデータ保護指令は適用可能であるとした。その上で，同裁判所は，③EUデータ保護指令12条b）または14条a）に定められた要件を満たす限り，検索事業者は，個人の名前を用いた検索の結果として表示される検索結果リストから，その人に関する情報を含む，第三者が公表したウェブページへのリンクを消去する義務を負うが，これは，その名前または情報がウェブページから事前にまたは同時に削除されない場合であっても，また，ウェブページにおける名前や情報の公表自体が合法であったとしても，同じである旨，④データ主体（その個人データの本人）にこのような権利を認める要件として，その個人データ処理がEUデータ保護指令に適合していないことが要件となるものの，当該情報が検索結果に含まれることが当該データ主体に不利益を生じることは必要ではない旨，それぞれ判断した。その上で，当初は同指令に合致していた情報の取扱いが，時の経過により合致しなくなる場合があるという論理を肯定して，EUデータ保護指令12，14条に基づく消去権を肯定した（上記先決裁定の詳細は，山口いつ子「EU法における「忘れられる権利」と検索エンジン事業者の個人データ削除義務—グーグル・スペイン社事件EU司法裁判所2014年5月13日先決裁定を手掛かりにして」別冊NBL153号181頁，村田・前掲論文及び栗田昌裕「プライバシーと「忘れられる権利」」龍谷法学49巻4号305頁をそれぞれ参照。）。

(3) **上記先決裁定の評価**

山口教授は，上記先決裁定に関し，「ここでいう忘れられる権利が認め

られるためには，当該情報が検索結果リストに含まれることがデータ主体（その個人データの本人）に「不利益を生じさせる（causes prejudice）」ことは必要とされない，としている点に注意を要する。」と指摘しておられる（松井＝鈴木＝山口44頁以下〔山口いつ子〕）。

　他方で，アメリカにおける表現の自由の伝統の下では，「真実に基づく情報」や「報道価値のある情報」が強力に保障されてきたため，「忘れられる権利」への懐疑論が大勢を占め，上記先決裁定は「検閲の一形態であって，合衆国で同様のことが行われれば，違憲となるだろう。」との指摘もあるとのことである（宮下・前掲6頁以下）。

　なお，ヨーロッパ，アメリカとも，未成年者に関しては別の考慮がされているようである。例えば，アメリカ・カリフォルニア州では，2013年，18歳未満の未成年者がインターネット上に投稿した文章等の削除権を認める条項が，Business and Professions Code に設けられた（宇賀・前掲26頁。ただし，このような州法に対しても，表現の自由への萎縮効果が危惧されたり，他州の事業者には義務を課すことができない，という批判があるとのことである。宮下・前掲7頁）。また，フランス国内法でも，「デジタル共和国法」が2016年に制定され，未成年者の「忘れられる権利」が明文化するに至った（宮下・前掲5頁）。ただし，これらの立法例が，同趣旨の明文の規定がない我が国において，削除請求権の範囲に関する解釈論に影響を及ぼすのか否かは，さらに慎重な検討が必要となろう。

4　日本法における「忘れられる権利」

(1)　問題の所在

　我が国においては，EU データ保護指令12条及び14条並びに EU 個人データ保護規則17条に相当する条文も含め，「忘れられる権利」という名称の権利を明文で定めた規定がないことから，「忘れられる権利」を被保全権利とする検索結果の仮の削除を命ずる仮処分の可否については，争いがある。

(2)　肯　定　説

　さいたま地決平27.12.22（判時2282号78頁）は，「一度は逮捕歴を報道さ

れ社会に知られてしまった犯罪者といえども、人格権として私生活を尊重されるべき権利を有し、更生を妨げられない利益を有するのであるから、犯罪の性質等にもよるが、ある程度の期間が経過した後は過去の犯罪を社会から「忘れられる権利」を有するというべきである。そして、どのような場合に検索結果から逮捕歴の抹消を求めることができるかについては、公的機関であっても前科に関する情報を一般に提供するような仕組みをとっていないわが国の刑事政策を踏まえつつ、インターネットが広く普及した現代社会においては、ひとたびインターネット上に情報が表示されてしまうと、その情報を抹消し、社会から忘れられることによって平穏な生活を送ることが著しく困難になっていることも、考慮して判断する必要がある。」として，「忘れられる権利」が我が国においてもインターネット関係仮処分の被保全権利になり得ることを肯定した。

(3) 否 定 説

(2)の事件の抗告審決定（東京高決平28.7.12判時2318号24頁）が採用した立場である。

すなわち，この抗告審では，相手方（債権者）からの追加主張として，「人が何らかのミスをしても，一定期間を経過すれば他者の記憶から消失し，社会生活を円滑に営むことができる。しかし，インターネットにおいては，人の氏名等で検索すれば，その者に関する古い情報も新しい情報も同様に表示される」ことが社会生活を円滑に営む妨げとなるから，これを防止することが「忘れられる権利」の基本思想であり，それは人格的生存に不可欠な権利であって，名誉やプライバシーと並ぶ人格権の一内容である旨，及び，相手方（債権者）が本件において主張する被保全権利は「忘れられる権利を一内容とする人格権に基づく妨害排除請求権としての差止請求権」である旨の主張がされた（なお，相手方（債権者）は，この権利とは別に，プライバシーに基づく妨害排除請求権としての差止請求権も主張していた。）。

東京高裁は，この追加主張を前提に，「忘れられる権利」は，そもそも我が国において法律上の明文の根拠がなく，その要件及び効果が明らかではないこと，相手方（債権者）の主張している「忘れられる権利」の実体は，人格権の一内容としての名誉権ないしプライバシー権に基づく差止請

求権と実質的に同じこと，を理由に，人格権の一内容としての名誉権ないしプライバシー権に基づく差止請求の存否とは別に，相手方（債権者）の主張するところの「忘れられる権利」を一内容とする人格権に基づく妨害排除請求権として差止請求権の存否について独立して判断する必要はない，として，名誉権ないしプライバシー権とは別の権利としての「忘れられる権利」に基づく差止請求権について消極的な見解を採用した。

(4) 検　討

最高裁は，許可抗告手続においては，許可抗告申立て理由の範囲でのみ調査をする（法7が準用する民訴337Ⅵ，336Ⅲ，327Ⅱ，320）。そして，上記(3)の抗告審決定に対する許可抗告審である最決平29.1.31民集71巻1号63頁（以下「平成29年決定」という。）は，その許可抗告申立て理由にいう「忘れられる権利」の実質はプライバシー侵害の主張を具体化したものに帰着するものであることから許可抗告手続において独立の許可抗告申立て理由として取り上げなかった。そのため，平成29年決定は，「忘れられる権利」の日本法における位置づけについて何ら判断していない（髙原知明「最近の判例から」ひろば平成29年6月号48頁。同旨，宮下・前掲論文4～5頁，佐藤信行「最高裁は「忘れられる権利」を否定したのか？」WLJ判例コラム臨時号第108号）。したがって，平成29年決定は，「忘れられる権利」を排斥した原決定の判断を「支持した」ないし「実質的に支持した」とは評価できない。

このように，本問の論点について判断した最高裁判例は，平成29年決定を含めて，本稿執筆の時点ではいまだ存在しない。

「忘れられる権利」の日本法における位置づけについては，これを正面から判断した下級審裁判例もまだ数少ないことなどからすれば，さらに議論を継続することが必要となると思われる。今後の裁判例や学説の発展を見守りたい。

[参考文献]
　本文中に掲げたもの

（関　述之）

第 3 節　保全の必要性

Q21　保全の必要性を基礎づける疎明資料

　インターネット関係仮処分では，保全の必要性は，どのように判断されるか。また，これを基礎づける疎明資料は何か。

【参照条文】法13条1項，2項，23条2項

答　インターネット関係仮処分を含む仮の地位を定める仮処分において，保全の必要性は，一般的に，本案判決を待つことによって債権者に生ずる著しい損害又は急迫の危険と，当該仮処分によって債務者の被る不利益又は損害とを総合考慮するものと考えられる。
　投稿記事削除の仮処分では，債権者において，当該投稿記事によって受けている又は受けるおそれが大きい損害を具体的に主張・疎明した場合，通常は保全の必要性が肯定されるものと思われる。実務上は，インターネット上で自己の名誉やプライバシー等を侵害する表現行為がされていることを，当該投稿記事が表示されている画面をプリントアウトしたものや，債権者の陳述書等の資料によって疎明している。
　また，コンテンツプロバイダに対する発信者情報開示の仮処分又は経由プロバイダに対する発信者情報消去禁止の仮処分では，経由プロバイダのアクセスログの保存期間が限られており，債務者に対する本案訴訟の結果を待っていたのでは経由プロバイダの保存する発信者情報が消去されてしまうおそれが高いことを具体的に主張・疎明した場合，保全の必要性が肯定されることが多いものと思われる。実務上は，経由プロバイダのアクセスログの保存期間について，①大手経由

プロバイダ数社に対する弁護士法23条に基づく照会書及び同照会に対する回答書や，②電話聴取による報告書のほか，③保存期間に関する文献等の資料によって疎明している。

1 仮の地位を定める仮処分における保全の必要性の判断

(1) 保全の必要性が認められるための要件

仮の地位を定める仮処分の申立てにおいては，保全の必要性として，「争いがある権利関係について債権者に生ずる著しい損害又は急迫の危険を避けるため」必要であることを主張・疎明しなければならない（法13，23Ⅱ）。したがって，債権者は，争いがある権利関係について，著しい損害又は急迫の危険が生ずることを基礎づける客観的かつ具体的な事情を主張・疎明する必要がある。

(2) 保全の必要性の判断

仮の地位を定める仮処分は，往々にして債務者の地位に重大な影響を与え，債務者に多大な不利益又は損害を被らせる危険があることから，保全の必要性の判断は，債権者の被保全権利が疎明されることを前提として，本案判決を待つことにより債権者に生ずる著しい損害又は急迫の危険と，当該仮処分によって債務者の被る不利益又は損害とを総合考慮し，その相関関係のなかで具体的事案ごとに決せられると解されている（最決平16.8.30民集58巻6号1763頁）。以上につき **Q3** 参照。

2 インターネット関係仮処分における保全の必要性の判断

(1) 投稿記事削除の仮処分

ア 我が国における平成28年末時点でのインターネット利用者数は約1億84万人，人口普及率は83.5％となり，また，スマートフォンによるインターネット利用は57.9％にのぼっている（総務省「平成29年版情報通信白書」）。

このように，インターネットは世界規模のネットワークであり，日本国内においても広く普及し，いつでも誰でも容易に閲覧することが可能なも

のとなっているところ，インターネット上で名誉やプライバシー等を侵害する表現行為がされた場合には，当該表現が常に世界中から閲覧可能な状態となるだけでなく，インターネット上の検索サービス等を利用することによって誰でも容易に当該表現にアクセスすることができ，短時間で容易に複製・拡散し得る状態に置かれることとなる（Q１参照）。これらの事情に鑑みれば，インターネット上で名誉やプライバシー等を侵害する表現行為がされた場合には，一般的に債権者が重大な損害を被るおそれが高く，事後的な金銭による損害賠償のみでは救済が不可能又は不十分となる場合が多いと考えられる。したがって，債権者において，その名誉やプライバシー等を侵害する表現行為がインターネット上に投稿されていることに加え，当該投稿記事によって受けている，又は受けるおそれが大きい損害を具体的に主張・疎明した場合には，通常は保全の必要性が肯定されるものと思われる。

　なお，ある者のプライバシーを侵害する表現行為がインターネット上において拡散していることをその者が認識しながら，相当長期間が経過した後に，インターネット検索サービスの事業者に対して，検索結果中にある当該表現行為がされているホームページのURL等情報の削除を求める事案等に関しては，**Q24**を参照されたい。

イ　債権者は，著しい損害又は急迫の危険が生ずることを基礎づける客観的かつ具体的な事情として，インターネット上で自己の名誉やプライバシー等を侵害する表現行為がされており，当該投稿記事によって現に損害を受けていること，又は今後受けるおそれが大きいことを疎明する必要がある。実務上は，当該投稿記事が表示されている画面をプリントアウトしたもののほか，債権者の陳述書等の資料によって疎明しているのが実情である。

(2)　コンテンツプロバイダに対する発信者情報開示の仮処分

ア　コンテンツプロバイダに対しアクセスログに含まれる総務省令所定の発信者情報の開示を求める仮処分については，保全の必要性が肯定されることが多いが，その理由については，**Q22**を参照されたい。

イ　なお，名誉やプライバシー等を侵害する表現行為が投稿されてから仮

処分の申立てまでに３か月以上が経過している場合であっても，コンテンツプロバイダ及び経由プロバイダにアクセスログが保存されている可能性がないとはいえない以上，直ちに保全の必要性が否定されるわけではないと考えられる。

　また，仮にコンテンツプロバイダの運営する電子掲示板に書込みを行った者が，経由プロバイダを通してではなく，個人としてIPアドレスを獲得したサーバを用いてインターネットに接続した場合には，コンテンツプロバイダから開示を受けたIPアドレスにより，株式会社日本レジストリサービス（JPRS）等が提供するドメイン名登録情報検索サービスを利用して，当該サーバを管理する発信者を特定することができる可能性がある。しかし，そのような事案は実務上きわめて稀であるから，その可能性があることを理由に保全の必要性が否定されるということはできないと考えられる。

ウ　債権者は，著しい損害又は急迫の危険が生ずることを基礎づける客観的かつ具体的な事情として，経由プロバイダのアクセスログの保存期間が限られており，債務者に対する本案判決を待っていたのでは経由プロバイダが保存する発信者情報が消去されてしまうおそれがあることを疎明する必要がある。経由プロバイダは多数あり，そのすべてについて調査を行うのは事実上不可能であるから，実務上は，①大手経由プロバイダ数社に対する弁護士法23条に基づく照会書及び同照会に対する回答書や電話聴取による報告書，又は，②経由プロバイダのアクセスログの保存期間に関する文献等によって疎明しているのが実情である。

(3) 経由プロバイダに対する発信者情報消去禁止の仮処分

ア　前述のとおり，大手の経由プロバイダはアクセスログを概ね３か月程度と短期間しか保存していない。そうすると，仮処分によってコンテンツプロバイダからアクセスログの開示を受け，開示されたアクセスログから経由プロバイダを割り出し，本案訴訟によって経由プロバイダに対し投稿者の住所・氏名等の情報の開示を求めたとしても，判決が確定するまでの間に経由プロバイダが保存するアクセスログが削除されてしまい，発信者の特定が不可能となってしまう可能性が高い。したがって，あらかじめ，

経由プロバイダに対し，本案判決が確定するまでの間，発信者情報を消去しないよう求めておく必要があるといえる。他方で，経由プロバイダに対しては，仮処分の段階では発信者情報の消去禁止のみ命じておき，本案訴訟において，投稿者の住所，氏名，メールアドレスの開示の可否を判断すれば，本案訴訟による権利救済の道を確保することができる。また，経由プロバイダは，仮処分により発信者情報の消去禁止を命じられたとしても，不利益又は損害はそれほど大きくはない（詳細は**Q22**参照）。

したがって，経由プロバイダに対する発信者情報の消去禁止の仮処分については，他の手段を用いて発信者情報を特定することができると認められる場合を除き，保全の必要性が肯定されることが多いと考えられる。

イ 債権者は，著しい損害又は急迫の危険が生ずることを基礎づける客観的かつ具体的な事情として，経由プロバイダのアクセスログの保存期間が限られており，経由プロバイダに対する発信者情報開示請求訴訟の判決を待っていたのでは経由プロバイダが保存する発信者情報が消去されてしまうおそれがあることを疎明する必要がある。

疎明資料については，前記2(2)**ウ**で述べたとおりである。

[参考文献]

竹下＝藤田181頁，八木＝関(上)Q74，75，最新裁判実務大系3・437頁，東京地方裁判所プラクティス委員会第一小委員会「名誉毀損訴訟解説・発信者情報開示請求訴訟解説」判タ1360号4頁，野村25頁以下，鬼澤友直＝目黒大輔「発信者情報の開示を命じる仮処分の可否」判タ1164号4頁，高原知明「最高裁重要判例解説／検索事業者に対し，自己のプライバシーに属する事実を含む記事等が掲載されたウェブサイトのURL並びに当該ウェブサイトの表題及び抜粋を検索結果から削除することを求めることができる場合」Law & Technology76号81頁

（太田章子）

Q22 保全の必要性から見た経由プロバイダに対する発信者情報開示仮処分の限界

　経由プロバイダに対する，投稿者の住所，氏名，メールアドレスの開示を求める仮処分が認められないのはなぜか。これに対し，コンテンツプロバイダに対する，IPアドレスやタイムスタンプの開示を求める仮処分が認められるのはなぜか。

【参照条文】プロバイダ責任制限法4条1項，総務省令，法23条2項

答　経由プロバイダに対しては，仮処分の段階では発信者情報の保存（消去禁止）のみを命じておき，本案訴訟において，投稿者の住所，氏名，メールアドレスの開示の可否を判断すれば，本案訴訟による権利救済の道を確保することができる。したがって，経由プロバイダに対する，投稿者の住所，氏名，メールアドレスの開示を求める仮処分は，保全の必要性を欠くこととなるため，認められない。
　これに対し，コンテンツプロバイダに対しては，IPアドレスやタイムスタンプが発信者を特定するためには不可欠であって削除される前に開示を求める必要が高いことや，IPアドレスやタイムスタンプは発信者の特定に直接結びつかず，経由プロバイダに対して投稿者の住所，氏名等の情報の開示を命ずる本案判決と同様の結果をもたらすものとはいえないことから，IPアドレスやタイムスタンプの開示を求める仮処分を認めることができる。

1　経由プロバイダに対する仮処分と保全の必要性

　経由プロバイダは，利用者に対してサービスの利用料金を徴収する都合上，利用者の住所，氏名，メールアドレス等の情報を保有しているのが通常である。しかし，住所，氏名，メールアドレス等の情報は投稿者の特定に直接結びつくものであることから，経由プロバイダに対する投稿者の住

所，氏名，メールアドレス等の情報の開示を求める仮処分を認めると，経由プロバイダに対して投稿者の住所，氏名等の情報の開示を命ずる本案判決と同様の結果をもたらすこととなり，後に本案訴訟において開示請求を棄却する旨の判決がされたとしても，仮処分によって開示された情報を事後的に元の状態に戻すことはできないことから，投稿者に与える不利益が大きい。他方で，経由プロバイダに対しては，仮処分の段階では発信者情報の保存（消去禁止）のみを命じ，本案判決において発信者情報の開示の可否を判断すれば，本案訴訟による権利救済の道を確保することができる。したがって，経由プロバイダに対する，投稿者の住所，氏名，メールアドレスの開示を求める仮処分は，保全の必要性を欠くこととなるため，認められない。

2　コンテンツプロバイダに対する仮処分と保全の必要性

　これに対し，経由プロバイダは，一般的にIPアドレスやタイムスタンプなどの情報（アクセスログ）を比較的短期間（概ね3か月程度）しか保存していないため，コンテンツプロバイダに対し本案訴訟によってIPアドレスやタイムスタンプの開示を求めたのでは，判決が確定するまでの間に，経由プロバイダが保存するIPアドレスやタイムスタンプが削除されてしまい，発信者の特定が不可能となる可能性が高いことから，仮処分による開示請求を認める必要性が高い。また，仮処分による開示請求を認めたとしても，コンテンツプロバイダが開示するIPアドレスやタイムスタンプそれ自体は，数字の列や特定の時刻を示すものにすぎず，発信者の特定に直接結びつかないことから，経由プロバイダに対して投稿者の住所，氏名等の情報の開示を命ずる本案判決と同様の結果をもたらすものとはいえず，コンテンツプロバイダ，ひいては発信者に与える不利益も小さい。したがって，コンテンツプロバイダに対する，IPアドレスやタイムスタンプの開示を求める仮処分は，発信者の情報を他の手段を用いて特定することができる場合を除き，認められると考えられる。

3 複数のプロバイダを経由している場合

なお，発信者が複数のプロバイダを経由している場合（例えば、発信者→第1経由プロバイダ→第2経由プロバイダ→コンテンツプロバイダといった経路で記事が投稿された場合）には，発信者の住所，氏名，メールアドレス等の情報を保有しているのは第1経由プロバイダであり，第2経由プロバイダが保有するのは第1経由プロバイダを経由して接続された際のIPアドレスやタイムスタンプであるから，第2経由プロバイダが保有している発信者情報のみでは発信者を特定することは不可能である。したがって，この場合には，第2経由プロバイダに対し，発信者情報の保存（消去禁止）ではなく，その開示を命ずる仮処分の申立てを行う必要があると考えられる。

[参考文献]

八木＝関[上]Q75，東京地方裁判所プラクティス委員会第一小委員会「名誉毀損訴訟解説・発信者情報開示請求訴訟解説」判タ1360号4頁，野村25頁，鬼澤友直＝目黒大輔「発信者情報の開示を命じる仮処分の可否」判タ1164号4頁

（太田章子）

Q23 将来の投稿を禁止する仮処分

人格権侵害となる投稿記事の投稿者に対して，現在の投稿記事の削除に加えて，将来の同種投稿を禁止する仮処分の申立ては可能か。

【参照条文】法23条2項～4項，24条

答 当該記事を投稿する蓋然性が高い者を債務者とし，将来の同種投稿を禁止する仮処分を申し立てることは可能であるが，このような申

> 立てを認容することは，既に存在する記事の削除を求める仮処分に比して，投稿者である債務者の表現の自由に対する重大な制約になることに鑑み，債権者には申立ての趣旨を十分特定させた上，慎重に判断することが必要である。

1 総　論

　インターネット関係仮処分において，一般的な類型である投稿記事削除仮処分命令申立事件は，既に投稿され，公開されている投稿記事の削除を求めるものである。

　一方で，本問では，既にある記事の削除のみならず，将来の同種投稿を禁止するものであるから，投稿者の表現の自由に対する制約は，既に存在する記事についての投稿記事削除仮処分命令申立事件に比してより重大なものというべきである。しかし，人格権に基づく差止請求権としては，既に存在する妨害を排除する請求権のみならず，妨害予防請求権も観念し得るから，かかる妨害予防請求権が成立する場合，例えば，いわゆるリベンジポルノなど投稿者により債権者のひわいな写真が繰り返しインターネット上に投稿され，公開されている場合や，債権者の個人情報（氏名のみならず，住所や電話番号等）が繰り返しインターネット上に投稿され，公開されている場合など当該記事により債権者の人格権が著しく侵害されている場合については，将来の同種投稿を禁止する必要性が高いものとして，人格権に基づく妨害予防請求権を被保全権利とする仮処分が可能な場合があり得ると思われる。

　そこで，本問のような申立てが認められるかどうか以下検討する。

2　債務者について

(1)　投稿者に対する申立てについて

　将来の投稿を禁止する仮処分においては，当該記事を投稿しようとする者が債権者によって特定されている場合には，債務者となり得る。そのため，債権者としては，被保全権利及び保全の必要性の要件として，既に投

稿された削除を求める記事について，債務者が投稿したことを疎明し，同人が今後も同種の投稿を行う蓋然性が高いことを疎明する必要がある。

　この場合，債権者としては，投稿者を特定するため，既に投稿された記事について，コンテンツプロバイダに対し，発信者情報を求める仮処分を申し立て，これにより判明した経由プロバイダに対し，必要に応じて発信者情報消去禁止を求める仮処分の申立て，投稿者に係る発信者情報開示訴訟を提起して投稿者を特定する手続を行うことが考えられる（これらの手続の詳細については，Q3ないしQ7参照）。また，これらの手続を行うまでもなく，投稿者が特定できる場合，例えば，債務者が既に投稿された記事について，自らが投稿したことを認めている場合や，当該記事の内容からして，債務者以外の者が投稿することが考えられないような場合については，これらの事情についての疎明資料を提出し，債務者が投稿者であることを疎明する必要がある。一方，債務者が，これまで，債権者の人格権等を侵害する投稿をしたことがなくても，債務者の発言や態度等により，債権者の人格権等を侵害する記事を投稿する蓋然性が高いと認定することもあり得ないではない。しかし，債務者がインターネット上の掲示板等に記事を投稿することは比較的容易であることからすると，債務者がこれまで債権者の人格権等を侵害する記事を投稿したことがないにもかかわらず，上記のような認定をすることは，例えば債務者が債権者のプライバシーに属する情報をインターネット上へ投稿する旨告知して債権者を脅迫したなどの特段の事情がある場合を除き，きわめて慎重とならざるを得ない。

(2) **コンテンツプロバイダに対する申立てについて**

　既に投稿された記事についての投稿記事削除の仮処分の申立てについては，コンテンツプロバイダを債務者にする場合も多い（詳細については，Q15を参照）ため，将来の同種記事の投稿禁止の仮処分（コンテンツプロバイダに対しては，将来，同種記事が掲載された場合，直ちに削除を行うよう求める申立てになるものと解される。）についてコンテンツプロバイダが債務者となるかどうかが問題となる。

　そこで検討すると，コンテンツプロバイダについてこのような申立てを認めた場合，コンテンツプロバイダは，特定の記事を発見するため，常

時，インターネット上の掲示板等を監視し，特定の内容の記事を検索した上，発見した記事について仮処分により禁止されている記事かどうかをコンテンツプロバイダにおいて判断し，当該記事が仮処分により禁止されている記事だと判断した場合，これを消去することを義務付けることとなる。しかも，投稿される記事は，一つとは限らず，相当程度長期にわたり，相当程度多数にのぼる場合も容易に想定できる。このような事情を併せて考慮すると，債権者の人格権を侵害するような記事を直接投稿するわけではないコンテンツプロバイダに対し，このような申立てを認めることは，コンテンツプロバイダにとって，著しく過大な負担を強いることになり，コンテンツプロバイダに対し，条理上もこのような義務を認めるのは相当ではないというべきである。

そうすると，債権者が，コンテンツプロバイダに対し，既に存在する投稿記事の削除に加え，将来の投稿された記事の掲載禁止まで求めることはできず，コンテンツプロバイダは，このような申立ての債務者とはならないものと解するのが相当である。

3　申立ての趣旨について

(1)　申立ての趣旨の特定

将来の投稿を禁止する仮処分を申し立てるに当たっては，申立ての趣旨の内容が特定できているか及び禁止する範囲が必要な範囲を超えていないかについて，特に検討を要する。そして，申立ての趣旨の特定については，①投稿することを禁止される記事の内容及び②投稿することを禁止される掲示板等をできる限り特定する必要があるものと解される。

(2)　投稿することを禁止される記事の内容の特定

まず，①投稿を禁止される記事の内容の特定については，単に「債権者の名誉を毀損する記事」などと抽象的に記載したのみでは足りず，債務者がこれまで投稿してきた債権者の人格権を侵害する記事の内容や債権者と債務者との間で，禁止の対象となる記事についての事前交渉ややりとり等が行われていた場合については，債務者の発言内容や債務者の反応等も考慮した上，債務者によって投稿されることが予想される記事の内容及び当

該記事によって侵害される債権者の人格権等の内容をできる限り具体的に特定する必要がある。

(3) **投稿することを禁止される掲示板等の特定**

また，②投稿することを禁止される掲示板等の特定については，債務者が特定の掲示板やブログ等に複数回，連続して債権者の人格権を侵害する記事を掲載しているような場合，仮処分の申立てを行うに当たっては，当該掲示板やブログ等に債権者の人格権を侵害する記事を投稿することを禁止すれば足りるから，債権者は，申立ての趣旨に当該掲示板やブログ等のタイトル，URLを記載するなどして，前記(2)記載のとおり特定された記事の投稿が禁止される掲示板やブログ等を特定する必要がある。

4 審　尋

将来の投稿を禁止する仮処分は，仮の地位を定める仮処分であり，原則として債務者審尋を要する（法23Ⅳ）ので，債務者を呼び出した上で審尋を行うこととなる。

審尋においては，債務者が，債権者の主張する記事（既に投稿している記事）を投稿していないとし，将来も投稿するつもりはないなどと主張することも十分予想されるため，申立て時の債権者面接の際に投稿者が債務者であることを十分疎明できているかを検討する必要がある。

また，債務者審尋の際には，債務者が，既に投稿した債権者の人格権を侵害する記事や今後投稿する同種記事の内容に関する主張として，債権者の悪性を詳細に主張する場合もある。しかし，このような事情は，債務者が債権者の人格権を侵害する記事をインターネット上に投稿し，今後投稿することについての不当性を判断する際の考慮要素にすぎない。かえって，こうした債務者の主張によって，債務者が将来，債権者の人格権を侵害するような記事を投稿する蓋然性が基礎づけられ，当該記事を投稿することを禁止する必要性があることを認定し得る場合もある。そのため，債務者側に当該記事の投稿を希望する何らかの事情があったとしても，当該記事をインターネット上に投稿し，第三者に公開する必要があるかどうかという観点からした場合，このような事情が被保全権利の存否の判断にお

いてどの程度重視されるべきかについては，慎重に検討する必要がある（もっとも，名誉権侵害を理由とする申立ての場合，債務者の主張する事実や事情が，当該記事の内容の真実性の抗弁を基礎づけるものである場合もあるので，審尋の場において，債務者の主張する事情が要証事実との関係でどのような意味があるのかについては，慎重に検討する必要がある。）。

5 発　　令

　審尋を経た上で，裁判所において，発令の必要があると判断した場合には，担保決定をし，仮処分命令を発令することとなる。担保額については，前記1のとおり，将来の投稿を禁止する仮処分による債務者の表現の自由に対する制約は，一般の投稿記事削除仮処分命令申立事件に比してより重大なものというべきであるから，通常は，一般の投稿記事削除の仮処分命令申立事件に比してより高額になるものと思われるが，債務者が投稿しようとしている記事の内容を検討し，債権者の被る不利益の程度，債務者が当該記事を投稿することの不当性の程度，債務者がこれまで同種記事を投稿した頻度，今後同種記事を投稿する蓋然性の高さ等を考慮した上，決定されることとなる。

［参考文献］
　本文記載のもの

　　　　　　　　　　　　　　　　　　　　　　　　　　（小谷岳央）

第 4 節 インターネット特有の問題

Q24 検索事業者に対する検索結果の削除請求

検索サイトを運営する検索事業者に対し，人格権侵害を理由として検索結果の削除を求めることができるのはどのような場合か。

【参照条文】 憲法21条，民法2条，198条，199条

答 表現の自由とプライバシー権を等価値的に比較衡量するとの立場を基本にして，必要な考慮要素を考慮の上，当該事実を公表されない法的利益と当該URL等情報を検索結果として提供する理由に関する諸事情を比較衡量して判断し，当該事実を公表されない法的利益が優越することが明らかな場合には，ネット上の記事においてプライバシーに属する情報を公表された者は，上記検索事業者に対し，当該記事に係るURL等情報（タイトル，URL及びスニペットの全部）を検索結果から削除することを求めることができる。上記にいう「明らか」とは，削除の可否に関する判断が微妙な場合における安易な検索結果の削除は認められるべきではないという観点から付された実体的な要件であり，削除請求の範囲を必要以上に狭くする趣旨ではない。

1 問題の所在

検索事業者に対して検索結果を表示しない措置を求める根拠は，侵害行為の差止めの一類型と捉えることができる。このような検索サービスにおける検索結果について，他の表現行為と同一の判断基準で差止請求権の成否を判断してよいか，削除請求が認められる範囲は，検索サイトがイン

ターネットを利用する上で不可欠のものとなっている現状等を考慮すれば，より狭いのではないか，という問題が生じる。

議論の分かれる困難な問題であったが，最決平29.1.31（民集71巻1号63頁。以下「平成29年決定」という。）は，この場合の判断基準を示した。以下では，この決定を中心にこの問題について解説することとしたい。

2 平成29年決定の概要

(1) 事案の概要及び手続経過

平成29年決定の事案は，インターネット上で債務者（検索事業者）が提供する検索サービスにおいて，債権者の氏名等を検索すると，債権者の逮捕歴（約5年前の児童買春行為によるもの）を含む内容の検索結果が複数表示されるため，債務者が，検索結果の仮の削除を命ずる仮処分を申し立てた，というものである。

さいたま地裁は，この申立てを認容し（さいたま地決平27.6.25判時2282号83頁），その保全異議審（さいたま地決平27.12.22判時2282号78頁）では上記決定を認可したが，抗告審の決定（東京高決平28.7.12判時2318号24頁。以下「原決定」という。）では債権者の申立てを却下した（これらの決定の内容等については，**Q20**参照）。この原決定に対し，債権者が特別抗告と許可抗告を申し立てたが，平成29年決定は，そのうち，許可抗告に対する決定である。

(2) 平成29年決定の判断内容

平成29年決定は，要旨，「利用者の求めに応じてインターネット上のウェブサイトを検索し，ウェブサイトを識別するための符号であるURLを検索結果として当該利用者に提供する事業者が，ある者に関する条件による検索の求めに応じ，その者のプライバシーに属する事実を含む記事等が掲載されたウェブサイトのURL並びに当該ウェブサイトの表題及び抜粋（URL等情報）を検索結果の一部として提供する行為が違法性の有無について，当該事実の性質及び内容，当該URL等情報が提供されることによって当該事実が伝達される範囲とその者が被る具体的被害の程度，その者の社会的地位や影響力，上記記事等の目的や意義，上記記事等が掲載さ

れた時の社会的状況とその後の変化，上記記事等において当該事実を記載する必要性など，当該事実を公表されない法的利益と当該 URL 等情報を検索結果として提供する理由に関する諸事情を比較衡量して判断し，当該事実を公表されない法的利益が優越することが明らかな場合には，上記の者は，上記検索事業者に対し，当該 URL 等情報を検索結果から削除することを求めることができる。」，との判断基準を示したが，事案の解決としては，許可抗告の申立てを棄却した。

3　平成29年決定の位置づけ

　検索事業者に対し検索結果の削除を請求した場合，削除の可否の判断基準に関する平成29年決定以前の裁判例は，概ね三つの潮流に分類できる（髙原知明「最近の判例から」ひろば平成29年6月号47頁以下。なお，本論文の筆者は，平成29年決定を担当された最高裁調査官（当時）である。）。

(1)　等価値的比較衡量により判断するもの（A説）

　「ノンフィクション「逆転」事件」最高裁判決（最判平6.2.8民集48巻2号149頁）のように，表現の自由と人格的利益を等価値的に比較衡量し，人格的利益が優越する場合に削除を肯定するものである。このような等価値的比較衡量は，従前から，プライバシーの利益と報道する自由の調整原理として基本的な考え方であり（三村晶子・最判解説民平15年160頁），東京地裁保全部も，検索結果の削除に関しては，平成29年決定前からA説に立って運用してきたところである。

　具体的には，「ノンフィクション「逆転」事件」最高裁判決は「前科等にかかわる事実については，これを公表されない利益が法的保護に値する場合があると同時に，その公表が許されるべき場合もあるのであって，ある者の前科等にかかわる事実を実名を使用して著作物で公表したことが不法行為を構成するか否かは，その者のその後の生活状況のみならず，事件それ自体の歴史的又は社会的な意義，その当事者の重要性，その者の社会的活動及びその影響力について，その著作物の目的，性格等に照らした実名使用の意義及び必要性をも併せて判断すべきもので，その結果，前科等にかかわる事実を公表されない法的利益が優越するとされる場合には，そ

の公表によって被った精神的苦痛の賠償を求めることができる」と判断している。

(2) 比較衡量によるが，被害の重大性・回復困難性などの要件を付加するもの（B説）

「石に泳ぐ魚」事件控訴審判決（東京高決平13.2.15判タ1061号289頁），平成29年決定の原決定や札幌高決平28.10.21判タ1434号93頁がこれに属する。

例えば，「石に泳ぐ魚」控訴審判決は，「どのような場合に侵害行為の事前の差止めが認められるかは，侵害行為の対象となった人物の社会的地位や侵害行為の性質に留意しつつ，予想される侵害行為によって受ける被害者側の不利益と侵害行為を差し止めることによって受ける侵害者側の不利益とを比較衡量して決すべきである。そして，侵害行為が明らかに予想され，その侵害行為によって被害者が重大な損失を受けるおそれがあり，かつ，その回復を事後に図るのが不可能ないし著しく困難になると認められるときは事前の差止めを肯認すべきである。」と説示している。

(3) 「検索事業者＝情報の媒介者」論を採用するもの（C説）

これは，検索事業者は，自ら違法な表現をしているわけではなく，もっぱら，表現者と利用者との情報を価値中立的に媒介する地位にあるにすぎないから，収集元ウェブサイトの記事の記載内容にかかわらず，中立公平に検索結果を表示すべきなのであって，検索結果の削除義務はきわめて限定的に認めるべき，とする議論である（宍戸＝門口＝山口74頁〔門口発言〕，同旨，松井＝鈴木＝山口84頁〔宍戸常寿〕）。

4 平成29年決定で判断されたこと

(1) C説の排斥

ア 検索結果は検索事業者の表現行為である

平成29年決定は，検索結果は検索事業者の表現行為という面があることを明確に肯定し，検索事業者を単なる情報の媒介者と位置づけるC説を排斥した。

すなわち，検索サービスは，各種ウェブサイトをクロールして（＝自動

巡回プログラムがウェブ上のサイトを読み込んで），情報の複製（キャッシュ）を保存し，この複製に基づいてインデックスデータ（＝索引）をつくるなどして情報を整理し，このインデックスデータを，利用者が示した一定の検索条件に従って抜き出し，この抜き出したものを，あらかじめ定めたアルゴリズム（＝サイトの検索順位を自動的に決定するための計算方法）に基づいて検索結果として利用者に提供するという仕組みでできており，収集元ウェブサイト掲載の情報の一部を機械的に切り貼りするわけではない。その際の表示の順序等を決めるアルゴリズムは，検索事業者の意図した結果を得るように設計作成されたものであるから，検索結果は検索事業者の表現行為という性格を否定できず，検索事業者を単なる情報の媒介者と位置づけることはできない。

ただし，検索結果の表示を検索事業者の表現行為のみに還元して評価できるかどうかは見解が分かれ得るところであり，平成29年決定は，検索結果の表示には公衆に対する情報提供という情報通信インフラとの側面もあることを否定したものではないと考えられる（**ア**全体につき，髙原・前掲50頁）。

イ　検討されるべき報道の例

以上に述べた，表示の順序等を決めるアルゴリズムは検索事業者の意図した結果を得るように設計作成されたものである，という点については，例えば，ある検索事業者が，収集元ウェブサイト側の人為的な操作により当該ウェブサイトの検索結果の表示順位を引き上げたことに対して，当該ウェブサイト（企業サイトやまとめサイトなど）の検索結果における順位を強制的に下げるペナルティを相次いで科した旨の報道（平成29年3月9日付朝日新聞）も存在することからも裏付けられる（別の事案を報道した例として，同年6月28日付朝日新聞及び日本経済新聞も参照されたい。）。

ウ　検索サービスを公共図書館のレファレンスサービスと同視することは可能か

また，検索事業者の提供する検索サービスを公共図書館のレファレンスサービスと同視した上で，船橋市図書館事件判決（最判平17.7.14民集59巻6号1569頁）を援用し，公共図書館職員が安易に蔵書を廃棄することが許

されないのと同様，検索事業者が検索結果を安易に削除することは許されないとする説もある。しかし，公共図書館の職員は図書館法2，3条などを根拠として公正に図書館資料を取り扱うべき職務上の義務を負担している（上記最判参照）のに対し，検索事業者は，これと同内容の法律上の義務を負っていないばかりか，前記アのとおり，検索結果は検索事業者の意図した結果が得られるようになっているのが現実である。さらに，営利企業たる検索事業者による検索サービスの提供は，利用者が検索の際に広告を閲覧することにより広告主から徴収される広告収入を得るというビジネスモデルに基づいているのであり，公益を目的とする公共図書館のレファレンスサービスとは性質が異なる。加えて，公共図書館の蔵書については，図書自体に著作者や出版社が明示され責任の所在が明らかになっていて他人の権利を侵害するような内容の図書の出版はおのずから限定される上，蔵書にする段階においても一定の選別がされるのに対し，インターネット上の表現には，匿名でなされたため責任の所在が判明しないものや他者の人格権を侵害するものが多数含まれている点でまったく異なるものである。よって，検索サービスを公共図書館のレファレンスサービスと同視することはできず，上記の説は採用できない。

(2) **B説の排斥**

ア　**平成29年決定とB説の説示内容の比較**

平成29年決定は，B説のいう「侵害行為が明らかに予想されること」，「被害者が重大な損失を受けるおそれ」，「その回復を事後に図るのが不可能ないし著しく困難」を差止めの実体的要件ないしその考慮要素としていない。このことは，平成29年決定の「当該事実を公表されない法的利益が優越することが明らかな場合」という記述と，B説の記述が明らかに異なっていることから裏付けられる。したがって，平成29年決定は，原決定が採用したB説を排斥したものと理解される。

B説のように，削除請求が認められる要件として被害の明白性・重大性などの要件を課すと，ほとんどの場合に，表現の自由が優先され，検索結果の削除が認められなくなることを考慮したものと思われる（高原・前掲50頁参照）。

イ 「石に泳ぐ魚」事件控訴審判決の位置づけ

なお，「石に泳ぐ魚」事件について付言するに，同事件の最高裁判決（最判平14.9.24裁判集207号243頁）は，控訴審判決が差止めを認めた結論を「違法ではない」と判示したにとどまり，控訴審判決の示した差止めの要件を積極的に是認したものではないことに留意されるべきである（髙原・前掲50頁）。

(3) 削除の範囲について
ア A説の採用

以上述べたとおり，平成29年決定は，B説及びC説を排斥したのであって，基本的にはA説の立場に立つもの，すなわち，「ノンフィクション「逆転」事件」最高裁判決等，印刷メディアの伝統的な法理を出発点とし，その延長上にあるものと理解することが自然であろう（髙原・前掲50頁）。

イ 法的利益の優越が「明らか」とは

しかしながら，削除を緩やかに認めると，検索事業者の活動の根幹を制約しかねない。また，検索サービスは，インターネット上の情報流通の基盤として，現在，大きな役割を果たしているため，簡単に検索結果の削除に結びつけるのも適切とはいえない。

そこで，平成29年決定は，「明らか」という要件を付した。

このように，「明らか」とは，「ノンフィクション「逆転」事件」最高裁判決等が採用した等価値的利益衡量論の延長線上で審理判断することを前提に，削除の可否に関する判断が微妙な場合における安易な検索結果の削除は認められるべきではないという趣旨の実体的要件であって，証明の程度についての要件ではなく，かつ，削除を認めるためにきわめて高いハードルを課する趣旨ではないと解される（同旨，髙原・前掲50頁）。したがって，「明らか」という文言を根拠にして削除請求を認める範囲を極端に絞り込むことは，①実質的にはB説やC説を採用したのに等しい結果を招きかねず，B説やC説を排斥した平成29年決定の示す判例法理に違背するばかりか，②加えて，紙媒体ではプライバシーの法的利益が優越する場合でも，オンラインの情報ではプライバシーの法的利益が優越することが「明

らかな」場合には該当しない，という二重の基準がつくりだされてしまう可能性があるが（宮下紘「忘れられる権利」判時2318号4頁），そのような二重の基準の存在を正当化する根拠は見当たらないから，「明らか」に該当する範囲を極端に絞り込む解釈は，平成29年決定の正当な理解とは言い難い。

ウ　人格的利益の保護範囲を狭めることを正当化する根拠はあるのか

結局のところ，等価値的利益衡量論は，表現の自由も，人格権（人格的利益）も，いずれも個人の権利利益として不可欠であり等しく尊重されるべきであるという考え方を出発点としているにもかかわらず，本問のような事案において表現の自由の保障範囲を広げることは，人格権によって保護される範囲を著しく狭める結果を招くが，等価値的利益衡量論から出発しながら人格権に対するこのような厳しい制約が何ゆえ肯定されるのか，納得できる根拠・説明が存在するのか，という問題も考慮して，「明らか」という文言を理解すべきであろう。

エ　削除を否定した検索事業者の判断に対する司法審査の必要性

なお，髙原・前掲52頁は，「我が国において検索事業者に対して検索結果の削除を求める場合，当事者間で任意の交渉を経た上でなお検索事業者が任意削除に応じないときに裁判所に事件が持ち込まれることが多く，実質的な判断対象は，検索事業者が第一次的に削除が相当でないと判断した結果であることが多いであろう。このような通常の交渉過程を経ている事案においては，この検索事業者による第一次的判断に至る過程や当該判断の合理性に対する評価いかんが，前記の「明らか」性評価に当たっての一つのポイントになっていくものと考えられる。」と指摘しておられる。

(4)　検索事業者に対する削除請求の補充性の排斥

本問に関しては，検索結果に表示された収集元ウェブサイトのウェブサイト上の記事の削除を求めれば被害者の権利救済として足りるから，検索事業者は検索結果についての削除義務を原則として負わないのであって，収集元ウェブサイト記事が削除できない場合にのみ，補充的に検索事業者に削除請求できる，とする説（検索事業者に対する請求の補充性を認める説）が存在する（情報法概説295頁，松井＝鈴木＝山口84頁〔宍戸常寿〕など）。

しかし，平成29年決定は，その決定文から明らかなとおり，リンク元サイトへの削除請求があったことを検索事業者に対する削除請求の要件とはしていないから，補充性の主張は排斥されたと見るべきである。
　この点に関し，栗田昌裕教授は「検索結果の表示とウェブページへの掲載では，被害者が受ける損害の程度が異なり得る。というのも，一般の利用者にとっては，氏名を用いた検索の結果として表示される情報の方が参照しやすく，侵害情報の拡散を容易にするといえるからである。さらには，ウェブ上の情報が複製され拡散されることを考慮すれば，検索結果の削除請求についてリンク先ウェブページへの削除請求を要件としたのでは，プライバシーの実効的かつ十分な保護は図れないおそれがある。侵害情報を複製して公表するウェブサイトが多数にのぼる可能性があるほか，そうしたウェブサイトの発信者や媒介者が国外にあり，権利の行使が困難であることも考えられるからである。」と指摘しておられる（栗田昌裕「プライバシーと「忘れられる権利」」龍谷法学49巻4号305頁〔引用個所は同327頁〕）。

(5)　**タイトルやスニペットの一部のみの削除の否定**
ア　「URL等情報」の削除
　検索事業者側からは，しばしば，検索結果のうち表題（タイトル）及び抜粋（スニペット）部分の削除とURL部分の削除を峻別して検討し，仮に検索結果のなかに違法な表現があるとしても，検索結果の削除が認められるのは，検索結果のタイトルやスニペットのなかの違法な表現の部分のみであり，URL・タイトル・スニペットを全部削除することは，表現の自由に対する過剰な制約となると主張される場合があった。
　平成29年決定は，同決定で示した判断基準を満たした場合には，当該「URL等情報」を削除できるとしているから，同決定で示した判断基準が満たされる限り，「URL等情報」の全部が削除されるべきと判示されているものであり，タイトルやスニペットの一部のみを削除するという結論を導くことはできない。したがって，上記主張は，平成29年決定によって排斥されたと理解すべきである。
　実際上も，タイトルやスニペットのみの削除を原則とすると，検索結果

としてURLだけが残る事態が容易に想像できるが，そのような事態は，かえって利用者の関心を惹いて収集元ウェブサイトへのアクセスを助長する結果ともなりかねず，問題があると思われる（以上につき髙原・前掲52頁）。

イ　最決平成24年7月9日との関係

なお，最決平24.7.9判タ1383号154頁（児童ポルノを掲載したウェブサイトのURLをホームページ上に明らかにした行為の可罰性が争われた事案）は3対2に分かれており，児童ポルノ公然陳列罪の構成要件に該当しない旨の大橋裁判官反対意見（寺田裁判官同調）が付されている。しかし，この反対意見は，被告人の行為の当罰性の有無についてではなく，罪刑法定主義の見地から当該行為を正犯として処罰できるかを論じたものであり，かつ，同意見中の「本件については幇助罪が成立する余地もあることから（中略）幇助罪の成否についてさらに審理を尽くさせるため」という文言や，「被告人の行為は社会的には厳しく非難されるべきものであり」という文言からは，同意見は，当該行為が児童ポルノ公然陳列罪の幇助として処罰できる余地があると考えられていたものと推測される。よって，この反対意見が上記アの判断の妨げとなるものではない。

(6)　比較衡量時の考慮要素

ア　考慮要素の具体化

平成29年決定は，比較衡量をする際の考慮要素として六つの要素をあげている。

これらのうち，後半の三つの考慮要素にいう，「上記記事」とは，いずれも，収集元ウェブサイトの記事を指すものと理解される。平成29年決定は，「URLを削除し，リンクを遮断するのはどのような場合か」という視点で検討していると理解できるので，収集元ウェブサイトの記事も考慮要素になると整理されたのであろう（髙原・前掲51頁）。

イ　検索サービスの役割や重要性は考慮要素ではない

平成29年決定は，原決定が考慮要素とした被害の明白性，重大性や回復困難性を考慮要素とせず，B説を排斥したことは既に述べたとおりである。

加えて，原決定は，比較衡量時の考慮要素のなかに，検索サービスの役

割や重要性という考慮要素をあげていたが，平成29年決定ではこの考慮要素がなくなっている点にも注目すべきである。これは，「検索サービスの性格や重要性等をも考慮要素として取り込む判断枠組みを採ることは，現時点における人格的な権利利益の保護範囲を事実上狭めることになることが懸念される。」（髙原・前掲50頁），と解説されている。

以上のとおり，原決定と平成29年決定のそれぞれの決定文を比較検討すると，両者は，判断基準も（前記(2)ア），考慮要素も，異なっており，平成29年決定は原決定よりも削除を認める範囲を広げていることが明白に読み取れる。したがって平成29年決定中にある「明らか」という一語のみをもって，「平成29年決定は表現の自由を重視した」と理解することは問題がある。

ウ　審理のあり方

上記アで述べた整理に従えば，収集元ウェブサイトの記事の記載内容も審理の対象となる。しかし，裁判実務では，収集元ウェブサイトの記事を全部書証として提出させる必要は必ずしもないと思われる。なぜなら，検索結果の作成は，収集元ウェブサイトの記事をクロールしてキャッシュやインデックスデータをつくり，これを検索条件に基づいて検索結果として提供するという過程をたどるから，スニペットに表示された内容の収集元ウェブサイトの記事があると推認することができ，したがって，スニペットで推認できる範囲で収集元ウェブサイトの記事の内容を認定できれば収集元ウェブサイトの記事の書証化は不要であり，収集元ウェブサイトの記事を見なければ判断できないもののみ提出を求めればよいと考えられるからである（髙原・前掲51頁）。

5　平成29年決定で判断されていない事項

(1)　「忘れられる権利」の日本法における位置づけ

最高裁は，許可抗告手続においては，許可抗告申立理由の範囲内でのみ調査をする（法7が準用する民訴337Ⅵ，336Ⅲ，327Ⅱ，320）。そして，平成29年決定の原審で許可抗告申立人が主張した「忘れられる権利」の実質はプライバシー侵害の主張を具体化したものに帰着する内容であった上，許

可抗告手続においては「忘れられる権利」は独立の許可抗告申立理由として取り上げられなかった（許可抗告申立人代理人弁護士も「忘れられる権利」を許可抗告申立理由とはしていないと認識している。神田知宏「検索結果削除請求の実務と課題―最高裁平成29年1月31日決定を踏まえて」判時2328号23頁）。そのため，平成29年決定は，「忘れられる権利」の日本法における位置づけについて何ら判断していない（髙原・前掲48頁。同旨，宮下紘・前掲論文4～5頁，佐藤信行「最高裁は「忘れられる権利」を否定したのか？」WLJ判例コラム臨時号第108号）。

したがって，平成29年決定は，原決定の判断のうち「忘れられる権利」を排斥した部分を，形式的にも実質的にも，支持したものではない。

(2) **名誉毀損・更生を妨げられない利益**

原決定は，名誉毀損に基づく差止請求権の主張につき，いわゆる真実性の抗弁を容れて違法性は阻却されるものと判断しているところ，真実性の抗弁について債権者は許可抗告申立理由のなかで独立して取り上げなかったことなどから，平成29年決定は，検索結果が名誉毀損となる事案における削除請求の判断基準については判断していない（髙原・前掲52頁）。なお，平成29年決定が名誉毀損を理由とする削除請求に与える影響については，次の6で述べる。

また，同決定の許可抗告申立理由のなかに，更生を妨げられない利益という表現があるが，具体的な主張を見ると，プライバシーの主張を具体化したものにとどまると理解できるため，プライバシーとは別の保護法益としての「更生を妨げられない利益」についても独立には判断していないものと理解される。

(3) **プライバシーとして保護される要件**

平成29年決定は，その決定文から明らかなとおり，「個人のプライバシーに属する事実をみだりに公表されない利益は，法的保護の対象となるというべきである」とは説示しているものの，プライバシーに属するものとして法的保護の対象となるための要件については判断していない。

(4) **損害賠償請求権の要件**

平成29年決定は削除請求（差止請求）に対して判断しているのであり，

検索結果が違法な権利侵害であることを理由とする損害賠償請求権の要件については判断していない。

(5) 保全の必要性

平成29年決定は，被保全権利が存在しないことを理由に許可抗告を棄却しており，被保全権利が肯定された場合における保全の必要性に関しては具体的な判断はない（髙原知明「最高裁重要判例解説」Law & Technology 76号86頁注11）。

ただし，「一般論としては，ある者のプライバシーに属する情報がインターネット上で拡散していることをその者が認識し，相当期間の経過を待って検索事業者に対してURL等情報の削除を求めた本件（引用者注，平成29年決定）のような事案において，保全の必要性は否定されるのが通常であるように思われる。」との指摘がある（髙原・前掲）。仮に，この指摘をふまえるとしても，①例えば，仮処分債権者のプライバシーに属する情報がインターネット上で拡散していることをその者が認識し，相当期間が経過した後に，URL等情報の緊急の削除を必要とする新たな事情が発生したなど，事情の変更があった（ないしは特段の事情が存在する）場合，②仮処分債権者がそのプライバシーに属する情報がインターネット上で拡散していることを認識した後，すみやかに削除請求をした場合，などには，保全の必要性は肯定可能であろう。

6 名誉権侵害を理由とする削除請求について

(1) 平成29年決定をふまえた判断枠組み

名誉権侵害を理由とする人格権に基づく削除請求における従前の判断枠組みは，対立する憲法上の利益の調整としてされる比較衡量を具体化し，受忍限度（違法性）の判定を行うというものであった。

他方，本決定は，スニペットを検索事業者自身の表現行為として捉えた上で等価値的比較衡量論を採用している点で，名誉毀損的表現に関する上記従前の判断枠組みと整合的であるとともに，検索事業者の法的責任を限定的，補充的に解する判断枠組みを採用していない。また，本決定の「明らか」が人格的利益保護のハードルを高めるものではないとされているの

は，既に述べたとおりである。

これらの点を考慮すると，検索事業者がリンク元の記事作成者と接触することが困難であって真実性の抗弁の立証が検索事業者の負担となり得る点は配慮すべきであるものの，名誉毀損的表現を含む検索結果の削除請求については，平成29年決定によっても，従前の判断枠組みを根底から覆すものではないと考えられる。

(2) 北方ジャーナル事件と検索結果削除請求との事案の相違

なお，名誉毀損を理由とする検索結果の削除請求について，北方ジャーナル事件最高裁判決（最大判昭61.6.11民集40巻4号872頁）を援用することは相当とはいえない。同判決は，出版差止仮処分という表現行為の事前抑制に関する事案に対する判断であるのに対し，検索結果の削除請求は，検索結果という形で全世界に公表された表現に事後的に制限を加えるものであるという意味で表現行為の事後抑制に属し，両者は事案を異にするからである（詳細はQ1参照）。

7 おわりに

平成29年決定は，検索結果の削除請求という全世界的な問題について，表現の自由を大きく重視するアメリカとも，プライバシーではなく個人情報保護の文脈で検索結果の削除請求を議論するEU（Q20参照）とも異なり，第三の道を示したのではないかと理解されるところである。

[参考文献]

本文中に掲げたもののほか，平成29年決定について論じた文献として，髙部眞規子「インターネット上のプライバシー」金融商事判例1512号1頁，髙原知明「時の判例」ジュリ1507号119頁，鈴木秀美「検索サービスにおける表現の自由とプライバシー」ジュリ1507号101頁，宍戸常寿「検索結果の削除をめぐる裁判例と今後の課題」情報法制研究1号45頁，曽我部真裕「「検索結果削除」で最高裁が判断」新聞研究789号56頁，古田啓昌＝赤川圭＝早川晃司「投稿記事削除仮処分命令申立事件—最高裁平成29年1月31日決定に対する評価と今後の課題」判時2328号14頁，秋山靖浩「検索事業者に対する削除請求」法教441号124頁，石井夏生利「グーグル検索結果削除請求事件最高裁決定」判時2353号148頁。原

決定について論じた文献として，宮下紘「『忘れられる権利』について考える—平成28年7月12日東京高裁決定を受けて」法セミ741号1頁，曽我部真裕「日本における『忘れられる権利』に関する裁判例及び議論の状況」京都大学学術情報リポジトリ「紅」(http://hdl.handle.net/2433/217464〔平成29年7月27日最終閲覧〕)，上机美穂・新・判例解説 Watch 民法（財産法）№125。さいたま地裁の保全異議審決定（2(1)参照）について論じたものとして，栗田昌裕・判時2305号（判例評論693号）148頁，濱口晶子・法セミ742号124頁。

(関　述之)

Q25 検索結果中のスニペットとリンク先の記事が整合しない場合の削除請求

　検索結果中のスニペット（抜粋）には人格権侵害となる記載があるが収集元ウェブサイトの記事には存在しない場合，検索事業者に対して検索結果の削除を請求することができるか。逆に，検索結果中のスニペットには人格権侵害となる記載がないが収集元ウェブサイトの記事には存在する場合はどうか。

【参照条文】憲法21条，民法2条，198条，199条

【答】設問前段については，検索事業者に対する検索結果の削除請求の可否については残された問題である。設問後段については，収集元ウェブサイトの内容が人格権侵害となることを個別に主張立証して検索結果の削除を求めることは可能である。

1　問題の所在

　設問の事案のうち少なくとも前段は，机上の設例ではなく，東京地裁保全部に申立例のある事案である。設問の事案に関し，検索結果の削除請求の判断基準を示した最決平29.1.31（民集71巻1号63頁。以下「平成29年決

定」という。）を前提とすると，本問では検索結果の削除の可否はどのように考えるべきか，が問題となる。

2 平成29年決定の概要

事案の概要，手続経過や過去の裁判例との関係の詳細はQ24を参照されたい。

平成29年決定は，要旨，「利用者の求めに応じてインターネット上のウェブサイトを検索し，ウェブサイトを識別するための符号であるURLを検索結果として当該利用者に提供する事業者が，ある者に関する条件による検索の求めに応じ，その者のプライバシーに属する事実を含む記事等が掲載されたウェブサイトのURL並びに当該ウェブサイトの表題及び抜粋（URL等情報）を検索結果の一部として提供する行為の違法性の有無について，当該事実の性質及び内容，当該URL等情報が提供されることによって当該事実が伝達される範囲とその者が被る具体的被害の程度，その者の社会的地位や影響力，上記記事等の目的や意義，上記記事等が掲載された時の社会的状況とその後の変化，上記記事等において当該事実を記載する必要性など，当該事実を公表されない法的利益と当該URL等情報を検索結果として提供する理由に関する諸事情を比較衡量して判断し，当該事実を公表されない法的利益が優越することが明らかな場合には，上記の者は，上記検索事業者に対し，当該URL等情報を検索結果から削除することを求めることができる。」，と判断している。

3 検索結果中のスニペットには人格権侵害となる記載があるが収集元ウェブサイトの記事には存在しない場合（設問前段）

収集元ウェブサイトに記載された内容自体には人格的な権利利益を侵害する内容は含まれていないものの，ロボット型検索エンジンが当該ウェブサイトを収集蓄積して情報処理手順を進める過程で，収集元ウェブサイトに記載された内容の本来の趣旨を離れた人格的な権利利益を侵害するような情報が検索エンジン内部で集約形成されていき，その結果として，検索結果として人格的な権利利益を侵害するような情報が利用者に提供される

事案が現に存在するのは前記1のとおりである。

　平成29年決定は，申立人が収集元ウェブサイトとこれを要約した検索結果に関し，後者の削除請求の可否について前者の記載内容を一体として考慮するという典型的な場面を想定した判断枠組みを示したものであり，設問前段の事案には直接の射程は及ばないものと思われる。しかし，「検索結果自体が人格的な権利利益を侵害するものである限り，検索事業者において一定の修正に応ずるべきであるとはいえようか」（高原知明「最近の判例から」ひろば平成29年6月号51～52頁），と指摘されている。

　それを超えて，設問前段の事案で検索事業者にURL等情報全体の削除まで求めることができるか否かは，残された問題であろう（高原・前掲51～52頁）。この事案では，収集元ウェブサイトの内容が人格的な権利利益を侵害しないことは，検索結果の削除請求に関して消極の方向に働く考慮要素であるとは思われるが，結局は，平成29年決定が示したその余の考慮要素を総合考慮して事案ごとに決するほかないと考えられる。

4　検索結果中のスニペットには人格権侵害となる記載がないが収集元ウェブサイトの記事には存在する場合（設問後段）

　前段とは逆に，検索結果中には人格的な権利利益を侵害する内容が含まれていないものの，収集元ウェブサイトの内容には人格的な権利利益を侵害するものが含まれているという事案ではどうか。

　平成29年決定は，検索結果の削除請求の判断基準における考慮要素として，収集元ウェブサイト掲載の記事「等の目的や意義，上記記事等が掲載された時の社会的状況とその後の変化，上記記事等において当該事実を記載する必要性」をあげているから，検索結果中には人格的な権利利益を侵害する内容が含まれていない本事案においても，収集元ウェブサイトの内容について個別に主張立証して検索結果の削除を求めることを平成29年決定が否定するものではないと考えられる（高原・前掲51頁）。設問後段の事案もまた，平成29年決定が示したその余の考慮要素を総合考慮して事案ごとに決するべきと考えられる。

[参考文献]
本文中に掲げたもの

(関　述之)

Q26　なりすまし投稿

　氏名不詳の投稿者Aは，女子高校生Xの名義でコンテンツプロバイダYのアカウント（特定のサイトに接続し投稿を可能にする権利）を不正に取得の上，Yの運営する短文投稿サイトに，Xの顔写真入りで，Xの氏名をローマ字表記で冒用し，「おはよう」「今日もいい天気だね」と，あたかもX自身が投稿したかのようにXになりすまして投稿した。XはYに対し，この投稿記事に係るIPアドレスやタイムスタンプの開示を求めることができるか。

【参照条文】憲法13条，プロバイダ責任制限法4条1項，総務省令

答　設問の短文の内容がXの人格権を侵害しているとは評価し難い。Xの氏名を冒用した点で氏名権の侵害が，Xの顔写真を無断で使用した点で肖像権の侵害が問題となり得るが，いずれの場合も，XのYに対する申立てを認めるためには，関連事情も含めて検討の上Xに生じた不利益・損害が人格権侵害と評価できる程度に至っていることが必要となる。なお，設問の事例に関しては，「アイデンティティ権の侵害」という新しい理論構成が提案されている。

1　問題の所在

　インターネット上では，仮名での投稿等も可能であることを悪用して，他者の氏名を冒用してアカウントを作成し，SNSなどのサイトにログイン（個人を識別してコンピューターやサイト等に接続させること）し，あたか

第4節　インターネット特有の問題　149

も他者であるかのようになりすまして投稿したり，写真を掲載したりすることがある。

　このような事案で裁判所に申し立てられる事件としては，民事保全手続で，債権者が，コンテンツプロバイダに対し，プロバイダ責任制限法4条1項の発信者情報開示請求権を被保全権利として，アカウントにログインした際のIPアドレスや，タイムスタンプなどの情報の仮の開示を求める仮処分を申し立てるという事件，又は，民事訴訟において，原告が，経由プロバイダに対し，上記発信者情報開示請求権を訴訟物として，発信者の住所や氏名等の開示を請求するという事件がある。そこで，本問では，前者の仮処分の可否について検討することとする。

　なお，コンテンツプロバイダのなかには，利用規約中で「なりすまし」行為を禁止し，違反行為があった場合には当該違反行為に利用されたアカウントを停止するものもある。このような場合は，プロバイダに対し，なりすまされた旨申告して，アカウントを停止してもらうことが可能であって，これで足りるのであれば裁判手続を利用する必要はない。

2　検　　討

(1)　権利侵害の明白性の要件

　前記1のとおり，こうした事件の被保全権利ないし訴訟物は，いずれも，プロバイダ責任制限法4条1項所定の発信者情報開示請求権であるが，同項の要件となる権利侵害の明白性につき，どのような権利が侵害されたと構成すべきか。

　権利侵害が明白というためには，請求原因事実が立証されただけではなく，違法性阻却事由を窺わせる事情が存在しないことも立証する必要があると解されている。ところが，設問の短文投稿の内容は，単なる挨拶程度にすぎないものであり，短文の内容自体からはなりすまされた者の人格権侵害と構成できるかが問題となる。

(2)　名誉権・プライバシー権侵害

　この点，例えば，同じ短文投稿であっても，短文が「カンニングなう」，「万引きなう」といった記載であった場合，こうした記載を一般人の普通

の注意と読み方で読めば，なりすまされた者がこうしたカンニングや万引きを行ったことを自分で認めたという内容と理解でき，なりすまされた者の社会的評価を低下させるから，名誉権を侵害していると構成する余地がある。

また，短文が，「私，千代田区霞が関1－1－4に住んでる」，「スマホの電話番号は090－××××－××××」といった記載であった場合は，住所や電話番号は，通常，インターネット上に公開することを望まない情報だと思われるため，公開を承諾したという事情が認められない限り，プライバシー権を侵害したと構成する余地がある。

以上に対し，本問のように，短文が「おはよう」とか「今日もいい天気だね」というあたりさわりのない記載だと，その記載内容自体が債権者Xの人格権を侵害しているとは言い難いと思われる。

(3) **氏名権侵害**

観点を変えて，債権者Xは，何者かに氏名を冒用されて短文を投稿されていることに着目すれば，人格権の一内容を構成する氏名権を侵害されているといえないであろうか。

氏名権については，最判平18.1.20（民集60巻1号137頁）が，「氏名は，その個人の人格の象徴であり，人格権の一内容を構成するので，人は，その氏名を他人に冒用されない権利を有する。これが侵害された場合には，損害賠償のみならず侵害行為の差止も可能」である旨判断している。これによれば，何者かによってXの氏名が冒用された上，投稿がされた場合には，Xの人格権の一内容である氏名権の侵害が問題となりそうである。

ただし，例えば，債権者の氏名がローマ字表記されているにすぎない場合には，氏名が漢字表記されている場合と異なり，債権者と投稿記事上に記載された者の同一性，すなわち同定可能性が問題となる場合があり得る。これに対し，債権者の顔写真や投稿内容などから債権者の同定が可能な場合もあるであろう。本問ではXの顔写真も用いられているというのであるから，同定可能性であまり問題は生じないと思われる。

また，上記最高裁判決は，宗教法人が別の宗教法人に対して名称の冒用があると主張した事案であるが，最高裁は，単に，原告と被告の名称の同

一性や類似性だけではなく，原告である宗教法人の名称の周知性の有無，程度，双方の名称の識別可能性，被告である宗教法人において当該名称を使用するに至った経緯，その使用態様の諸事情を総合考慮して判断されなければならないとしており，これを設問の事案に即して考えれば，XのYに対する申立てを認容するためには，単に氏名を冒用した投稿がなされたという事実のみならず，関連する事情（氏名の冒用に至った経緯，氏名を冒用した投稿の回数，冒用した期間，投稿内容，などが考えられる。）の主張立証を通じて，Xの人格的利益が侵害されるに至っていることを疎明することが必要となるであろう。

なお，氏名権侵害についての議論や，慰謝料請求に関する裁判例については，**Q18**も参照されたい。

(4) 肖像権侵害

次に，本件では債権者Xの写真が短文投稿サイトに投稿されているので，勝手に写真が載せられたことによりXの肖像権が侵害されたと考えられないであろうか。

すなわち，承諾なしにみだりに容ぼう・姿態を公表されない人格的利益という意味での肖像権（最大判昭44.12.24刑集23巻12号1625頁，最判平17.11.10民集59巻9号2428頁をそれぞれ参照）が侵害されていると構成するわけである。

本問では，投稿中に債権者Xを撮影した写真が存在し，その写真をXがインターネット外（オフライン）で公表していたとしても，Xがそれをインターネット上（オンライン）で公開していないなど，当該写真のインターネット上での使用を許諾していないと認められる場合には，その他の諸般の事情を総合考慮し，被撮影者たる債権者の人格的利益の侵害が社会生活上受忍すべき限度を超えるものといえる場合には，肖像権侵害と構成してXのYに対する申立てを認容する余地があると考える。

これに対し，問題の写真が，インターネット上の不特定多数が閲覧可能な別のサイトにXが自らアップロードしたものをコピーし貼りつけた，という事情がある場合はどうか。一方で，Xの顔写真はXが自ら公開したものであることを理由に，肖像権侵害を否定した裁判例がある（大阪地判平

28.2.8判時2313号73頁）。他方で，YがXの顔写真をアカウントのプロフィール画像として使用し，Xの社会的評価を低下させるような投稿を行ったという事案において，Xの肖像権に結びつけられた利益のうち名誉感情に関する利益を侵害し，肖像権が違法に侵害されたと判断した裁判例がある（大阪地判平29.8.30判タ1445号202頁）。

なお，肖像権侵害については，**Q19**も参照されたい。

3 アイデンティティ権

　いままで述べてきた権利侵害の理論構成は，最高裁判例で示された理論等を利用したものである。これに対し，「なりすまし」によって侵害される利益は名誉やプライバシーの概念では理解し得ない新たな利益であるとして，憲法13条後段の幸福追求権ないし人格権を根拠として，ネット上で他人になりすますこと自体が，「他者から見た自分」,「他者に認識される自分」についてその同一性を保持する利益，すなわち「アイデンティティ権」に対する侵害であるという理論構成が提唱されている（プロバイダ責任制限法実務研究会『最新プロバイダ責任制限法判例集』97頁以下）。

　アイデンティティ権は，もともと，インターネットとは関係なくフランスで言及され始めた権利であり，内野正幸教授や曽我部真裕教授らによって，我が国でも研究されている権利である（なお，曽我部教授は，「自己像の同一性に対する権利」という用語を用いている。）。そして，前掲大阪地判平28.2.8は，アイデンティティ権という理論構成に理解を示しているが，事案の解決としては，なりすまし行為がなされた期間の長さ（1か月強）や，原告本人を想起させる写真及びハンドルネームが訴訟時には過去の投稿にさかのぼって掲示板から削除されていることなどから，損害賠償の対象となり得るような個人の人格的同一性を侵害するなりすまし行為が行われたとはいえないと判断して，コンテンツプロバイダに対する発信者情報開示請求を棄却している。また，前掲大阪地判平29.8.30も，やはりアイデンティティ権という理論構成に理解を示しているが，結論としては，名誉権侵害及び肖像権侵害を理由とする不法行為の成立は肯定したものの，アイデンティティ権侵害を理由とする不法行為を否定している。以上に対

し，なりすまし行為を行う正当な理由は原則として観念ができないことから，上記大阪地判平28.2.8のような人格の同一性を偽るほどのなりすまし行為がなされた場合には原則として違法性を認めるべきであるとの指摘もある（清水陽平＝神田知宏＝中澤佑一『ケース・スタディ ネット権利侵害対応の実務』216頁）。

東京地裁保全部で「アイデンティティ権」を被保全権利とする仮処分を認容した事例は少なくとも現在のところ見当たらないが，この理論構成をめぐる議論の発展については引き続き注目してゆきたい。

[参考文献]
本文中に掲げたもののほかに，内野正幸「プライバシー権の再構成に向けて」「プライバシー権論の一断面―フランスの場合」『表現・教育・宗教と人権』73頁以下，曽我部真裕「「自己像の同一性に対する権利」について」法学論叢167巻6号1頁

（関　述之）

Q27　自ら投稿した記事の削除

　XはA大学の学生であるが，あるとき，面白半分に，事実ではないにもかかわらず，コンテンツプロバイダBの運営する短文投稿サイトに「サークルの合宿で女風呂覗いたった」と投稿した。ところが，この投稿を見たCが種々の手段により投稿者がXであることを特定した上，コンテンツプロバイダYの運営するサイトの掲示板に「A大学のX君，女風呂覗きを自白www」という文章を，Xの投稿のスクリーンショットとともに投稿した。XはYに対し，Cの投稿の削除を請求することができるか。

【参照条文】民法709条，710条，軽犯罪法1条

> **答** 直ちに削除請求することはできない。ただし，具体的事情によっては，Ｃの投稿の削除を請求することができる場合もあると考えられる。

1 プライバシー侵害構成によるアプローチ

(1) はじめに
Ｘの削除請求の法律構成として，まず，Ｃの投稿が，Ｘのプライバシーを侵害しているという構成が可能か否か，検討する。

(2) プライバシー権侵害の成立要件について
Ｃの投稿に摘示された事実は，そもそも，Ｘのプライバシーとして保護されるであろうか。

ア プライバシーについては，いわゆる「宴のあと」事件に関する東京地判昭39.9.28判タ165号184頁が，私生活をみだりに公開されないという法的保障ないし権利と定義づけている。

イ そして，同判決は，プライバシーとして保護される範囲についての考慮要素の一つとして，私生活上の事実又は私生活上の事実らしく受け取られるおそれのある事柄であること，という要素をあげている。

ここにいう私生活上の事実とは真実のみを意味すると狭く解すれば，本問では，Ｘの当初の投稿は真実ではないから，プライバシーとして保護されるものではないことになる。しかし，ここにいう私生活上の事実とは，厳密に真実であることを意味せず，事実らしく受け取られる事柄を含むとするのがこれまでの裁判例の一般的傾向である（内田義厚「プライバシー侵害をめぐる裁判例と問題点」判タ1188号81頁参照）。本問のＣの投稿は，投稿者自身が女風呂を覗いた旨のＸの投稿部分と，その短文の投稿者がＸである旨のＣによる投稿部分から構成されており，全体としては，Ｘが女風呂を覗いた旨の投稿となっているから，Ｃの投稿全体が事実らしく受け取られる事柄であるとして，Ｘのプライバシー侵害を問題とする余地はあるであろう（なお，投稿の摘示事実である覗きは軽犯罪法１条23号の犯罪に該当す

る点で，私生活上の事実と言い切れるかどうか，問題にはなり得る。この点に関連し，前科や犯人情報（起訴事実に係る罪を犯した事件本人であること）については，私生活上の事実ではないことを理由に，プライバシーに該当しないとする見解もあるが，プライバシーに該当するという見解が多数である。詳細は **Q17** 参照）。

ウ　次に，上記判決は，プライバシーとして保護される要件として，一般の人々にいまだ知られていない事柄であること（非公知性）が必要と判断している。これによれば，本問については，X自身がインターネット上に自ら情報を公開し，これに基づいてCの投稿がされている以上，同投稿記載の事実は，少なくとも同投稿の時点では非公知とはいえず，Xのプライバシーとして保護される範囲には含まれない，となる可能性が高い。

　しかしながら，インターネット上の情報は，出版物等に記載された情報とは異なり，投稿者本人の意思に基づくかどうかにかかわらず容易に拡散され，投稿者本人の予期しない形で利用されることもしばしばみられるため，投稿者が自ら掲載した情報がプライバシーとして保護される余地がまったくないというのも不合理であると考えられる。

　また，出版物による肖像権侵害が問題となった事案においても，一旦被撮影者の承諾を得て出版物上に掲載された写真であっても，被撮影者が承諾を与えた諸条件と異なる目的，態様，時期による再度の公表をするには，あらためて承諾を得ることを要するとした裁判例もある（東京地判平6.1.31判夕875号186頁，東京地判平13.9.5判時1773号104頁）。

　以上からすれば，インターネット上の情報についても，投稿後一定期間の経過によって非公知性を再度獲得すると解する可能性や，投稿者が投稿した当時の意図や承諾の範囲を考慮の上，その範囲を超えた態様の公開はプライバシー侵害となると解する余地は皆無とまではいえないと思われる（ただし，インターネットでは，投稿記事の複製，拡散及び保存が容易にできることは一般に広く知られており，投稿者はその点をも知った上でインターネット上に投稿すべきではないか，という点からすれば，上記の検討は慎重になされる必要がある。）。

　そうすると，投稿者が掲載した情報が，投稿後一定の期間を経過したと

いった事情や，本人の意図に反し，社会通念上許容し難い程度に拡散し，不当に利用されているなどの特段の事情があれば，事案の具体的事情によっては，プライバシー侵害を肯定する余地はないとはいえないと思われる。

(3) 差止請求権の成立要件について

このように，Cの投稿に摘示された事実が，Xのプライバシーとして保護される余地があるとすれば，さらに，削除請求を認めるための要件が問題となる。

人格権としてのプライバシー権に基づく差止請求権の成立要件は，プライバシーが違法に侵害されていることであり，この違法性の有無に関する判断については，相対立する利益を衡量して受忍限度を超えるものであるか否かにつき総合判断することになる（八木＝関(上)349頁）。

このような総合判断については，本問では，以下のような方向での検討が考えられる。

ア 利益衡量論からのアプローチ

投稿記事に自己の前科前歴等を記載された場合には，**Q17**にあるとおり，一定の期間経過後には削除請求ができる場面がある。

一方で，本問のXは，自らの過ちから困難な事態を招いているとはいえ，真実は犯罪行為をしていないのであるから，このような者が当該虚偽の犯罪行為の記載について一切削除請求できないというのは，犯罪行為をしていない者よりも犯罪行為をした者を保護することとなり，不均衡とも考えられる。

そこで，本問に現れた具体的事情に基づく比較衡量を通じて削除請求を認めることはできないであろうか。以下，検討する。

この点，最判平6.2.8民集48巻2号149頁（ノンフィクション「逆転」事件）は，有罪判決を受けた者のみならず，刑事事件で被疑者とされた者についても，「みだりに右の前科等にかかわる事実を公表されないことにつき，法的保護に値する利益を有する」とした上で，その者については，「一市民として社会に復帰することが期待されるのであるから，その者は，前科等にかかわる事実の公表によって，新しく形成している社会生活

の平穏を害されその更生を妨げられない利益を有するというべきである」とし，相対立する利益である表現の自由との具体的な利益衡量の基準として，「ある者の前科等にかかわる事実を実名を使用して著作物で公表したことが不法行為を構成するか否かは，その者のその後の生活状況のみならず，事件それ自体の歴史的又は社会的な意義，その当事者の重要性，その者の社会的活動及びその影響力について，その著作物の目的，性格等に照らした実名使用の意義及び必要性をも併せて判断すべきもので，その結果，前科等にかかわる事実を公表されない法的利益が優越するとされる場合には，その公表によって被った精神的苦痛の賠償を求めることができる」としている。

前掲最判平6.2.8の射程範囲は，刑事事件の被疑者にも及ぶところ，本件におけるXは，刑事事件について被疑者とされているわけではないが，設問にある軽率な行動の結果，これに準ずる社会的批判を浴びたと推認される。しかし，そのような行動をしたXも，時の経過に伴い新たな社会生活の平穏を形成した場合には，一市民として社会生活を送ることが期待されているものと思われる。

そして，投稿で摘示されたそもそもの犯罪事実が虚偽の事実であることからすれば，犯罪者ではないXについて，前掲最判平6.2.8の考慮要素の一つである「その者のその後の生活状況」の一内容として「新しく形成している社会生活の平穏を害され，その更生を妨げられない利益」に類する利益を認めることは可能であろう。

もっとも，前掲最判平6.2.8における更生を妨げられない利益は，「新しく形成している社会生活の平穏」を前提としていることからすると，大学生であるXを前提とすれば，大学生としての身分を離れ，社会人となるなど，新たな社会生活を形成している場合に初めて更生を妨げられない利益に類する利益が認められ得ることとなろう。少なくとも，Xの虚偽の犯罪行為時すなわち投稿時からはほとんど時間が経過していない段階で削除請求が認められることは，後記2との均衡上も，ないということができる。

なお，前掲最判平6.2.8との比較で「新しく形成している社会生活の平穏」を検討する上では，前掲最判平6.2.8の事案は，原告が，本土返還前

の沖縄で実刑判決を受けて服役した後，上京して新しい生活を始めた結果犯行時から被告の著作による犯罪事実の公表まで約13年が経過しており，原告の勤務先も配偶者も原告の前科を知らず（新しい社会生活の形成），加えて，原告の前科は犯行当時本土では新聞報道されなかった（非公知性），という事案であることにも留意されるべきであろう。

次に，前掲最判平6.2.8の考慮要素にいう「事件それ自体の歴史的又は社会的な意義」についていえば，本問では，Xにおいて新たな社会生活を形成している場合においては，真実は，犯罪行為自体が存在しないのであり，存在するとされる犯罪事実も覗きという軽犯罪法に該当する事実であって，それ自体の歴史的又は社会的意義は乏しいことが指摘できよう。

さらに，前掲最判平6.2.8の考慮要素にいう「その当事者の重要性，その者の社会的活動及びその影響力」についていえば，Xが著名になっているなどの特段の事情がない限り，その重要性は同世代の若者と同程度であって，Xの社会的活動及びその影響力を格別に重視する必要はなく，インターネット上の掲示板でことさらに実名により事実を摘示する意義及び必要性に乏しいことを指摘できよう。

以上からすれば，その他の諸般の具体的事情にもよるが，Xの投稿後一定期間が経過し，Xが社会人となるなど新たな社会生活を形成しているといえるような場合には，その他の具体的事情も考慮の上，相対立する利益を衡量した結果，CがXの実名を公表して投稿する利益よりも，Xが投稿の摘示事実を公表されない利益が優越する場合もあり得るので，その場合には，Cの投稿につき受忍限度を超える違法があることを理由として，削除請求が認められる場合もあるということができる。

イ　Xの意図の考慮からのアプローチ

Cの投稿は，Xの承諾の範囲外か否かというアプローチもあり得ると考えられる。すなわち，Xの投稿がプライバシーに属するものとして保護されることを前提に，Xの投稿は，あくまでも匿名でなされたものであるにもかかわらず，Cの新たな投稿は，Xの実名及び所属大学名を公表しているものであるから，Xの意図したところと異なっている。したがって，Cによる投稿の結果が社会通念上認容し難い程度に拡散し，かつ，Cによっ

て不当に利用されているなどの特段の事情があれば、投稿の摘示事実を公表する利益よりも公表されない利益が上回るのであって、Cの投稿は受忍限度を超える違法があるとして、Xによる削除請求を肯定する余地がないとはいえない。

本問では、Xは、上記の事情のほかに、Xが女風呂を覗いたという記載は真実に反するという事情もある。他方で、Cの投稿中Xの利益を侵害する核心部分は、「女風呂を覗いた」という部分であるが、その核心部分はX自身がインターネット上に投稿しており、プライバシーの利益を自ら低下させたのではないかという事情もある。これらの事情を含めて本問に現れた一切の具体的事情を総合考慮の上判断することになろう。

ただし、本問では、Xの投稿は、真実ではないにせよ犯罪事実に係るものであるところ、一般に、犯罪事実に係る事実が摘示されている事案では、これが公開されて社会的評価に委ねられることに公共的な利益があるのか否か、という観点からの検討も必要になるであろう（本問におけるXの投稿の社会的意義ないし公共的な利益については、前記アで検討したとおりである。）。

(4) 小　　括

以上のように、自ら投稿した投稿記事について、プライバシー侵害を理由とする削除請求の可否を検討するに当たっては、様々な考慮要素やアプローチの方法が考えられ、これらについてはさらなる検討が必要と思われる。今後の議論及び裁判例の展開を見守りたい。

2　名誉毀損構成によるアプローチ

(1)　Xの社会的評価低下の有無

女風呂を覗く行為は、軽犯罪ながら犯罪に該当する。

そして、Cの投稿記事は、それだけを見れば、Xが覗き行為という犯罪行為をしたという事実が摘示されているということができるから（厳密には、覗き行為を自白する記事を投稿した事実が摘示されているにとどまるが、特段の事情もなく、犯罪行為を自白したという事実の摘示があれば、一般の読者の普通の注意と読み方に照らし、自白は真実であろう、すなわち、Xが覗き

行為をしたという事実が摘示されているというべきであろう。），Xの社会的評価が低下している。

したがって，Xの削除請求の根拠として，人格権としての名誉権に基づく妨害排除請求権又は妨害予防請求権を根拠とする削除請求もまた考えられるであろう。

(2) 差止請求権の成立要件について

ア 名誉権に基づく差止請求権の成立においては，名誉が違法に侵害されている（侵害される蓋然性がある場合を含む。）ことが要件となるので，Xの削除請求を認めるためには，違法性の判断基準について検討する必要がある。

この違法性の判断においては，いわゆる「受忍限度論」が用いられている。すなわち，そもそも差止請求は，救済方法として損害賠償に対して補充性を有し，金銭による損害賠償請求のみでは損害の塡補が不可能あるいは不十分である場合に初めて認められるものと解されるところ，差止請求権の成立要件としての違法性の判断においては，いわゆる「受忍限度論」が用いられており，かかる受忍限度の範囲内か否かは相対立する利益を衡量して総合判断されることになる（以上につき八木＝関[上]346～347頁）。

したがって，差止請求の一類型である削除請求においても，一定の事実関係を前提に相対立する利益を衡量して，受忍限度内か否かを判断することになる。

イ これを本問につき検討するに，一般論としては，自らが公表を欲せず，かつ，その社会的評価を低下させる事実を公表された者については，その名誉権を保護する要請は高い。一方、本問のように，面白半分で自ら虚偽の犯罪事実を公開した者は，当該犯罪事実の摘示によって自己の名誉が毀損されるにもかかわらず，あえてそのような行為に出ているのであるから，一時的にせよ名誉権による保護を放棄したということができ，これを保護すべき要請は低いといわざるを得ない。

そうすると，本問の投稿記事を公表する利益も高度とはいえないものの，Xが一時的にせよ自ら名誉権による保護を放棄している以上，Cの投稿が摘示した事実を公表されない利益が公表する利益を上回るとはいえな

いから，Cの投稿記事は，受忍限度の範囲内であるとして削除は認められないということになろう。

3　まとめ

　これまで述べてきたとおり，削除請求は，差止請求の一場面であり，その要件である違法性判断につき受忍限度論を採用する以上，それは，相対立する利益の衡量の場面である。

　したがって，以上述べたような利益衡量論からのアプローチを行う場合には，対立する利益の状況に応じて，いかなる判断枠組みを用いるかを検討する必要がある。

　また，基本的には，従前の判例に示された判断枠組みを用いるにしても，その考慮要素に追加すべきものがあるか否か，ないとしても，格別に重視すべき要素があるか否かを検討する必要がある。

　例えば，本件と異なり，実際に存在する過去の前科等を自ら公表していた場合については，前掲最判平6.2.8の考慮要素に加えて，前科等の「公表媒体の性質，前科等を公表した目的及び公表の内容，公表時の社会的地位と公表内容との関係，公表の影響，その後の生活状況における前科等や公表時の社会的地位の位置付け，公表後の経過期間等をも考慮に入れて，前科等に関わる事実を公表されない法的利益が優越するか否かを判断すべき」とした東京地決平28.7.14（公刊物未登載。曽我部真裕「日本における「忘れられる権利」に関する裁判例および議論の状況」江原法學＝KANGWON LAW REVIEW（2016),49:1-23。京都大学学術情報リポジトリ「紅」6頁に掲載）なども参考になろう（なお，以上の検討は，いずれも現段階で検討中の議論の方向性を紹介する中間報告にとどまるものであって，東京地裁保全部の確立した運用を説明するものではないことに留意されたい。）。

[参考文献]
　本文中に掲げたもの

(崇島誠二)

Q28 ログイン型投稿の発信者情報開示

違法な投稿記事により人格権が侵害されたと主張するXは、その投稿記事を掲載したサイト「A」を運営するコンテンツプロバイダYに対し、プロバイダ責任制限法4条に基づき、IPアドレスとタイムスタンプの開示を求める仮処分を申し立てた。ところが、この仮処分の審理において、Yは、「このサイト「A」では個々の投稿記事が投稿された時点のIPアドレスとタイムスタンプの記録は保存する仕組みになっていない。しかし、このサイト「A」は、アカウントを有する者がログインして初めて投稿できるサイトであり、アカウントを有する投稿者がログインした時点のIPアドレスとタイムスタンプなら保存している。」と主張した。Xは、Yが保存していると認めている、ログインした時点でのIPアドレスやタイムスタンプの開示を、プロバイダ責任制限法4条を根拠として請求することができるか。

【参照条文】プロバイダ責任制限法4条1項、総務省令

答 総務省令では、発信者情報につき、「侵害情報に係る」IPアドレス（総務省令4号）及び「侵害情報が送信された」タイムスタンプ（総務省令7号）と規定しており、その文言からして、被害者が、被害者の権利を侵害する表現等がなされた当該投稿に係るアクセスログではないログイン時のIPアドレスやタイムスタンプの開示を当然に請求することができるとまではいえず、裁判例も分かれている状況である。

1 概 説

設問でYが主張している「アカウント」とは、特定のサービスなどを利用する権利のことであるが、利用者側から見ると、「アカウント」名を登

録の上，当該サービスを利用する都度この「アカウント」が必要となることから，「アカウント」は，利用者を識別する符号，という意味合いでも用いられる。

　ウェブサイト上に存在する掲示板は，アカウント登録等をすることなく匿名又は仮名で記事を投稿することができるものが多い。しかし，近年は，閲覧は可能であるものの，記事を投稿するためには，アカウント登録をした上で当該アカウントでログインすることが必要なものも多い。また，SNS（ソーシャル・ネットワーキング・サービス）と呼ばれるものの多くは，ユーザーIDやパスワード等必要事項を入力してアカウントを作成し，その後に設定したユーザーIDやパスワードを入力することによって自らのアカウントページにログインし，写真や文章など様々な投稿を行うことができるものが多い（以下「ログイン型投稿」という。）。

　SNSでは，自ら投稿した写真や文章は，特定の者にだけ公開する設定にもできるが，すべての者に公開する設定にすることも可能であり，そのような場合に名誉毀損等の表現等がされた場合には，掲示板における投稿と同様の問題が生じる。

　SNSを運営するコンテンツプロバイダは，設問と同様，アカウントをもった投稿者がログインした時点の発信者情報は保有しているが，投稿時の発信者情報は保有していないことが多く，発信者を特定するため，ログインした時点でのIPアドレスの開示を求めることができるかが問題となることが多い。

2　法令の規定と問題の所在

　プロバイダ責任制限法4条1項は，ウェブサイト等で自己の権利を侵害された者が開示を求めることができる情報について，「当該権利の侵害に係る発信者情報（氏名，住所その他の侵害情報の発信者の特定に資する情報であって総務省令で定めるもの）」と規定し，総務省令は，発信者情報について「侵害情報に係るアイ・ピー・アドレス」（同令4号），タイムスタンプについて，「侵害情報が送信された年月日及び時刻」（同令7号）とそれぞれ規定している。

プロバイダ責任制限法4条1項及び総務省令を文言どおりに理解すれば，被害者が開示を求めることができる発信者情報は，IPアドレスについては，被害者の権利を侵害する表現等がなされた当該投稿のIPアドレスであり，タイムスタンプについても，当該投稿の送信された年月日及び時刻と解すことになる。一方で，ログインした時点のIPアドレスは「侵害情報に係る」IPアドレスとはいえないからこの開示を求めることはできず，タイムスタンプも「侵害情報が送信された」年月日及び時刻ではないから，開示を求めることはできないことになる。

　しかし，発信者情報は，ウェブサイト等で自己の権利を侵害された者にとって，発信者を特定するためほとんど唯一の手がかりとなるものであり（しかも，家庭用コンピューター機器などの場合，IPアドレスは，一つの機器に一つだけ割り当てられるのではなく，インターネットに接続する都度異なるものが割り当てられる「動的IPアドレス」の場合が多いから，IPアドレスとタイムスタンプはその両方が分からなければ，発信者の特定には役立たないことが多いと思われる。），上記文言との関係で開示を求めることができないと解すべきかが問題となる。

3　検　　討

(1)　判　例　等

　この点に関して，最高裁の判例はなく，下級審の裁判例は以下のとおり，いずれも本案裁判に係るものであるが，結論が分かれている状況である。東京高判平26.5.28（判時2233号113頁）は，プロバイダ責任制限法4条1項の趣旨に照らすと，「開示請求の対象が当該権利の侵害情報の発信そのものの発信者情報に限定されているとまでいうことはでき」ず当該SNSは，利用者がアカウント及びパスワードを入力することによりログインしなければ利用できないサービスでありログインするのは当該アカウント使用者である蓋然性が高いことなどを理由に開示を認めている。同様にSNSは利用者はアカウント及びパスワードを入力してログインしなければ利用できないサービスでありログインするのは当該アカウントの使用者である蓋然性が高いことなどを理由にログイン時のIPアドレスに基づ

く発信者情報の開示を認めた裁判例も多い（東京地判平27.4.16（公刊物未登載），東京地判平27.5.25（公刊物未登載），東京地判平27.10.2（公刊物未登載））。

　これに対し，ログイン時のIPアドレスに基づく発信者情報の開示を否定した裁判例も多い。

　その理由としては，プロバイダ責任制限法の趣旨からすれば，発信者情報開示請求権の要件は厳格に解するべきであり，同法4条1項の「開示関係役務提供者」といえるためには当該特定電気通信役務提供者が用いる特定電気通信設備が侵害情報の流通に供された必要があることを理由とするもの（東京地判平28.1.26公刊物未登載），同項は，厳格な要件の下に特定電気通信役務提供者が負う守秘義務を免除し，発信者情報を開示することを許容したのであり，その趣旨からすれば，文理に従って解釈すべきであることを理由とするもの（東京地判平28.6.29公刊物未登載），プロバイダ責任制限法の趣旨からすれば，発信者情報開示請求権の要件は厳格に解するべきであり，そうでないと開示関係役務提供者が検討すべき範囲が広範になり，無理を強いる結果となることを理由とするもの（東京地判平28.7.28公刊物未登載），同項が「当該権利の侵害に係る」と規定し，総務省令も同様の規定になっていることから，侵害情報の発信と無関係なものは発信者情報に含まれないことなどを理由とするもの（東京地判平28.9.15公刊物未登載）などがある。

(2) 私　　見
ア　プロバイダ責任制限法4条1項等の趣旨
　プロバイダ責任制限法4条1項は，ウェブサイト等で自己の権利を侵害された者が発信者に対して権利行使をする機会を確保することと，発信者のプライバシー並びに表現の自由及び通信の秘密を確保するという利益の調整を図る趣旨で規定されたものである。そして，同項が，「発信者情報」の具体的内容を総務省令に委任したのは，開示関係役務提供者が保有している情報であって開示請求をする者が発信者を特定するために有用と思われる情報の範囲は，情報通信サービスにおいて急速な技術の進歩やサービスの多様化が進んでいることから今後変化することが予想されることを前

提にして，法律では開示の対象とすることが相当である情報とそうでない情報を書き尽くすことが不可能であることに鑑み，法律に比して柔軟に改正可能な省令において発信者の特定に資すると思われる情報を記載することによって，その時代の技術やサービスに適合する適切な発信者情報を定めるところにあると思われる。

イ 第三者のプライバシー侵害等

通常の掲示板等であれば，ある特定のテーマに関連した投稿が集まるスレッドと呼ばれる場所に，数多くの投稿がなされ，その投稿は不特定多数の者からなされるから，被害者の権利を侵害する表現等がなされた投稿以外の投稿に係るIPアドレス及びタイムスタンプは当然のことながら権利侵害に係る表現をした者（発信者）とは無関係の第三者に係るものである可能性も十分あり，それらを開示することは相当ではない。しかし，ログイン型投稿の場合には，前記1で述べたとおり，自らのアカウントページにログインするためには，ユーザーIDとパスワードを入力する必要があるが，それらを知っているのは利用者のみであり，通常それを他者に教えることはなく，企業や団体のアカウントページでない限り，自らのアカウントページを第三者と共有することは考えにくい。そうすると，あるアカウントページでなされた投稿をした者と，当該アカウントページにログインした者は同一である蓋然性がきわめて高いといえるのであるから，ログイン時のIPアドレスとタイムスタンプ等の発信者情報を開示したとしても，第三者のプライバシー等を侵害するおそれが大きいとはいえない。

ウ まとめ

以上のとおり，ログイン時のIPアドレス及びタイムスタンプがプロバイダ責任制限法4条1項の「発信者情報」に含まれると解したとしても，第三者のプライバシー等を侵害する蓋然性は低く，委任の趣旨に反することはないと思われる。

たしかに，プロバイダ責任制限法4条1項は，発信者情報の開示請求につき「権利侵害の明白性」などの厳格な要件を定めているが，その理由は，発信者情報が正当な理由なく開示されることを防ぐためであり，侵害情報の発信者と同一であることが強く推認される者に関する発信者情報を

開示したとしても，同項が厳格な要件を定めた趣旨に直ちに反するものではない。

　以上をふまえると，総務省令4号は，「侵害情報に係る」IPアドレスを発信者情報と規定しているが，「侵害情報に係る」という文言からして，被害者の権利を侵害する表現等がなされた当該投稿のIPアドレスに限定されないという解釈をすることも可能であると思われ，ログイン型投稿におけるログイン時のIPアドレスは「侵害情報に係る」IPアドレスに含まれると解する余地もあり得るのではないかと思われる。仮にそのような解釈が困難であるとしても，プロバイダ責任制限法4条1項の「侵害情報の発信者の特定に資する情報」に当たると解することもできよう。

　また，総務省令7号は，「侵害情報が送信された年月日及び時刻」と規定していることからすれば，文言上，被害者の権利を侵害する表現等がなされた当該投稿のタイムスタンプに限定されないとの解釈は困難であるとしても，上記理由からすれば，IPアドレスと同様に，プロバイダ責任制限法4条1項の「侵害情報の発信者の特定に資する情報」に当たると解することができると考える。

　なお，本問は，上記のとおり解釈論が分かれる問題であるから，今後法令等の改正により解決されることも考えられるであろう。

[参考文献]
　八木＝関[上]Q75，プロバイダ解説，プロバイダ責任制限法実務研究会『プロバイダ責任制限法判例集』229頁，234頁

（野村昌也）

Q29 スレッド自体の削除請求

コンテンツプロバイダYが管理する電子掲示板「A」では、スレッド（電子掲示板などにおける、ある一つの話題に関連した投稿の集まり）が多数並べられ、投稿者は、そのなかから話題を選んでスレッドに投稿することができるようになっている。Xは、「A」に掲載された「Xってどうよ？」というタイトルのスレッドのなかにある約100の投稿のうちおよそ半分の投稿が、自分の社会的評価を著しく低下させる書込みになっていることに気が付いた。Xは、このような投稿を根絶するために、個々の投稿ではなく、当該スレッド自体の削除をYに対して請求することができるか。

【参照条文】民法709条、710条

答 電子掲示板のスレッドでは、原則として、一つの投稿ごとに一つの独立した表現行為と理解され、スレッド全体を一つの表現行為と理解することは困難である。そして、スレッドの半分が違法な投稿であっても、残りの半分は違法でない投稿であるところ、違法でない投稿を含むスレッド自体を削除することは表現の自由に対する侵害になることから、スレッドのなかにある投稿の多くが違法なものであったとしても、スレッド自体の削除をすることは許されず、あくまで一つの投稿ごとに削除が許されるかを判断すべきである。

1　概　説

電子掲示板では、当該電子掲示板のなかにスレッドと呼ばれる特定の話題に関する投稿の集まりがあることが多く、スレッド自体個別の電子掲示板となっているといってよい。スレッドは、通常、当該電子掲示板に投稿しようとする者が、スレッド作成ページで必要事項を入力するなど当該電

子掲示板によって定められた方法によって立ち上げられる。スレッドにはタイトルが設定されており，不特定多数の者から，タイトルに記載された特定のテーマに関する個別の投稿がなされることが多いが，タイトルに沿った投稿をしなければならないわけではないため，場合によってはタイトルと無関係の投稿がなされることもある。それらの投稿には，通常，通し番号が付され，投稿内容が時系列に表示されることが多い。そして，ある一定数（1000程度であることが多い）の投稿がなされるとそのスレッドにそれ以上投稿をすることができなくなり，引き続き投稿をするためには新たに別のスレッドを立ち上げる必要がある。本問のスレッドでも「Xってどうよ？」とのタイトルが設定され，約100の投稿がされており，Xに対して興味をもつ者が，Xに関する事項をスレッドに投稿をしたり，閲覧したりすることになる。

上記のようなスレッドの性質上，電子掲示板のスレッドには特定のテーマに関する投稿が多くなされ，場合によっては，特定人の社会的評価を低下させる投稿が数多くなされることもあり，本問のようにスレッドのなかにある投稿の多くが特定人（X）の社会的評価を低下させる投稿であることも珍しくない。

2　問題点

本問で，Xとしては，自己の社会的評価を低下させる投稿を削除するために，コンテンツプロバイダであるYに対し，投稿記事の削除を請求し，Yがこれに応じない場合には，投稿記事の仮の削除を求める仮処分の申立てを検討することになると思われる。しかし，そのためには，Xは当該スレッドになされた投稿のうち，自己の社会的評価を低下させる投稿を一つひとつ特定する必要があり，違法な投稿が多いほどその作業に多くの手間がかかることになる。仮にXが当該スレッドから自己の社会的評価を低下させるような投稿のすべてを削除できたとしても，スレッドが残っていると，再びXの社会的評価を低下させる投稿がなされる可能性があり，Xとしては，その後もスレッドになされた投稿を定期的に確認し，Xの社会的評価を低下させるような投稿がなされた場合には再度削除請求をする必要

があり，そのような作業を際限なくしなければならなくなる可能性もある。また，場合によっては，削除請求によって投稿が削除されたことをきっかけにして当該スレッドが注目され，スレッド全体においてXを非難し，誹謗中傷する投稿が多数なされるなど，Xの社会的評価を低下させるような投稿が著しく増加する場合もある。

　この点，スレッドのタイトル自体が特定人の社会的評価を低下させるような場合（例えば，「犯罪者Xについて語ろう」とのタイトルでスレッドが立ち上げられた場合），Xは当該タイトルも削除の対象とすることができ，タイトルが削除されることによって，当該電子掲示板内で当該スレッドの検索ができなくなった結果，Xの社会的評価を低下させる投稿が少なくなる可能性はある。しかし，スレッドが残っていれば，なお引き続きそのような投稿がなされる可能性はあり，前記同様，Xは当該スレッドの投稿を定期的に確認しなければならない。

　そのような場合，Xとしては，当該スレッド自体を削除することができれば，自己の社会的評価を低下させるような投稿を一つひとつ特定する必要はないし，少なくとも当該スレッドにおいて今後は自己の社会的評価を低下させるような投稿がなされることはなくなるため，スレッド自体の削除請求をすることができるかが問題となる。

3　検　　討

　ある人物が電子掲示板に投稿をする場合，文字数制限等で連続して投稿がなされるような場合を除き，通常，一つの投稿である程度完結した表現をすることが多いと思われる。また，上記のとおり，電子掲示板では，一つひとつの投稿に通し番号が付されて他の投稿とは区切られているし，電子掲示板というサービスの性質上，不特定多数の者が投稿することが予定されていることから，閲覧者からも，スレッドにおける一つの投稿は，文字数制限等で連続して投稿がなされるような場合を除き，通常，独立した一つの表現行為として理解されると思われる。そうすると，一般読者の普通の注意と読み方を基準とすれば，スレッドにおいては，一つの投稿が一つの表現行為として理解され，スレッド全体が一つの表現行為として理解

されることはないと思われる。

　そして，電子掲示板のスレッドにおいて，いくつかの投稿が社会的評価を低下させるものだとしても，当該スレッドには，違法でない投稿も多数存在する場合も多い。違法でない投稿は，表現の自由で保障された表現行為として尊重されなければならず，スレッドのなかに多数の違法な投稿が存在しているからといって，それだけで違法でない投稿が削除の対象とされることがあってはならないことはいうまでもない。

　そうすると，電子掲示板においては，連続して投稿がなされた結果複数の投稿が一つの表現行為と理解されるような場合など，内容からして当該投稿以前になされた投稿と一体となるような投稿を除き，一つの投稿ごとに違法な内容のものか否かを判断し，削除請求の当否を判断すべきであるといえる。

　そうであれば，あるスレッドのなかの多くの投稿で特定人の社会的評価を低下させるような投稿があったとしても，それだけを理由にしてスレッド自体を削除することは原則として許されないというべきである。

　以上からすれば，本問のXは，スレッド全体の削除をYに対して求めることはできないと解される。

4　その他

(1)　同一のハンドルネームの者からの投稿の場合

　電子掲示板では，通常，匿名又は仮名で投稿をすることができるが，当然，本名で投稿することも可能であるし，固定されたハンドルネームを使用することも可能である。そのような場合，投稿者の名義からして，あるスレッドにおける投稿のすべて又はほとんどが同一人物からなされた可能性が高い場合であって，投稿の多くが違法なものであった場合であればスレッドを削除することは許されるであろうか。この点，ハンドルネームは第三者が容易に冒用することが可能であるから，発信者情報開示請求等の方法によって発信者が特定されない限り，ハンドルネームが同一であったとしても，すべて同一人物の投稿であると判断することはできないというべきであるし，投稿記事について削除が許されるのは当該表現が違法だか

らであり，同一人物が投稿したものであったとしても，違法でない表現まで削除の対象とされるべきではないと考える。

(2) **スレッドの大部分が違法な投稿の場合**

また，本問では，スレッドに投稿された約100の投稿のうち，およそ半分の投稿がXの社会的評価を低下させるものであるというものであったが，スレッドに投稿された9割以上の大部分が違法な投稿である場合にはスレッドを削除することは許されるであろうか。この点，スレッドの大部分が違法な投稿であったとしても，違法でない投稿もある以上，スレッドごと削除してしまうと，違法でない投稿について理由なく削除してしまうことには変わりなく，前記3で述べたとおり，スレッドの削除を請求することはできないと解される。

5 まとめ

Xは，スレッドのなかにある約100の投稿のうちおよそ半分の投稿が，自分の社会的評価を著しく低下させる書込みになっているとしても，スレッド自体の削除をYに請求することはできない。また，スレッドのなかにある違法な投稿が同一人物によって投稿されたことが窺えるような場合であったり，スレッドのなかにある投稿の大部分が違法な投稿であったとしても，スレッドの削除をすることはできないと解される。

[参考文献]
　八木＝関[上]Q76

(野村昌也)

第3章

手 続

第1節 仮処分の申立て

Q30 プロバイダの特定

　Xは，インターネット上の掲示板「A」に，自分の名誉を著しく毀損する匿名の記事を発見した。立腹したXは，投稿者を突き止め，損害賠償や謝罪など，責任をとらせたいと考えているが，Xが調べたところ，投稿者を突き止めるためにはコンテンツプロバイダや経由プロバイダを特定しなければならないことが分かった。

(1)　「A」を管理するコンテンツプロバイダは，どのような方法で特定できるか。また，特定した結果を疎明するために必要な疎明資料は何か。

(2)　Xは，「A」を管理するコンテンツプロバイダから，問題の投稿記事に係るIPアドレスとタイムスタンプの開示を受けた。Xがこれらを用いて投稿者と直接契約している経由プロバイダを特定するためには，どのようにすればよいか。また，特定した結果を疎明するために必要な疎明資料は何か。

【参照条文】プロバイダ責任制限法4条1項

答
・小問(1)について
　Xは，掲示板「A」のドメイン名について，ドメイン名による検索を行った上で，コンテンツプロバイダを特定し，ドメイン名による検索結果を疎明資料として提出することが考えられるが，ドメイン名による検索によってもコンテンツプロバイダが特定できない場合は，当該掲示板のトップページやヘルプページ等を検討してコンテンツプロ

バイダを特定し，その根拠となる資料を疎明資料として提出すること
となる。
・小問(2)について
　Xは，掲示板「A」のコンテンツプロバイダから開示を受けたIP
アドレスを用いて「Whois」検索を行い，IPアドレスの割当先の情報
を検索し，コンテンツプロバイダから開示を受けた書面及びIPアド
レスの割当先の情報の検索結果等を疎明資料として提出する。

1　はじめに

　ウェブサイト上の電子掲示板等に債権者の名誉を毀損する表現等がなさ
れた場合，債権者としては，投稿者を特定するため，まず，当該掲示板等
が記録されているサーバを管理運営する事業者（コンテンツプロバイダ）
に対して，発信者情報のうち，①IPアドレス及び当該IPアドレスと組み
合わされたポート番号，②携帯電話端末等からのインターネット接続サー
ビス利用者識別符号，③SIMカード識別番号のうち携帯電話端末等から
のインターネット接続サービスにより送信されたもの及び④①から③に係
る開示関係役務提供者の用いる特定電気通信設備に侵害情報が送信された
年月日及び時刻（いわゆるタイムスタンプ。以下「タイムスタンプ」という。）
の開示を求め（なお，コンテンツプロバイダによっては，①のうち，ポート番
号，②及び③の情報を保存していない業者もあるようである。），開示された情
報を元に経由プロバイダを特定した上，必要に応じて特定された経由プロ
バイダに対し，発信者情報消去禁止の仮処分命令を求めることとなる。本
問においては，コンテンツプロバイダ及び経由プロバイダの特定の方法及
び必要な疎明資料について検討する。

2　小問(1)について

(1)　検索方法について

　債権者がコンテンツプロバイダを特定しようとした場合，最も簡便かつ
一般的な方法としては，「Whois」を利用してドメイン名による検索を行っ

た上，ドメイン名の登録者を割り出す方法により，コンテンツプロバイダを特定することが考えられる。

ドメイン名とは，インターネット上に存在するシステムに割り当てられる名前のことで，日本国内のドメイン名（「.jp」いわゆる JP ドメイン名）については，株式会社日本レジストリサービス（JPRS）が登録管理しており，同社において，インターネット上で利用できる「Whois」サービス（http://whois.jprs.jp/）を提供している。また，日本国外のドメイン名については，InterNIC の「Whois」（http://www.internic.net/whois.html）等を利用してドメイン名による検索を行うことによって，同じドメイン名の登録者を検索することができる。

そこで，債権者としては，債務者であるコンテンツプロバイダを特定するため，上記の方法でドメイン名による検索を行った上，その結果をプリントアウトするなどして，疎明資料として提出することが考えられる（野村27頁，八木＝関上367頁参照。もっとも，大手企業が管理するウェブサイトについては，経験則上，ドメイン名から当該企業が管理していることが明らかといえる場合もあり，このような場合については，ドメイン名による検索の結果を疎明資料として提出するまでもなく，コンテンツプロバイダが特定されていると判断することも考えられる。）。

もっとも，ドメイン名による検索を行っても，その検索結果により表示された事業者と当該掲示板等が記録されているサーバを管理運営する事業者（コンテンツプロバイダ）が異なる場合があるようであり，双方審尋期日において，そのことが判明し，発信者情報の開示を受けられなかった事例がいくつか存在する。このような場合，債権者としては，別途の方法でコンテンツプロバイダを特定する必要がある。具体的には，①当該掲示板等のヘルプページ等にサーバを管理運営する事業者（コンテンツプロバイダ）が記載されているような場合には，その事業者を債務者とし，特定の根拠となったページを疎明資料として提出する方法，②債権者代理人等が，ドメイン名による検索結果により表示された事業者等に当該掲示板等が記録されているサーバを管理運営する事業者を問い合わせた結果これが判明した場合については，電話聴取書や報告書を作成の上，疎明資料とし

て提出する方法等が考えられる。

　なお，一般に，ネット上の特定のページをプリントアウトして疎明資料として提出する場合，ページの本体のみならず，欄外などに記載されるウェブページ（ウェブサイト・ホームページとも呼ばれる。）のURLもきちんと最初から最後まで印刷されているか（画像の場合はURLがきちんと最初から最後まで表示されているか）を確認する必要がある。URLは，ウェブページ等を特定するために重要な記載だからである。ちなみに，知財高判平22.6.29判例集未登載は，ある書証が被告の運営するホームページをプリントアウトしたものか否かが争われた事案であるが，原告は「当時の代理人弁護士がページを瑕疵なくプリントアウトするため，自己のパソコンのプリント・スクリーンに一度取り込んでから印刷したものである」と主張したのに対し，裁判所は，その書証左下欄に「file://C:¥DOCUME～」と記載されており，これがURLとは認め難いことからこの主張を排斥し，その理由として「インターネットのホームページを裁判の証拠として提出する場合には，欄外のURLがそのホームページの特定事項として重要な記載であることは訴訟実務関係者にとって常識的な事項であるから，原告の前記主張は，不自然であり，たやすく採用することができない。」と説示した。かかる裁判例の存在にも留意すべきである。

(2)　**ま と め**

　小問(1)の場合，Xとしては，掲示板「A」のドメイン名について，ドメイン名による検索を行った上で，コンテンツプロバイダを特定し，ドメイン名による検索の結果を疎明資料として提出することが考えられるが，ドメイン名による検索によってもコンテンツプロバイダが特定できない場合については，別途コンテンツプロバイダを特定する方法を検討してコンテンツプロバイダを特定し，その根拠となる資料を疎明資料として提出することとなる。

3　小問(2)について

(1)　**検索方法**

　前記2記載の方法によりコンテンツプロバイダを特定し，発信者情報開

示の仮処分命令により，前記1記載①ないし④の情報の開示を受けた債権者は，開示を受けたIPアドレスについて，さらに「Whois」を用いてネットワーク情報を検索して発信者が利用している経由プロバイダを割り出すことができる。

　すなわち，日本国内のIPアドレスについては，一般社団法人日本ネットワークインフォメーションセンター（JPNIC）が管理しており，同社において，インターネット上で利用できる「Whois」サービス（https://www.nic.ad.jp/ja/whois/ja-gateway.html）を提供しており，同サービスを利用してIPアドレスの割当先の情報を検索することができる（八木＝関[上]368頁）。

　そこで，債権者としては，発信者情報開示仮処分命令に基づき，IPアドレス等の開示を受けた場合については，その決定書（発信者情報開示仮処分命令に基づき，IPアドレスとの開示を受けた場合，コンテンツプロバイダから開示を受けた文書のみでは，対象となる投稿記事との関係が明らかではなく，決定書と合わせて見て，初めて対象となる投稿記事との関係が明らかになる場合も少なからず存在するため，決定書の提出を行う必要がある。），コンテンツプロバイダから開示を受けた書面及びIPアドレスの割当先の情報の検索結果を疎明資料として提出することが考えられ，コンテンツプロバイダから任意にIPアドレス等の開示を受けた場合については，開示を受けた書面及びIPアドレスの割当先の情報の検索結果を疎明資料として提出することが考えられる。

　ただし，以下の点に留意する必要がある（八木＝関[上]360頁及び361頁参照）。

ア　経由プロバイダが二重に経由されている場合があり，そのような場合は，第一次経由プロバイダから，第二次経由プロバイダに関する情報の開示を受け，第二次経由プロバイダに対し，発信者情報消去禁止の仮処分を申し立てる必要がある場合もある。

イ　発信者が仮想移動体通信事業者（MVNO）を介して，移動体通信事業者（MNO）を利用している場合，IPアドレスから判明するのは，MNOであり，MNOからMVNOに関する情報の開示を受け，MVNOに対し，

発信者情報消去禁止の仮処分を申し立てる必要がある場合もある（詳細はQ42参照）。

(2) まとめ

小問(2)の場合，Xとしては，掲示板「A」のコンテンツプロバイダから開示を受けたIPアドレスを用いて「Whois」検索を行い，IPアドレスの割当先の情報を検索し，発信者情報消去禁止の仮処分命令申立てに当たっては，発信者情報開示仮処分命令に基づき，IPアドレス等の開示を受けた場合については，その決定書，コンテンツプロバイダから開示を受けた書面及びIPアドレスの割当先の情報の検索結果を疎明資料として提出し，コンテンツプロバイダから任意にIPアドレス等の開示を受けた場合については，開示を受けた書面及びIPアドレスの割当先の情報の検索結果を疎明資料として提出する。

[参考文献]
本文中に掲げたもの

（小谷岳央）

Q31 国際裁判管轄及び国内裁判管轄（総論）

仮の地位を定める仮処分では，国際裁判管轄及び国内裁判管轄は，それぞれ，どのように定められるか。

【参照条文】法6条，11条，12条，民訴3条の2，3条の3，4条〜22条

答 国際裁判管轄については，日本の裁判所に本案の訴えを提起することができるとき又は係争物が日本国内にあるときに認められる。国内裁判管轄は，本案の管轄裁判所か，係争物の所在地を管轄する地方裁判所にある。

1　総　　論

　保全命令事件の管轄は，迅速性，審理の便宜等のため，専属管轄とされている（法6）。したがって，保全命令申立て自体については，合意管轄，応訴管轄又は併合管轄の規定は適用がないが（法7，民訴7，11ないし13），合意管轄，応訴管轄又は併合管轄の規定に基づき特定の裁判所に本案訴訟が係属していれば，同裁判所は「本案の管轄裁判所」として保全事件の管轄も生じることになる。

2　保全命令事件の国際裁判管轄

(1)　根拠規定

　平成23年法律第36号による民事保全法の改正により，保全命令の申立ては，日本の裁判所に本案の訴えを提起することができるとき，又は仮に差し押さえるべき物若しくは係争物が日本国内にあるときに限り，することができるものとされた（法11）。

(2)　本案事件管轄

　保全命令事件の目的が本案判決・裁判等の実効性確保にあること（従属性）や，裁判所の審理の便宜等を理由として，本案に関する国際裁判管轄が肯定される場合には，法11条により保全命令事件の国際裁判管轄が認められる（コンメ民保43頁，佐藤達文＝小林康彦編著『一問一答平成23年民事訴訟法改正』183頁）。

(3)　係争物所在地管轄

　執行の便宜等を理由として，係争物が日本国内にあるときに限り保全命令事件の国際裁判管轄が認められる（佐藤＝小林・前掲183頁）。仮の地位を定める仮処分の目的物も法11条の「係争物」に含まれると解される（コンメ民保46頁）。法11条の「係争物」の所在地については，法12条1項の「係争物の所在地」と同義に解する見解が有力であるところ，同条項の解釈において，特定物に関する作為又は不作為を命ずる仮処分については，その特定物の所在地が「係争物の所在地」であることには問題はないが，特定物を目的としない作為又は不作為を命ずる仮処分に関しては，その作

為又は不作為がされるべき地が「係争物の所在地」であるとの考え方と，これに反対する考え方に分かれている。そのため，法11条の「係争物」の所在地についても，同様の議論が展開されている（佐藤＝小林・前掲183〜184頁）。この点については，法11条の「係争物」の所在地にはその作為又は不作為がされるべき地が含まれるべきだとする有力な見解がある（加藤新太郎＝山本和彦編『裁判例コンメンタール民事保全法』94〜95頁）が，「係争物」概念が広がり過ぎるとして，消極に解する説もある。

(4) **インターネット関係仮処分について**

インターネット関係仮処分はいずれも仮の地位を定める仮処分であるが，債務者（プロバイダ等）が外国法人である場合は保全命令事件の国際裁判管轄が問題になり得る。

ア 本案事件管轄

① **インターネット関係仮処分に共通**

(ア) 債務者の主たる事務所・営業所が日本国内にあることに基づく国際裁判管轄

債務者である外国法人の主たる事務所又は営業所が日本国内にあるとき（民訴3の2Ⅲ）は保全命令事件の国際裁判管轄が認められる。

(イ) 債務者の代表者・主たる業務担当者の住所に基づく国際裁判管轄

債務者である外国法人の事務所若しくは営業所がない場合又はその所在地が知れない場合において，代表者その他の主たる業務担当者の住所が日本国内にあるとき（民訴3の2Ⅲ）は保全命令事件の国際裁判管轄が認められる。

例えば，債務者である外国法人がペーパーカンパニーであり，事務所・営業所の実体がないあるいはその所在地が不明な場合は，同法人の代表者その他プロバイダ事業等の管理業務を実質的に行っている業務担当者の住所が日本国内にある場合は保全命令事件の国際裁判管轄が認められる。

(ウ) 債務者の事務所・営業所の業務に関する訴えに係る事務所・営業所の所在地に基づく国際裁判管轄

債務者である外国法人が日本国内に事務所又は営業所を有し，その事務所又は営業所がプロバイダ事業等の管理業務に携わっているとき（民訴3

の3④）は保全命令事件の国際裁判管轄が認められる。なお，債務者である外国法人の日本支社等が日本国内法人として存在し，日本国内法人がプロバイダ事業等の管理業務に携わっている場合は，日本国内法人を債務者とすれば足り，外国法人を債務者とする必要はない。

⑷　事業遂行地に基づく国際裁判管轄

債務者である外国法人が日本において継続的な事業を行う者であり，本案の訴えが日本における業務に関するもの（民訴3の3⑤）ならば保全命令事件の国際裁判管轄が認められる。

例えば，債務者である外国法人が日本語のウェブサイトの管理業務を行っており，日本から同ウェブサイトの閲覧等ができる場合は，同外国法人は「日本において事業を行う者」に当たり，当該ウェブサイトに関するインターネット関係仮処分の本案の訴え（投稿記事削除請求訴訟，発信者情報開示請求訴訟）は「日本における業務に関する」訴えに当たると考えられるから保全命令事件の国際裁判管轄が認められる。

② 投稿記事削除の仮処分（①に付加して）

投稿記事削除の仮処分の被保全権利は，人格権に基づく妨害排除又は妨害予防請求権としての差止請求権であるところ，同請求権に基づく訴えは不法行為に関する訴え（民訴3の3⑧）に該当すると解されるから，加害行為が行われた地ないし損害が発生した地が日本国内にあると認められれば不法行為があった地（民訴3の3⑧）として，国際保全管轄が認められる。インターネット上の投稿による人格権侵害の結果発生地については，少なくとも債権者の住所地が含まれると解されるから，債権者が日本国内に住所等を有する場合は，投稿記事削除の仮処分については国際裁判管轄が認められる。

③ 発信者情報開示・消去禁止の仮処分

これら仮処分の被保全権利は，プロバイダ責任制限法4条1項に基づく発信者情報開示請求権であるところ，これに基づく訴えは「財産権上の訴え」（民訴3の3③）や「不法行為に関する訴え」（民訴3の3⑧）に該当せず，他に訴えの種類・性質等に照らして直ちに管轄原因が付加されることはないと解される（プロバイダ解説102頁参照）。よって，発信者情報開示又

は消去禁止の仮処分については，前記①に該当する場合のみ国際裁判管轄が認められる。

イ　係争物所在地管轄

前記2(3)記載のとおり，特定物を目的としない作為又は不作為を命ずる仮処分に関しては，その作為又は不作為がされるべき地が「係争物の所在地」に当たるか否かで見解が分かれている上，仮に肯定するとしても，削除または消去禁止（情報の保全行為）を行うべき地について証明することも困難と思われることをふまえると，インターネット関係仮処分では，係争物所在地管轄で国際裁判管轄を認定することは実際的ではないと思われる。

3　国内裁判管轄

(1)　根拠規定

保全命令事件は，本案の管轄裁判所又は仮に差し押さえるべき物若しくは係争物の所在地を管轄する地方裁判所が管轄する（法12Ⅰ）。したがって，複数の裁判所に管轄が認められる場合がある。

(2)　本案の管轄裁判所

本案とは被保全権利又は法律関係の存否の確定を目的とする訴訟をいうが，仲裁手続も含まれる。

ア　本案が未係属の場合

「本案の管轄裁判所」とは，裁判所法，民訴法等の規定により訴えの提起があれば事物及び土地の管轄を有すべき第一審裁判所のことである。なお，事物管轄も専属管轄（法6）であるかについては肯定する見解と否定説する見解等があるが，裁判所法が事物管轄の定めをしている趣旨から，訴訟の目的の価額が140万円以下の場合には，原則として簡易裁判所に対し申立てをすべきである。

イ　本案が係属中の場合

本案が係属中の場合は，当該係属中の裁判所が「本案の管轄裁判所」となり，保全命令事件の管轄裁判所になる（法12Ⅲ本文）。この点につき，当該係属中の裁判所以外の裁判所の管轄が否定されるか否かについては，争

いがある（瀬木178頁以下参照）。また，本案が控訴審に係属中の場合は控訴審裁判所が「本案の管轄裁判所」となり，保全命令事件の管轄裁判所となる（法12Ⅲただし書。異論はあるが，原裁判所に記録が存する場合は，保全事件の緊急性等に鑑み，原裁判所も保全命令事件の管轄裁判所となり得ると解される。）。さらに，上告審に係属中の場合は当該事件の第一審裁判所が法12条3項本文の「本案の管轄裁判所」となり，保全命令事件の管轄裁判所となる（ただし，上告提起後，上告受理手続中で一件記録が上告裁判所に送付されていない間は控訴審裁判所が保全命令事件の管轄裁判所となる（最決昭52.2.28判タ357号216頁）。）。

ウ　本案が終了している場合

本案が終了している場合は，かつて本案が係属した第一審裁判所が「本案の管轄裁判所」となり，保全命令事件の管轄裁判所となる（法12Ⅲ）。

(3)　係争物所在地管轄

法12条1項の「係争物」は，仮の地位を定める仮処分の目的物を含む（コンメ民保48頁）。この点，特定物に関する作為又は不作為を命ずる仮処分については，その特定物の所在地が「係争物の所在地」であることには問題はないが，特定物を目的としない作為又は不作為を命ずる仮処分に関しては，その作為又は不作為がされるべき地が「係争物の所在地」であるとの考え方と，これに反対する考え方に分かれていることは，前記2(3)記載のとおりである。

(4)　インターネット関係仮処分について

ア　本案事件管轄

①　インターネット関係仮処分に共通

債務者の普通裁判籍の所在地を管轄する地方裁判所が保全管轄裁判所である（民訴4，法12Ⅰ）。事物管轄については，インターネット関係仮処分の被保全権利は，人格権に基づく妨害排除又は妨害予防請求権としての差止請求権若しくはプロバイダ責任制限法4条1項に基づく発信者情報開示請求権であるから，いずれも訴訟の目的の価額の算定ができない場合に当たり，その価額は140万円を超えるものとみなされる（民訴8Ⅱ）。

② 投稿記事削除の仮処分（①に付加して）

　投稿記事削除の仮処分の被保全権利は，人格権に基づく妨害排除又は妨害予防請求権としての差止請求権であるところ，同請求権に基づく訴えは，不法行為に関する訴え（民訴5⑨）に該当すると解されるから，不法行為があった地（民訴5⑨）として，加害行為地ないし結果発生地を管轄する地方裁判所に管轄が認められる。インターネット上の投稿による人格権侵害の結果発生地について少なくとも債権者の住所地が含まれると解されているから債権者の普通裁判籍の所在地を管轄する地方裁判所も保全命令事件の管轄裁判所となる。なお，この場合には，上記各規定により国内裁判管轄が定まるので，民訴法10条の2の適用はない。

③ 発信者情報開示・消去禁止の仮処分

　これら仮処分の被保全権利は，プロバイダ責任制限法4条1項に基づく発信者情報開示請求権であるところ，これに基づく訴えは「財産権上の訴え」（民訴5①）や「不法行為に関する訴え」（民訴5⑨）に該当せず，その他の特別裁判籍が認められる場合にも該当しないと解される（プロバイダ解説61頁参照）。よって，発信者情報開示又は消去禁止の仮処分については，債務者の普通裁判籍の所在地を管轄する地方裁判所のみが保全命令事件の管轄裁判所となる。なお，インターネット関係仮処分の国際裁判管轄が認められるものの，債務者である外国法人につき，日本国内に主たる事務所又は営業所がなく，日本における代表者その他の主たる業務担当者もいない場合には，「管轄が定まらないとき」（民訴10の2）に該当し，民訴規則6条の2により東京都千代田区を管轄する裁判所に管轄が生じるので，東京地方裁判所が保全命令事件の管轄裁判所となる。

イ　インターネット関係仮処分では，国内裁判管轄においても，係争物所在地管轄が実際的でないことは，国際裁判管轄と同様である。

(5) **上申書の活用**

　なお、管轄の存在について説明を要するときは，上申書（【書式9】参照）を利用して説明する方法がしばしば採られている。

[参考文献]
　本文中に掲げたもののほか，八木＝関(上)Q14～18，裁判実務シリーズ２頁，野村25頁

（田中一洋）

Q32　投稿記事削除の仮処分の国内裁判管轄

　Ａ県に住み，Ｂ県所在の株式会社に勤務するＸは，東京都に事務所を構える代理人弁護士Ｃに依頼し，国内法人であり，Ｄ県に本店があるプロバイダＹに対して，Ｙが管理する掲示板に掲載された人格権侵害となる記事の仮の削除を求める仮処分を地方裁判所に申し立てることを検討している。Ｘの上記仮処分申立ての管轄を有する地方裁判所はどこか。

【参照条文】法６条，７条，民訴４条１項，４条４項，５条９号，７条，13条１項

> **答**　普通裁判籍（民訴４Ⅰ，Ⅳ）により，プロバイダＹの本店所在地であるＤ県の地方裁判所に，また，特別裁判籍（民訴５⑨）により，Ｘの住所地であるＡ県の地方裁判所に管轄が認められる。他方，Ｘの勤務する株式会社の所在するＢ県の地方裁判所及びＸの代理人弁護士Ｃの事務所の所在する東京都の地方裁判所には，本案が既に係属している場合を除き，いずれも管轄が認められない。

1　投稿記事削除の仮処分の国内裁判管轄

(1)　総　　論
　保全事件は専属管轄であり（法６），併合管轄（民訴７）が認められないため（法７が準用する民訴13Ⅰ），ウェブサイト上に投稿された記事に係る

投稿記事の削除を求める仮処分の申立てと発信者情報の開示又は消去禁止を求める仮処分の申立ては，たとえ併合して申し立てられたとしても，それぞれ個別に管轄を考える必要がある。

投稿記事削除の仮処分の申立ては，人格権に基づく妨害排除請求権又は妨害予防請求権としての差止請求権を被保全権利とするものであると解されるところ（通説），当該権利についての本案訴訟は，「不法行為に関する訴え」（民訴5⑨）であることから（最決平16.4.8民集58巻4号825頁参照），その管轄は，債務者の普通裁判籍を管轄する裁判所（民訴4）のほか，「不法行為があった地」を管轄する裁判所にも認められる。

そして，「不法行為があった地」とは，不法行為の実行行為が行われた土地と損害（結果）の発生した土地の双方を含むと解される（秋山幹男ほか『コンメンタール民事訴訟法Ⅰ〔第2版追補版〕』127頁）。

では，投稿記事削除仮処分（その前提としての同仮処分の本案訴訟）の管轄を定めるに当たり，不法行為の損害（結果）が発生した土地とは具体的にどのような土地を指すのか。

(2) **考えられる主な見解**

第1説：債権者の住所地のみに限定されるとする説。

第2説：債権者の現在の住所地はもちろん，過去の住所地や勤務地など，債権者と一定の関連性のある土地を管轄する裁判所には管轄を認めてよいとする説。

第3説：債権者が当該投稿記事を閲覧したことが立証された土地を管轄する裁判所であればどこでもよいとする説。この説によれば，上記閲覧の事実の立証が可能な証拠が存在する限り，勤務先はもちろん旅行先や債権者代理人事務所に管轄が認められることとなる。

(3) **検　　討**

インターネット上のウェブサイトは日本全国で閲覧可能であるため，人格権を侵害する内容が記載された投稿記事を債権者が閲覧する行為によって損害が発生すると解すれば，日本全国が不法行為の損害（結果）が発生した土地と考えることもできなくはない。しかしながら，そのように解す

るとすべての裁判所に管轄が認められることにもなり得，例えば，旅行先でウェブサイトを閲覧した場合はその旅行先の土地の管轄裁判所に管轄が認められかねない。このような解釈は，不法行為地の裁判所で審理することで証拠調べを容易にし，また多くの場合被害者も不法行為地に居住していることから審理も迅速に行われ，訴訟費用も少額ですむという事情を考慮して審理及び被害者の提訴の便宜を図るという民訴法5条9号に基づく特別裁判籍を認めた趣旨（秋山ほか・前掲125頁参照）からすると，妥当ではないものと思われる（ただし，大阪地決平7.7.19判タ903号238頁では，週刊誌に掲載された記事によって名誉が毀損されたとして損害賠償を請求した事案において，発売頒布行為も不法行為の一部を構成するとして当該週刊誌が頒布された土地にも管轄を認めている。）。

　ウェブサイト上の掲示板に人格権侵害となる記事を掲載するという不法行為については，上記のとおり通常ウェブサイトが日本全国で閲覧可能であるという特殊性に鑑み，少なくとも債権者の住所地に管轄を認めれば，上記のような民訴法5条9号の目的を達成するのに十分であるといえ，第1説が妥当であると考えられる。実際に東京地裁保全部では，債務者の普通裁判籍のほか，債権者の住所地（原則として現在の住所地）にも管轄を認める取扱いをする場合が多いものと思われる。なお，このような見解に立ったとしても，過去に当該土地に住所を有しており，かつ，その地で当該投稿記事を閲覧したことが立証されれば，その土地を管轄する裁判所には管轄を認められるべきであるかなど，いつの時点での債権者の住所地をもって結果発生地と解すべきかについては議論がある。

2　本問の事例の検討

　まず，普通裁判籍により，プロバイダYの本店所在地であるD県を管轄する地方裁判所に管轄が認められる（民訴4Ⅰ，Ⅳ）。

　次に，上記1(3)で検討した上記1(2)の第1説を前提にすると，民訴法5条9号に基づく特別裁判籍として，Xの住所地であるA県の地方裁判所にも管轄が認められる。他方，Xの勤務する株式会社の所在するB県の地方裁判所及びXの代理人弁護士Cの事務所の所在する東京都の地方裁判所に

はいずれも管轄が認められない。

なお，本案が既に係属している場合には，当該本案の係属する裁判所に管轄が認められる（法12Ⅲ。詳細はQ31参照）。

[参考文献]

本文中に掲げたもののほか，野村26及び27頁，八木＝関Q14，Q15，Q17，Q18，Q76以下

（小泉敬祐）

Q33 発信者情報開示又は消去禁止の仮処分の国内裁判管轄

E県に住み，F県所在の株式会社に勤務するXは，東京都に事務所を構える代理人弁護士Gに依頼し，国内法人であり，H県に本店があるプロバイダYに対して，Yが管理する掲示板に掲載された人格権侵害となる記事について，発信者情報開示を求める仮処分を地方裁判所に申し立てることを検討している。Xの上記仮処分申立ての管轄を有する地方裁判所はどこか。

【参照条文】民訴4条1項，4項，8条2項，裁24条1項

答 普通裁判籍（民訴4Ⅰ，Ⅳ）によりH県の地方裁判所にのみ管轄が認められる。他方，Xの住所地であるE県，Xの勤務する株式会社の所在するF県，Xの代理人弁護士Gの事務所の所在する東京都の地方裁判所には，本案が既に係属している場合を除き，いずれも管轄が認められない。

1 発信者情報開示又は消去禁止の仮処分の国内裁判管轄

発信者情報開示又は消去禁止の仮処分の被保全権利は，プロバイダ責任

第1節 仮処分の申立て

制限法4条1項に基づく発信者情報開示請求権である。そして，同請求権は，一定の厳格な要件が満たされる場合に特定電気通信役務提供者に課された守秘義務を解除し，開示請求者の請求に応じて発信者情報の開示に応じるべき義務を発生させるものであるから，それ自体経済的利益を目的とするものではなく，これに基づく訴えは，財産権上の訴え（民訴5①）に該当するとはいえないし，その他の特別裁判籍が認められる場合にも該当しないと解される（プロバイダ解説61頁）。

よって，発信者情報開示又は消去禁止の仮処分の申立てについては，本案が既に継続しているなどの場合を除き，債務者の普通裁判籍の所在地にのみ管轄が認められる（なお，発信者情報開示請求の事物管轄については，民訴法8条2項により訴訟の目的物の価額が140万円を超えるものとみなされ，その結果，裁判所法24条1号により，地方裁判所に管轄が認められる。）。

2 本問の事例の検討

本問では，H県に本店があるプロバイダYを債務者として申立てを行うものであるから，普通裁判籍によりH県の地方裁判所にのみ管轄が認められる（民訴4 I，Ⅳ）。他方，Xの住所地であるE県，Xの勤務する株式会社の所在するF県，Xの代理人弁護士Gの事務所の所在する東京都の地方裁判所にはいずれも管轄が認められない。

なお，本案が既に係属している場合には，当該本案の係属する裁判所に管轄が認められる。

[参考文献]
本文中に掲げたもののほか，野村26及び27頁，八木＝関[上]368頁以下

（小泉敬祐）

Q34 外国法人を債務者とする投稿記事削除の仮処分の管轄

　Ａ県に住み，Ｂ県所在の株式会社に勤務するＸは，東京都に事務所を構える代理人弁護士Ｃに依頼し，Ｐ国に本店がある外国法人のプロバイダＹに対して，Ｙが管理する掲示板に掲載された人格権侵害となる記事の仮の削除を求める仮処分を地方裁判所に申し立てることを検討している。次の各場合において，Ｘの仮処分申立てについて国際裁判管轄及び国内裁判管轄は肯定できるか。なお，Ｙの営業所・事業所は日本国内には存在しない。

(1)　東京地方裁判所に申し立てる場合
(2)　Ｂ県にあるＢ地方裁判所に申し立てる場合
(3)　Ｙはペーパーカンパニーであって会社としての実体がなく，問題の掲示板の管理運営は，日本国内・Ｑ県に居住するＺが行っていたときに，Ｑ地方裁判所に申し立てる場合
(4)　Ｙはペーパーカンパニーであって会社としての実体がなく，問題の掲示板を管理運営していたＺも，かつて住所があった日本国内・Ｑ県からＲ国（外国）に移住してしまい，Ｚの現住所が不明なときに，Ｑ地方裁判所に申し立てる場合

【参照条文】法11条，12条，民訴3条の3第4号，第5号，第8号，4条，5条第4号，第9号，10条の2，民訴規6条の2

答

1　小問(1)では，外国法人であるプロバイダＹが，日本における代表者その他の主たる業務担当者を有し，その者らが東京都内に住所を有しているなどの例外的な事情がない限り，東京地裁に管轄は認められない。

2　小問(2)では，ＸがＢ県所在の株式会社に勤務しているとの理由だけで，民訴法5条9号によりＢ県の地方裁判所に管轄を認めることはできない。

3　小問(3)では，民訴法4条5項により実際の管理運営者であるZの居住地を管轄するQ県の地方裁判所に管轄が認められる。
4　小問(4)では，民訴法4条5項の「主たる代表者の住所」について，住所又は居所が知れないときに該当し，最後の住所によることになり（民訴4Ⅱ），Zの最後の住所であるQ県の地方裁判所に管轄が認められる。

1　投稿記事削除の仮処分の国際裁判管轄

インターネット関係仮処分においては，債務者が外国法人である場合も少なくなく，その場合は，「日本の裁判所に本案の訴えを提起することができるとき」（法11）に該当するか，すなわち，国際裁判管轄の有無が問題となる。なお，当該外国法人の日本支社などが日本国内法人として存在し，ウェブサイトの管理業務に携わっているのであれば，当該日本法人のみを当事者と見れば足り，外国法人を債務者とする必要はない。

投稿記事削除の仮処分の申立てについては，人格権に基づく妨害排除請求権又は妨害予防請求権としての差止請求権を被保全権利とするもので，「不法行為に関する訴え」（民訴3の3⑧）に該当するから（民訴5⑨についてのQ32参照），「不法行為があった地が日本国内にあるとき」には，ドメインや言語にかかわらず国際裁判管轄が認められるものと考えられる。そして，「不法行為があった地が日本国内にあるとき」とは，民訴法5条4号の「不法行為があった地」と同様，不法行為の客観的要件の発生した地を指し，加害行為が行われた地及び結果が発生した地両方を指すと解され（兼子一ほか『条解民事訴訟法〔第2版〕』56頁参照），その具体的な解釈適用についての議論も民訴法5条4号の議論と同様のものが当てはまると解される（同法上の議論についてQ32参照）。

なお，民訴法3条の3第8号における「加害行為の結果が日本国内で発生した場合において，日本国内におけるその結果の発生が通常予見することのできないものであったときを除く」との要件について検討するに，不法行為を行った者とされるコンテンツプロバイダにとって，ウェブサイト

上の掲示板やブログのような世界中から自由に投稿・閲覧可能なコンテンツを管理している以上，その投稿記事のなかに名誉毀損やプライバシー権侵害に該当する投稿がされ，日本国内で結果が発生し得ることは通常予見できるといってよいものと解される。

　また，当該外国法人が日本国内に事務所又は営業所を有し，かつ，これらがウェブサイトの管理業務に携わっている場合には，民訴法3条の3第4号による国際裁判管轄が認められる。

　さらに，ウェブサイトの記載が日本語でなされており，日本から当該ウェブサイトにアクセスが可能である場合には，「日本において事業を行う者」に対する「日本における業務に関する」訴えに該当するといえるので，民訴法3条の3第5号により国際裁判管轄を認めることができる。ここの場合のほか，ウェブサイトのドメインが日本のローカルドメイン（JPドメイン）である場合にも，同様に民訴法3条の3第5号により国際裁判管轄が認められると解する余地もあろう。

2　外国法人の国内裁判管轄（投稿記事削除の仮処分の場合）

(1)　総　　論

　投稿記事削除の仮処分申立てにおいて，債務者が外国法人である場合の国内裁判管轄は，法12条1項の「本案の管轄裁判所」すなわち，債務者の普通裁判籍を管轄する裁判所（民訴4）のほか，「不法行為があった地」を管轄する裁判所にも認められる（民訴5⑨，**Q32**参照）。

　債務者が外国法人である場合の普通裁判籍は，①日本における主たる事務所又は営業所があるときには当該事務所又は営業所の所在地に，②日本国内に事務所又は営業所がないときであっても，日本における代表者その他の主たる業務担当者がいれば，その住所地に管轄が認められることとなる（民訴4Ⅴ）。なお，日本国内に主たる事務所又は営業所があると認められず，日本国内に代表者その他の主たる業務担当者もいない場合であっても，投稿記事削除の仮処分申立てにおいては，特別裁判籍として「不法行為があった地」を管轄する裁判所にも管轄が認められるから，「管轄が定まらないとき」に該当せず，民訴法10条の2及び民訴規則6条の2の適

用により東京都千代田区を管轄する東京地裁に管轄が認められると解することはできない（佐藤達文＝小林康彦編著『一問一答平成23年民事訴訟法等改正―国際裁判管轄法制の整備』169頁参照）。したがって，債務者が外国法人であり，かつ，債権者が東京都内在住でない場合には，同一の投稿記事に関する同一のコンテンツプロバイダに対する仮処分命令であったとしても，投稿記事削除の仮処分の申立てと発信者情報開示及び消去禁止の仮処分の申立てとで管轄が異なる可能性があることに留意しなければならない。

(2) ペーパーカンパニーの場合

掲示板を運営するウェブサイトによっては，同サイト上で明示されている管理運営主体と実際の管理運営主体が異なる場合があり得る（例えば，ウェブサイト上の掲示板で明示されている管理運営主体が，実際には実体のない外国法人（いわゆるペーパーカンパニー）である場合など）。そのような場合，債権者において，①実際の管理運営主体が実体のない外国法人の主たる業務担当者（個人）であるといえること，②上記①の実際の管理運営主体である個人が日本国内に在住していることについて証明した場合には，民訴法4条5項を根拠にして，「主たる業務担当者」である実際の管理運営主体である当該個人の「住所」を管轄する裁判所に管轄があると認めることができるものと思われる。その証明方法としては，実務上①につき新聞やインターネット上のウェブサイトの記事等で，②につき住民票等で証明することが多いものと思われ，当事者としては，これらに加えて管轄に関する上申書を提出すると手続のスムーズな進行が期待できるものと思われる。なお，民訴法4条5項にいう「主たる業務担当者の住所」について，日本国内に住所がないとき又は住所が知れないときは，同条2項を準用して，居所により，さらに，日本国内に居所がないとき又は居所が知れないときは最後の住所によることとなる（秋山幹男ほか『コンメンタール民事訴訟法Ⅰ〔第2版追補版〕』104頁）。

3 本問の事例の検討

(1) 国際裁判管轄について（各小問共通）

ウェブサイト上の掲示板に人格権侵害となる記事を掲載するという不法行為については，日本から当該ウェブサイトにアクセス可能である場合には，ドメインや言語にかかわらず，Xの現在の住所地については結果発生地といえると解され，Xは日本国内であるA県に在住しているから，この投稿記事の削除を求める本案訴訟は，「不法行為があった地が日本国内にあるとき」（民訴3⑧）に該当し，日本の裁判所に国際裁判管轄が認められる。

また，日本から当該ウェブサイトにアクセスが可能であるだけではなく，当該ウェブサイトの記載が日本語でなされているか又はドメインが日本のローカルドメイン（JPドメイン）であれば，上記本案訴訟は，「日本において事業を行う者」に対する「日本における業務に関する」訴えに該当するといえるので，民訴法3条の3第5号により国際裁判管轄を認めることができる。

なお，本問では外国法人のプロバイダYは日本国内に営業所又は事業所を有していないから，民訴法3条の3第4号によっては国際裁判管轄を認めることはできない。

(2) 小問(1)について

本問では，Xの住所地はA県であるから，「不法行為があった地」を管轄する裁判所はA県の地方裁判所というべきであり，東京地裁ではない。

外国法人であるプロバイダYは日本における事務所又は営業所を有していないが，日本における代表者その他の主たる業務担当者がおり，その者らが東京都に住所を有していれば，東京地裁に管轄が認められる。なお，Yにつき日本国内に主たる事務所又は営業所があると認められず，日本国内に代表者その他の主たる業務担当者もいない場合，投稿記事削除の仮処分申立てにおいては，上記のとおり管轄を定めることができるので，民訴法10条の2，民訴規則6条の2の適用はないから，同条項によって東京地裁に管轄を認めることはできない。

したがって，外国法人であるプロバイダYが，日本における代表者その他の主たる業務担当者を有し，その者らが東京都内に住所を有していない限り，東京地裁に管轄は認められない。

(3) **小問(2)について**

国内裁判管轄についてQ32で述べた見解を前提にすれば，XがB県所在の株式会社に勤務しているとの理由だけで，民訴法5条9号によりB県の地方裁判所に管轄を認めることはできない。

(4) **小問(3)について**

Yはペーパーカンパニーであって会社としての実体がなく，問題の掲示板の管理運営は日本国内のQ県に居住するZが行っていた場合には，民訴法4条5項により実際の管理運営者であるZの居住地（住所が知れず居所があるにすぎない場合でも，民訴法4条2項を準用し居所によることになるから，結論は同様である。）を管轄するQ県の地方裁判所に管轄が認められる。なお，上記(1)で見たとおり，特別裁判籍としてA県の地方裁判所にも管轄は認められる。

(5) **小問(4)について**

Yはペーパーカンパニーであって会社としての実体がなく，問題の掲示板の管理運営をしていたZも，かつて住所があった日本国内・Q県からR国（外国）に移住してしまい，Zの現住所が不明な場合は，民訴法4条5項の「主たる代表者の住所」について，住所又は居所が知れないときに該当し，最後の住所によることになるから（民訴4Ⅱ準用），Zの最後の住所であるQ県の地方裁判所に管轄が認められる。なお，上記(1)で見たとおり，特別裁判籍としてA県の地方裁判所にも管轄は認められる。

[参考文献]

本文中に掲げたもののほか，野村26及び27頁，八木＝関(上)368頁以下

（小泉敬祐）

Q35 外国法人を債務者とする発信者情報開示及び消去禁止の仮処分の管轄

E県に住み，F県所在の株式会社に勤務するXは，東京都に事務所を構える代理人弁護士Gに依頼し，P国に本店がある外国法人のプロバイダYに対して，Yが管理する掲示板に掲載された人格権侵害となる記事について，発信者情報開示を求める仮処分を地方裁判所に申し立てることを検討している。次の各場合において，Xの仮処分申立てについて管轄は肯定できるか。なお，Yの営業所・事業所は日本国内には存在しない。

(1) 東京地方裁判所に申し立てる場合
(2) F県にあるF地方裁判所に申し立てる場合
(3) Yはペーパーカンパニーであって会社としての実体がなく，問題の掲示板の管理運営は，日本国内・Q県に居住するZが行っていたときに，Q地方裁判所に申し立てる場合
(4) Yはペーパーカンパニーであって会社としての実体がなく，問題の掲示板を管理運営していたZも，かつて住所があった日本国内・Q県からR国（外国）に移住してしまい，Zの現住所が不明なときに，Q地方裁判所に申し立てる場合

【参照条文】法11条，民訴3条の3第4号，同第5号，4条5項，10条の2，民訴規6条の2

答 日本から当該ウェブサイトにアクセスが可能であり，かつ，当該ウェブサイトの記載が日本語でなされているか，ドメインが日本のローカルドメイン（JPドメイン）であれば，国際裁判管轄を認めることができる（民訴3の3⑤）。

小問(1)では，Yの日本における代表者その他の主たる業務担当者がおり，その者が東京都に居住していれば，普通裁判籍（民訴4Ⅴ）として，また，日本国内にYの代表者その他の主たる業務担当者もいな

い場合は,「管轄が定まらないとき」に該当し,民訴法10条の2,民訴規則6条の2の適用により,東京地裁に管轄が認められる。

小問(2)では,XがF県所在の株式会社に勤務しているとの理由でF県のF地方裁判所に管轄を認めることはできない。

小問(3)では,民訴法4条5項により実際の管理運営者であるZの居住地を管轄するQ県の地方裁判所に管轄が認められる。

小問(4)では,民訴法4条5項の「主たる代表者の住所」について,民訴法4条2項を準用し,住所又は居所が知れないときは「最後の住所」によることになるから,Zの最後の住所であるQ県の地方裁判所に管轄が認められる。

1 発信者情報開示及び消去禁止の仮処分の国際裁判管轄

発信者情報開示又は消去禁止の仮処分の被保全権利は,プロバイダ責任制限法4条1項に基づく発信者情報開示請求権であり,それ自体経済的利益を目的とするものではなく,これに基づく訴えは財産権上の訴え(民訴3Ⅲ③)や不法行為に関する訴え(民訴3Ⅲ⑧)には該当しない(民訴5についてのQ33参照)。

当該外国法人が日本国内に事務所又は営業所を有し,又は,同法人の日本支社が国内法人として存在し,かつ,これらがウェブサイトの管理業務に携わっている場合には,法11条,民訴法3条の3第4号による国際裁判管轄が認められる。もっとも,当該外国法人が国内に事務所又は営業所,又は日本国内法人としての日本支社などを有していない場合や,これらが存在しているものの当該ウェブサイトの管理業務に携わっていない場合には,民訴法3条の3第4号による国際裁判管轄は認められない。

この場合でも,ウェブサイトの記載が日本語でなされており,日本から当該ウェブサイトにアクセスが可能である場合には,「日本において事業を行う者」に対する「日本における業務に関する」訴えに該当するといえるので,民訴法3条の3第5号により国際裁判管轄を認めることができる。なお,仮に当該ウェブサイトの記載が日本語でなされていなかったと

しても，ドメインが日本のローカルドメイン（JPドメイン）であれば，日本における業務に関する訴えと解してよく，民訴法3条の3第5号に該当し管轄は認められると考えられる（**Q34**参照）。

2 外国法人の国内裁判管轄（発信者情報開示及び消去禁止の仮処分の場合）

⑴ 総　　論

　発信者情報開示及び消去禁止の仮処分の申立てにおいて，債務者が外国法人である場合の国内裁判管轄は，本案が既に係属しているなどの場合を除き，債務者の普通裁判籍を管轄する裁判所（民訴4）だけが「本案の管轄裁判所」（法12Ⅰ）として認められる（**Q33**参照）。

　債務者が外国法人である場合の普通裁判籍は，①日本における主たる事務所又は営業所があるときには当該事務所又は営業所の所在地に，②日本国内に事務所又は営業所がないときであっても，日本における代表者その他の主たる業務担当者がいれば，その住所地に管轄が認められることとなる（民訴4Ⅴ，法12Ⅰ）。さらに，日本国内に主たる事務所又は営業所があると認められず，日本国内に代表者その他の主たる業務担当者もいない場合は，「管轄が定まらないとき」に該当し，民訴法10条の2，民訴規則6条の2の適用により，東京都千代田区を管轄する裁判所（東京地裁）に管轄が認められる（なお，投稿記事削除の仮処分の場合に，民訴法10条の2の適用がないことに注意を要することについては**Q34**参照）。

⑵ ペーパーカンパニーの場合

　掲示板を運営するウェブサイトによっては，同サイト上で明示されている管理運営主体と実際の管理運営主体が異なる場合があり得る（例えば，ウェブサイト上の掲示板で明示されている管理運営主体が，実際には実体のない外国法人（いわゆるペーパーカンパニー）である場合など）。そのような場合，債権者において，①実際の管理運営主体が実体のない外国法人の主たる業務担当者（個人）であるといえること，②上記①の実際の管理運営主体である個人が日本国内に在住していることについて証明した場合には，民訴法4条5項を根拠にして，実際の管理運営主体である当該個人の住所

地を管轄する裁判所に管轄があると認めることができるものと思われる（その証明方法等については **Q34**参照）。なお，民訴法4条5項にいう「主たる業務担当者の住所」について，日本国内に住所がないとき又は住所が知れないときは，同条2項を準用して，居所により，さらに，日本国内に居所がないとき又は居所が知れないときは最後の住所によることとなる（秋山幹男ほか『コンメンタール民事訴訟法Ⅰ〔第2版追補版〕』104頁）。

3　本問の事例の検討

(1)　国際裁判管轄について（各小問共通）

本問では，外国法人のプロバイダYの営業所及び事業所は日本国内には存在しないから，民訴法3条の3第4号による国際裁判管轄は認められない。

したがって，日本から当該ウェブサイトにアクセスが可能であり，かつ，当該ウェブサイトの記載が日本語でなされているか，ドメインが日本のローカルドメイン（JPドメイン）であれば，同仮処分の本案訴訟は，「日本において事業を行う者」に対する「日本における業務に関する」訴えに該当するといえ，民訴法3条の3第5号により国際裁判管轄を認めることができる。

(2)　小問(1)について

Yの営業所及び事業所は日本国内には存在しないから，日本における代表者その他の主たる業務担当者がおり，その者が東京都に居住していれば，同仮処分の本案訴訟は，普通裁判籍として東京地裁に管轄が認められる（民訴4Ⅴ）。

また，日本国内にYの代表者その他の主たる業務担当者もいない場合は，「管轄が定まらないとき」に該当し，民訴法10条の2，民訴規則6条の2の適用により，東京地裁に管轄が認められる。

(3)　小問(2)について

発信者情報開示の仮処分の申立ての管轄は「本案の管轄裁判所」のうち普通裁判籍によるもののみが認められるから，XがF県所在の株式会社に勤務しているとの理由でF県のF地方裁判所に管轄を認めることはできな

い。

(4) 小問(3)について

　Yはペーパーカンパニーであって会社としての実体がなく，問題の掲示板の管理運営は日本国内のQ県に居住するZが行っていた場合には，民訴法4条5項により実際の管理運営者であるZの居住地（住所が知れず居所があるにすぎない場合でも，民訴法4条2項を準用し，住所が知れないときは居所によるから，結論は同様である。）を管轄するQ県の地方裁判所に「本案の管轄裁判所」としての管轄が認められる。

(5) 小問(4)について

　Yはペーパーカンパニーであって会社としての実体がなく，問題の掲示板の管理運営をしていたZも，かつて住所があった日本国内・Q県からR国（外国）に移住してしまい，Zの現住所が不明な場合は，民訴法4条5項の「主たる代表者の住所」について，民訴法4条2項を準用し，住所又は居所が知れないときは「最後の住所」によることになるから，「本案の管轄裁判所」はZの最後の住所であるQ県の地方裁判所に管轄が認められる。

[参考文献]

　本文中に掲げたもののほか，野村26及び27頁，八木＝関[上]Q76

（小泉敬祐）

Q36 管轄がない場合の裁判所の対応

仮処分の申立てについて，国際裁判管轄がないと判断される場合，裁判所は，どのように対応すべきか。また，国内裁判管轄がないと判断される場合の対応はどうか。

【参照条文】法7条，民訴16条1項

> **答** 国際裁判管轄がないと判断される場合は，却下する。国内裁判管轄がない場合は，管轄を有する裁判所に移送しなければならないが，実際には債権者が申立てを取り下げた上，管轄裁判所にあらためて申立てを行うことが多い。

1 国際裁判管轄がないと判断される場合

国際裁判管轄は，訴訟要件であり，その存在は職権で調査される。同管轄が認められなかった場合には，移送の問題は生じないから，裁判所は，申立てを却下することになる。

2 国内裁判管轄がないと判断される場合

管轄違いの保全命令の申立ては管轄を有する裁判所に移送しなければならない（法7，民訴16）。ただし，債務者にも，管轄について上訴の利益がある（法7，民訴21）ことから，移送決定を債務者に送達することになる。以上が形式的な結論である。

しかし，この結論は，民事保全一般に関しては，移送決定の送達により，迅速性，密行性を損なうことになると指摘されている。この点，インターネット関係仮処分については，原則として債務者が立ち会うことができる審尋の期日を経る（法23Ⅳ）ことになるので，密行性が問題になることはほとんどないと思われるが，債務者が外国法人である場合には，前記

移送決定送達に時間を要するため（一般に，アイルランドで3か月，アメリカ合衆国で3〜5か月，シンガポール共和国で4〜5か月，フィリピン共和国で3〜7か月などとされるが，それ以上の期間を要することもある。法曹会『国際民事事件手続ハンドブック』参照）迅速性が損なわれることは明らかである。これでは，必要な発信者情報が消去されるなど，保全の目的を達することができなくなる可能性があり，債権者にとって致命的となる場合がある。

したがって，実務上の措置としては，インターネット関係仮処分においても，他の民事保全と同様，裁判所は，国内裁判管轄違いの申立てをした債権者に対しては，前記問題点を示唆し，申立ての取下げと管轄裁判所にあらためて申立てをすることを促すのが相当である。実務上，インターネット関係仮処分を含めて，民事保全事件が移送される例はほとんどない。

[参考文献]
　八木＝関(上)Q14，コンメ民保43頁，法曹会『国際民事事件手続ハンドブック』

（田中一洋）

Q37　申立書を作成する際の留意事項

インターネット関係仮処分の申立書を作成する際の留意事項は何か。

【参照条文】　プロバイダ責任制限法4条1項

答　インターネット関係仮処分の類型に応じて，特に，発信者情報目録，投稿記事目録等の各種目録につき適切な記載を要するほか，権利侵害の説明についても，①投稿記事の意味内容は何か，②誰の権利を侵害するものか，③どのような権利がどのように侵害されたのか，④

違法性阻却事由の不存在，などの様々な点について，投稿記事ごとに検討した上で，的確に記載する必要がある。

1 申立ての趣旨に関する留意事項

(1) 発信者情報開示仮処分の申立ての趣旨（Q38，Q49及び巻末の書式参照）

コンテンツプロバイダに対する発信者情報開示仮処分の申立ての趣旨は，以下のようなものとされることが多い。

> 債務者は，債権者に対し，別紙発信者情報目録記載の各情報を仮に開示せよ。

「別紙発信者情報目録」においては，開示を求める発信者情報の類型に応じ，適切に記載する必要がある（なお，目録の記載における留意点の詳細は，Q38参照）。

(2) 投稿記事削除仮処分の申立ての趣旨

投稿記事削除仮処分の申立ての趣旨は，以下のようなものとされることが多い。

> 債務者は，別紙投稿記事目録記載の（各）投稿記事を仮に削除せよ。

「別紙投稿記事目録」においては，URL，投稿日時等により投稿を特定するための情報を適切に記載する必要がある。また，投稿記事の一部の削除を求める場合には，その部分を抜き出して記載するなどの方法により，これを特定しなければならない。

なお，投稿記事の一部が他人の名誉を侵害する場合には，該当する部分のみを削除することにより，名誉の侵害の排除という目的を達成することができる。そのため，このような場合に，投稿記事の全部の削除を求める旨の申立ては，保全の必要性を欠くものとされるおそれが高いが，技術的な理由により，債務者が投稿記事の一部のみの削除をすることができない

場合には，全部の削除も許容され得ると思われる。
(3) 発信者情報消去禁止仮処分の申立ての趣旨
経由プロバイダに対する発信者情報消去禁止仮処分の申立ての趣旨は，以下のようなものとされることが多い。

> 債務者は，別紙発信者情報目録記載の各情報を消去してはならない。

「別紙発信者情報目録」においては，先行する発信者情報開示仮処分命令により得られたIPアドレス等により対象となる投稿記事の特定をするとともに，将来の発信者情報開示訴訟において開示を求める情報を記載しなければならない。対象となる投稿記事の特定をするに当たり，投稿用URLと閲覧用URLが異なる場合に，経由プロバイダによっては，投稿用URLの特定を求められることがあることに注意が必要である。

2　申立ての理由に関する留意事項

迅速な審理を実現するため，債権者には，申立書等において，権利侵害の分かりやすい説明をすることが求められる。実務上，本来は個別に説明をすべき複数の投稿記事について，一括して主張を記載するもの（例えば，「これらの投稿記事は，債権者の名誉を毀損し，又はプライバシーを侵害する。」というようなもの）もあるが，その結果，投稿記事の意味内容やこれらにより侵害される権利，違法性，疎明資料との対応関係等が不明瞭となってしまっているものも少なくない。複数の投稿記事を対象とする場合には，例えば，「権利侵害の説明」という表題の表を作成し，投稿記事，その意味内容，侵害される権利，その理由，対応する疎明資料等を一覧で対照することができるようにしている工夫例もみられるところであり，以下に説明する留意事項をふまえつつ，体裁においても分かりやすい説明のあり方を工夫することが求められよう。

(1) 投稿記事の意味内容は何か（Q11, Q12参照）
投稿記事が債権者の権利を侵害しているとの主張をするに当たっては，まず，一般読者の普通の注意と読み方を基準として，その投稿記事がどの

ような内容の事実の摘示をしているのか，あるいは，どのような内容の意見・論評をするものであるのかという投稿記事の性質や意味内容を特定し，具体的に主張する必要がある。事実の摘示と意見・論評とは，一般に，証拠の存否により決することができるかどうかという基準によって区別されるが，実務上，投稿記事が事実の摘示をするものであるのか，それとも意見・論評をするものであるのかという点の整理が不明瞭なままに主張されている例がある。しかし，事実の摘示による名誉毀損と意見・論評による名誉毀損とでは，不法行為責任の成否に関する要件が異なるため，申立書においては，これらの区別をして主張する必要がある。もっとも，事実の摘示と意見・論評とは，現実には，いずれかに明確に区別することが困難である場合も少なくない。このような場合には，最判平9.9.9民集51巻8号3804頁の判旨に従い，一般の読者の普通の注意と読み方を基準に，前後の文脈や読者が投稿記事の公表当時に有していた知識，経験等を考慮しながら，これらの区別を検討し，主張することになろう。

また，この点に関し，実務上，頻繁に問題となるものとして，「Aが『○○』と言った。」というような伝聞の形式による投稿記事がある。このような形式の場合には，この投稿記事は，基本的には，「Aが『○○』という発言をした。」という事実を摘示するものであって，直ちに「○○」という事実を摘示するものであるということはできないが，前後の文脈によっては，「○○」という事実を摘示するものであると解すべき場合もあるとも思われる。この場合には，前後の文脈をふまえながら，「○○」という事実を摘示すると解すべき根拠について丁寧に論証することが求められる。

このほか，インターネット上の表現によくみられるものとして，いわゆるネットスラングや単語の羅列の類いのものがある。このような表現の場合には，それ自体だけから意味内容を特定することができず，投稿記事が掲載された掲示板のタイトルや前後のほかの投稿記事と相まって初めて意味内容を特定することができるものも少なくない。そのため，投稿記事の読み方を特定するための前提となるほかの記事等の意味内容を検討した上，投稿記事との位置関係や文脈等を指摘しながら，投稿記事の意味内容

を論証する必要がある。

(2) **誰の権利が侵害されているのか**（Q10参照）

この点についての検討を誤ると、債権者の選択を誤っているものとされることとなる。このような例としては、「甲株式会社では、乙山取締役が会社の金を私的に流用している。」というような投稿記事をあげることができる。実務上、このような投稿記事については、「甲株式会社」が債権者となって、取締役が資金を私的に流用するような会社であるとの事実の摘示をするものであるとして、会社の社会的評価を下げるという主張をすることがある。しかし、このような投稿記事は、多くの場合には、「乙山取締役」の社会的評価に関する事実の摘示をするものと理解されるものであって、「甲株式会社」の社会的評価に関する事実の摘示をするものと理解することはできないと考えられる。したがって、このような投稿記事について、「甲株式会社」が債権者として仮処分命令の申立てをしている場合には、特段の事情のない限り、債権者の選択を誤っているものとして、裁判官から取下げを促されることになろう。

また、債権者と投稿記事が言及する者とが同一の者であるのか（同定可能性）ということも問題となる。このようなものとしては、「甲野一郎」を「甲野」、「一郎」、「甲ちゃん」、「一」などと、あだ名、通称名、略称等で呼称しているものが典型例であるが、「甲野一郎」、「乙山商事株式会社」等とフルネームや正式な名称によって呼称する投稿記事の場合であっても、その点だけから、それが債権者である「甲野一郎」や「乙山商事株式会社」と同一の人物又は法人であるということはできないから、これらの投稿記事に現れた者と債権者との同一性については、投稿記事中のほかの情報や前後の文脈等をふまえつつ、具体的に主張、立証する必要がある。

(3) **どのような権利がどのように侵害されたのか**（Q11、Q16参照）

投稿記事によって、債権者のどのような権利が侵害されたのかという点についても、整理、検討の上、明確に主張しなければならない。

この点について、実務上、「債権者の社会的評価を低下させ、プライバシーを侵害するものである。」というように、侵害される権利が具体性を欠く概括的な形で並列的に記載されている例がみられる。しかし、権利ご

とにその侵害の成立要件は異なるものであることからすれば，それぞれの権利ごとにその侵害の内容，程度を整理し，具体的に主張すべきである。また，投稿記事削除仮処分の場合には，人格権としての名誉権やプライバシー権に基づく妨害排除請求権を被保全権利とすることになるが，その違法性は，名誉権については，社会的評価の低下が人格権侵害を構成する程度に至っているかどうかなどといった要件により，プライバシー権については，プライバシー権に対する侵害が相対立する利益との衡量により受忍限度を超えるかどうかにより，それぞれ判断されることとなると思われる。そのため，この場合には，上記のとおり，侵害の内容，程度を具体的に主張した上で，上記の要件を充足することを論証する必要がある。

(4) **違法性阻却事由の不存在**（Q13参照）

発信者情報開示仮処分の被保全権利は，プロバイダ責任制限法4条1項に基づく発信者情報開示請求権であるが，同項1号の「権利が侵害されたことが明らかなとき」とは，不法行為等の成立を阻却する事由の存在を窺わせるような事情が存在しないことを意味すると解釈されている。また，東京地裁保全部では，投稿記事削除仮処分の場合についても，民事保全手続の手続保障が十分ではないことや，プロバイダは本来的に投稿記事の内容が真実であるかどうかを知り得る立場にないことを考慮し，債権者において，違法性阻却事由の存在を窺わせる事情がないことも主張，立証することを求めている（以上につき八木＝関[上]Q75）。

そのため，債権者は，いずれの場合であっても，申立書において，例えば，投稿記事が摘示する事実が真実ではないことなど違法性阻却事由の存在を窺わせる事情がないことを具体的に主張する必要がある。

なお，名誉毀損の場合には，投稿記事の内容にもよるが，違法性阻却事由として，摘示された事実が真実ではないこと（反真実性）の主張，立証がされることが多い。そのため，債権者は，債権者面接の段階で，最低限，債権者等の陳述書の提出を求められることとなると思われるので，あらかじめ，その準備をする必要がある点に留意が必要である。

(5) **債務者の特定**

ウェブサイトの管理者がウェブサイト上から明らかではない場合には，

ドメイン名による登録名の検索サービスである「Whois」によって，ウェブサイトの管理者を特定する例が多い。もっとも，必ずしも「Whois」によらなければならないものではないし，「Whois」によっても，債務者がそのウェブサイトの管理者であることが明らかとはならない場合もある。このような場合には，債務者がそのウェブサイトの管理者であることが分かる事情を具体的に主張，立証する必要がある。

〈参考判例〉
本文中に掲げたもののほか，八木＝関[上]Q74，Q75，Q76，野村，八木一洋・最判解説民平9年[下]1146頁以下

(大野晃宏)

Q38 別紙目録を作成する際の留意事項

インターネット関係仮処分の申立書の別紙目録を作成する際の留意事項は何か。

【参照条文】 法13条1項，規則1条1号，13条1項

答 申立ての類型や債務者の性質によって，申立書に添付する別紙目録の種類や記載内容が異なり得るので，書式例を確認するなどして，申立てに応じて的確な目録を作成・添付する必要がある。

1 別紙目録の種類

インターネット関係仮処分は，①発信者情報開示仮処分，②発信者情報消去禁止仮処分，③投稿記事削除仮処分の3種類に大別される。

このうち，上記①，②の仮処分においては，仮処分命令申立書の申立ての趣旨において開示又は消去禁止を求める発信者情報の範囲を特定する必

要があるところ（法13Ⅰ，規則1①，13Ⅰ②各参照），実務では，申立ての趣旨で別紙を引用する旨記載した上で，その別紙として発信者情報目録が添付されるのが通例である（したがって，これらの目録は，申立ての趣旨の一部である。）。

また，上記①，②の仮処分において，発信者情報は投稿記事（侵害情報）との関連で定まることになるから（総務省令参照），その投稿記事を特定するため，別紙として投稿記事目録が添付される。上記③の仮処分においても，申立ての趣旨において仮の削除の対象を特定する必要があるところ，実務では，やはり，申立ての趣旨中に投稿記事目録を引用する旨記載した上で同目録を添付することが必要となる。

このほかに，投稿記事が複数にわたる場合には，投稿記事1件ごとに，債権者の権利がいかに侵害されているのかを説明する必要がある。このため，投稿記事が複数の場合には，申立書の本文（被保全権利の項目）中ではなく，申立書末尾に「権利侵害の説明」などといった表題の一覧表を添付して，権利侵害等の主張をするのが一般的である。

なお，インターネット関係仮処分特有の別紙目録ではないが，当事者の氏名又は名称及び住所などを記載した（規則13Ⅰ①参照）当事者目録を添付するのは，他の類型の保全事件と同様である。

2 発信者情報目録

開示又は消去禁止の対象となる発信者情報については，総務省令に定められているが，その各号に規定された発信者情報のうちいずれを申立ての対象とするかは，申立ての類型，債務者の性質や保有する情報によって異なり得る。

なお，実務上，改正前の総務省令の条文の文言に沿った目録を添付した申立書も散見されることから，申立てに当たっては，最新の条文を確認した上で，事案に応じた目録となるよう留意する必要がある。

(1) 発信者情報開示仮処分
ア コンテンツプロバイダに対する申立て

発信者情報開示仮処分の大多数は，コンテンツプロバイダに対して，侵

害情報に係るIPアドレス，タイムスタンプ等の開示を求めるものである。この申立てにおける発信者情報目録の基本的な記載例は，【書式3－1】，【書式3－2】のとおりであり，投稿が携帯電話端末等を経由して行われた場合を含めた記載例は，【書式3－3】のとおりとなる。また，投稿記事を発信，編集するためにパスワードを用いてログインすることが要求される場合（いわゆるログイン型投稿）において，ログインした際の通信に係るIPアドレス及びタイムスタンプにつき発信者情報開示仮処分を認めるかどうかについては見解が分かれているが（Q28参照），これを肯定する見解を前提とした記載例は，【書式3－4】ないし【書式3－8】のとおりである。通信の秘密等の重要性に照らして，発信者情報開示請求権が厳格な要件の下で認められていることからすると，上記肯定する見解に立った場合も，ログイン型投稿における発信者情報開示の範囲は必要最小限にとどめるのが相当であるが，プロバイダによって保存する情報の範囲が異なることや，投稿の日時とログインの日時との関連性が事案により異なることなどから，事案に応じて上記書式を参考に記載することになる。

　なお，総務省令4号の発信者情報について，IPアドレスは保有しているが，ポート番号を使用，保有していないコンテンツプロバイダも存在している。総務省令に規定があることをもって，債務者が当然に当該情報を保有しているとの姿勢で審理に臨む債権者も見受けられるが，債務者の保有しない情報の開示を命じることはできないから，債務者の主張その他の事情によって，債務者が当該情報を保有していないことが判明した場合には，目録から外す必要がある。

イ　MNOに対する申立て

　コンテンツプロバイダから開示を受けたIPアドレスにより判明した経由プロバイダが移動体通信事業者（Mobile Network Operator。以下「MNO」という。）である場合には，MNO自身は発信者の氏名，住所等の情報を有していないことから，同人が保有している仮想移動体通信事業者（Mobile Virtual Network Operator。以下「MVNO」という。）の名称及び住所に係る発信者情報開示仮処分が申し立てられることになる（Q42参照）。この申立てにおける発信者情報目録の記載例は，【書式3－9】のとおりである。

なお，経由プロバイダに対して発信者情報消去禁止仮処分を申し立てたが，答弁書の記載等によりMVNOが介在していることが判明し，発信者情報開示仮処分へと申立てを変更することがあるが，当該変更に伴い，発信者情報目録も上記のものに変更する必要がある。

(2) **発信者情報消去禁止仮処分**

この類型における発信者情報目録の基本的な記載例は，【書式3－10】のとおりである。

3　投稿記事目録

投稿記事の特定は，投稿記事の存在するウェブサイトから把握可能と考えられるURLと投稿日時を基礎として，これに事案に応じて必要な項目を付加している事例が多い。例えば，掲示板サイトに投稿がされた場合には，上記URL等に加えて，掲示板名，スレッド名，投稿番号などを記載し，また，ウェブサイト上の質問やそれに対する回答に係る投稿の場合には，質問名，質問者名又は回答者名などが付加されている。

これに加えて，投稿記事の全文を記載する例や，全文を記載した上で，権利侵害部分について下線を付す例も多い。ただし，債務者が外国法人であり，審尋期日に出席しない場合に，認容決定を得た上で，インターネットを通じて決定の内容を債務者に伝えることで，任意に履行を求める事例もあるところ，そのような場合，投稿記事全文の記載された投稿記事目録を決定に添付すると，インターネット上に権利を侵害する投稿記事が再掲載される結果となってしまう。そのような事案では，決定に添付される投稿記事目録には投稿記事の冒頭と末尾の一部のみを記載し，投稿記事全体（又は権利侵害となる記載部分）については，「権利侵害の説明」に係る一覧表等に記載してもらうのが相当である。

(1) **発信者情報開示仮処分**

ア　コンテンツプロバイダ一般に対するもの

この類型の基本的な記載例としては，【書式4－1】ないし【書式4－4】のようなものがある。

イ　ログイン型のコンテンツプロバイダに対するもの

　この類型では，投稿がされたウェブサイトに表示されている名前，ユーザー名などを付加することが多く，基本的な記載例は，【書式4－5】のとおりである。なお，発信者情報目録で投稿記事目録を引用せず，別紙アカウント目録を引用する記載例による場合には，【書式4－6】のような別紙アカウント目録が添付される事例が多い。

ウ　MNOに対するもの

　基本的に上記アと同様であるが，接続先IPアドレスが必要であるとする債務者も多いことから，債権者としては，接続先IPアドレスも調査しておく必要がある。これを加えた記載例は，【書式4－7】のとおりとなる。

(2) **発信者情報消去禁止仮処分**

ア　経由プロバイダ一般に対するもの

　基本的に上記(1)アと同様であるが，コンテンツプロバイダから開示を受けたIPアドレスやタイムスタンプを記載する必要がある。基本的な記載例は，【書式4－8】のとおりである。なお，外国のコンテンツプロバイダから開示を受けたタイムスタンプについては，日本時間に修正する必要がある。また，経由プロバイダによっては，投稿用のURLの情報が必要となることがあるので，その場合には，投稿用URLを調査して，目録に記載することになる。

イ　MVNOに対するもの

　基本的に上記アと同様である。

(3) **投稿記事削除仮処分**

　基本的に上記(1)アと同様である。なお，投稿記事の一部のみが債権者の権利を侵害している場合，当該部分のみを削除すれば足りるはずであるから，削除対象を特定するための投稿記事目録も当該部分に限定する必要がある。ただし，投稿記事の一部のみの削除はできないプロバイダも相応に存在し，その場合には不可分なものとして全部を削除せざるを得ないから，その点について債務者が争わない限り，投稿記事全体を記載する事例が多い。

4　権利侵害の説明

　権利侵害について，分かりやすい説明が必要とされることは，Q37で説明するとおりである。ここでは，複数の投稿記事に関する権利侵害の説明を一覧表の形式で整理する場合の留意点について触れておきたい。

　複数の投稿記事がある場合，通常は投稿ごとに権利侵害の有無を判断することになるから，権利侵害の説明を一覧表の形式で整理する場合にも，投稿記事ごとに，権利侵害の要件を十分に検討し，それを簡潔に記載する必要がある。例外的に，ひとまとまりの文章を分割して複数回に分けて投稿したような場合には，それらをまとめて説明することになろうが，ひとまとまりの文章であること自体の説明を付加する必要があろう。また，同一の掲示板に，まったく同内容の誹謗中傷記事が複数回にわたり投稿されている場合のように，複数の投稿記事についてまとめて説明することが可能な事例も存する。他方で，インターネット上の投稿記事は，ごく短文のものや，短文を連ねたものも多いから，一部の文言が異なるだけでも，そこから読み取れる内容が異なってくることがある。実務上も，複数の投稿記事をまとめて権利侵害の説明がされている事例で，個々の投稿記事を精査すると，投稿記事の対象が債権者かどうか不明であるとか，真実性の立証対象となる事実が記事ごとに若干異なっているなどの理由から，債権者に対し，投稿記事ごとに分けて一覧表を再提出するよう求める事案は少なからず存在している。再提出に伴う審理の遅延を防止する観点からも，申立て時に，まとめて説明することができる投稿記事であるか否かを慎重に検討する必要があろう。

5　当事者目録

　他の類型の保全事件と特に異なるものではないが，双方審尋期日を経て決定に至る事例がほとんどであることから，認容決定に添付する当事者目録については，債務者代理人を記載したものを債権者に準備してもらっている。また，債務者が外国法人である事件の割合が高いところ，債務者の名称や住所についてアルファベット表記のみを記載した申立書も散見され

るが，日本語であるカタカナ表記は必須である（裁74参照）。なお，カタカナ表記は書類によって若干表現が異なることがあり（例えば，マイケルとマイクル），資格証明の翻訳と疎明資料の翻訳とでカタカナ表記が異なる場合があることから，同一性の確認に資するよう，カタカナ表記のみでなく，アルファベット表記も併記する運用がされている（【書式2】参照）。

[参考文献]
　八木＝関上Q76，清水陽平＝神田知宏＝中澤佑一『ケース・スタディ　ネット権利侵害対応の実務—発信者情報開示請求と削除請求—』，清水陽平『サイト別　ネット中傷・炎上対応マニュアル』

（古谷健二郎）

Q39　必要となる疎明資料及び提出書類の留意事項

インターネット関係仮処分の申立てに際し，必要となる疎明資料や，提出を要する書類の留意事項は何か。

【参照条文】法13条2項，規則6条，13条2項，民訴法55条1項，民訴規15条，18条，23条1項，99条1項，137条1項

答　インターネット関係仮処分においては，債権者の同定，債務者の特定など，通常の保全事件では問題となることの少ない事項についても（疎明）資料が必要となることが多い。このため，要件に沿って，必要な疎明資料が欠けていないか検討する必要がある。また，投稿記事が複数にわたる事案では，疎明資料が多数になり，各投稿記事と疎明資料の結びつき等が分かりづらくなることも多いので，証拠説明書を提出し，これにより立証趣旨や証拠相互の関係等を明確化することが有益である。

インターネット関係仮処分において，一般的に提出又は作成が求められる疎明資料等は，以下のとおりである。

1 疎明資料

(1) 当事者に関するもの
ア 債権者（の同定）に関するもの

(ア) 投稿記事により権利を侵害された者が債権者となるべきところ，投稿記事に氏名，名称がフルネームで記載されていても，同姓同名の人や同一商号の法人等が存在し得るから，投稿記事の内容等との関係で，権利侵害の対象が債権者であること（同定可能性）を示す必要が生じることが多い。投稿記事（記事自体のほか，サイト名，スレッド名，ユーザー名なども含む。）には，対象となる者の氏名等のほかに，所属する団体名，行為内容，写真などといった特定につながる情報が存在している。このため，多くの場合，そのような情報と結びつく資料を提出することになる。個人については，投稿記事の内容が，会社関係の場合には社員証や名刺，学校関係の場合には学生証のように，団体に属していることを示す資料を提出する例や，投稿記事で使用された写真が債権者であることを示す債権者自身の他の写真（免許証や学生証のように氏名が記載されているものが，より好ましい。）を提出する例が多い。法人については，投稿記事において名称，事業内容，役員や従業員の氏名等に触れていることが多いので，当該法人の登記事項証明書，活動内容，役員や従業員の氏名等の記載されたウェブサイトや会社案内等が提出されている。

(イ) 投稿記事で，債権者の通称や屋号など本名以外の呼称が用いられている場合には，それが債権者を表すものであることを主張立証する必要がある。個人の場合には，本名と通称の双方が記載された外国人登録証，本名と通称がつながる記載のあるインターネット上の掲示板やSNSのプリントされたもの，法人の場合も，名称と屋号の双方が記載されたホームページやパンフレットなどを提出する例が多い。

(ウ) さらに，投稿記事には，債権者の名称が記載されていない事例もある。そのような事例では，上記(ア)以上に，当該記事の内容等と債権者とを

結びつける資料が要求されることになるので，申立て前の資料収集が重要となる。また，投稿記事中にリンク先の記載がある場合や，投稿記事が他の記事に対する応答として記載されている場合であって，当該リンク先等の記載との関係で債権者が同定される場合には，リンク先や他の記事をプリントしたものも提出すべきことになる。

(エ) なお，客観的な資料が存在しない場合には，陳述書で補充せざるを得ないこともあるが，それが存在する場合に陳述書で代用するのは相当ではない。

イ 債務者の特定に関するもの

(ア) コンテンツプロバイダに対する発信者情報開示仮処分又は投稿記事削除仮処分においては，「Whois」と呼ばれる検索サービスを用いて，投稿記事に係るURL中のドメイン名からウェブサイトの管理運営者を調べるのが通例である。そのような事例では，債務者がウェブサイトの管理運営者であることを示す資料として，当該「Whois」の検索結果をプリントしたもの（検索条件の入力部分と管理運営者の双方が表示されているもの）を提出する。

なお，投稿記事の記載されたウェブサイト上において，当該ウェブサイトの管理運営者の名称や住所が明示されている場合には，その部分をプリントしたものが提出されることもある。

(イ) 経由プロバイダに対する発信者情報消去禁止仮処分又は発信者情報開示仮処分のうち移動体通信事業者（Mobile Network Operator。以下「MNO」という。）に対して仮想移動体通信事業者（Mobile Virtual Network Operator。以下「MVNO」という。）の名称等の開示を求める場合においては，IPアドレスの検索サービスを利用すると，コンテンツプロバイダから開示を受けたIPアドレスを基に経由プロバイダを特定することができるので，その検索結果をプリントしたものを提出する。

(2) 被保全権利に関するもの

ア 投稿記事による権利侵害を示す資料

まず，投稿記事を特定するために，それが表示されたウェブサイトをプリントしたものを提出する必要があるが，投稿記事と債務者との結びつき

を明らかにするため，URLを含めて印刷するよう留意する（なお，この場合，URLが最初から最後まで全部印刷されていることを確認の上書証化することも，重要である。）。稀に，投稿記事自体は削除ずみで，アーカイブサイトから投稿記事を入手して，発信者情報開示仮処分等を申し立てることがある。その場合，プリントしたものにはアーカイブサイトのURLが表示されていることもあるので，元のウェブサイトのURLを特定する資料も準備しなければならない。

　また，投稿記事にリンクが含まれており，投稿記事の内容の一部としてリンク先の投稿記事を取り込むことにより人格権侵害が生じていると認められる場合や，掲示板の他の投稿を前提とする投稿記事により人格権侵害が生じていると認められる場合（東京高判平24.4.18公刊物未登載参照）には，当該リンク先や他の投稿についてプリントしたものも提出する必要がある（ただし，検索結果の削除を請求する場合については**Q24**参照）。

　長文の投稿記事の一部が債権者の権利を侵害する場合，権利侵害部分が投稿記事内に点在しているような場合，掲示板のスレッド中に複数の投稿記事が存在する場合などには，権利侵害部分を的確かつ迅速に把握できるよう，権利侵害部分にマーカーで着色するなどの工夫が望まれる。

イ　投稿内容が真実でないことを疎明する資料（名誉毀損を理由とする申立ての場合）

　事実が「ないこと」の立証は困難であるという一般論に依拠して，「投稿記事に摘示された事実はありません。」という内容の陳述書のみを提出する事例が散見される。しかし，インターネット関係仮処分はいずれも仮の地位を定める仮処分であるところ，同仮処分の疎明は「証明に近い疎明」が求められること（**Q3**参照）を考慮すれば，客観的資料が存在する場合にはそれを提出すべきである。例えば，「定時にタイムカードを切らせて，残業代をまったく支払わない。」という投稿記事に対しては，少なくとも，定時過ぎの時刻が打刻されたタイムカードや，残業代支給の記載のある給与明細書の提出は可能であろう。

　また，「サービス残業を余儀なくされる。」という投稿記事に対して，残業時間一覧表と残業代支給の記載のある給与明細書が提出されることがあ

るが，会社の設定する残業時間や残業代の範囲を超える残業が行われている事態を想定すると，ある程度の残業代が支払われていることを疎明しても，それを超えるサービス残業がないことの疎明には足りないことが多いと考えられる。サービス残業に関する報道や行政機関による監督指導等の状況に鑑みると，サービス残業が存在する事態が稀であるとは言い難いように思われるので，それが真実でないというためには，サービス残業が行われていないことを示す具体的な事実関係，例えば，従業員が残業しているかどうか，予定される残業時間，残業中に予定される業務量は残業時間に見合っているか，実際の退社時刻はいつかなどといった事項を，どのような態勢で把握しているかについて，客観的資料又は詳細な陳述書により疎明することが考えられる。そのような疎明で十分かどうかは，投稿記事の内容と疎明資料を対比して個別に判断されるものと思われるが，少なくとも，上記のような疎明を検討する必要はあると思われる。

　これに対し，例えば，債権者の逮捕の事実を摘示する投稿記事に対して，債権者に逮捕の事実はなく，そもそも犯罪に関して何ら身に覚えがない場合のように，それが真実でないことを客観的資料や詳細な陳述書により疎明するのは難しい事例もある。このような事例では，「逮捕されたことはなく，警察の取調べを受けたこともありません。」というような，債権者の認識を内容とする陳述書の提出でやむを得ないとされることもあると思われる。

　ウ　その他
　　① **発信者情報消去禁止仮処分に関するもの**
　この仮処分で消去禁止の対象となる発信者情報は，コンテンツプロバイダから開示を受けたIPアドレス及びタイムスタンプとの関係で特定されるため，投稿記事目録に当該IPアドレス及びタイムスタンプを記載するところ，その出所及び正確性を確認するため，コンテンツプロバイダから受領した書面や電子メールをプリントしたものなどの開示に関する資料を提出する。

　また，投稿用URLが必要となる事案では，その調査結果を示す資料を提出する。

② MNO や MVNO に対する発信者情報開示仮処分に関するもの

MNO に対して，MVNO の名称等の開示を求める発信者情報開示仮処分では，経由プロバイダと発信者との間に，MVNO が介在していることを示す資料を提出する。

また，コンテンツプロバイダから開示を受けた IP アドレスのほかに，接続先 IP アドレスが必要となる事案では，その調査の結果を示す資料を提出する。

(3) 保全の必要性に関するもの

ア 発信者情報開示仮処分又は発信者情報消去禁止仮処分について

コンテンツプロバイダや経由プロバイダにおいて，発信者情報やその特定に要する情報が短期間しか保存されないことを示す資料（公的な報告書，保存期間に言及している裁判書，論文等）を提出するのが一般的である。

イ 投稿記事削除仮処分について

例えば，債権者の裸体の写真が投稿され，そのことに気づいてから間もなく当該投稿の削除を求める申立てをした場合のように，権利侵害の態様や性質から保全の必要性のあることが明らかな事案では，それ以上に，保全の必要性を疎明する資料の提出は求められないことが多いであろう。

これに対し，債権者が，その権利を侵害する検索結果の存在に気づいてから相当程度の期間が経過している事案においては，かかる事案に関して，インターネットにおける情報拡散の危険性というだけで常に保全の必要性を肯定できるか疑問を呈する見解もあるため（**Q24参照**），このような検索結果の削除を求める事案では，保全の必要性を肯定できるような具体的な事情を主張し，これを疎明する資料の提出が必要となる可能性もある。

2 証拠説明書

インターネット関係仮処分においては，前記 1 のとおり様々な疎明資料が提出される。このうち，債権者の同定に関する資料や，投稿記事が真実でないことに関する資料は，主張された事実との結びつきが明白とは限らないものもある。また，投稿記事が複数の場合には，真実でないことの疎

明資料が，どの投稿のどの事実に関するものか，説明を要することも多い（規則6が準用する民訴規99Ⅰ参照）。このため，申立ての理由や権利侵害に関する一覧表で主張と証拠の結びつきを説明するのはもちろんのこと（規則13Ⅱ），証拠説明書を作成し，証拠相互の関係や，主張する事実と疎明資料との結びつきを説明することが望ましい（規則6が準用する民訴規137Ⅰ）。

3 添付書類

他の保全事件と同様に，当事者が法人である場合には，資格証明書を添付する必要がある（規則6が準用する民訴規18，15）。

また，本案事件の訴訟代理を受任した弁護士は，民事保全事件についても法律上当然に代理権を有する（民訴55Ⅰ）。しかし，実務では，訴訟代理権は書面により証明しなければならない上（規則6が準用する民訴規23Ⅰ），本案事件と保全事件は別々に記録が編成され，別の部に係属する場合も多いので，本案事件の委任状とは別に保全事件のための委任状を作成し，後者を保全事件を担当する部に添付書類として提出する例が多い。

[参考文献]
八木＝関(上)Q76

（古谷健二郎）

Q40 債務者が外国法人である場合の留意事項

債務者であるプロバイダが外国法人の場合，仮処分命令の申立て時に留意すべき事項は何か。

【参照条文】裁74条，規則3条，6条，民訴規15条，18条，138条，民事訴訟手続に関する条約等の実施に伴う特例等に関する規則2条2項，11条2項，民事又は商事に関する裁判上及び裁判外の

文書の外国における送達及び告知に関する条約10条，民事訴訟手続に関する条約6条1項1号

> **答** 債務者であるプロバイダが外国法人である場合，仮処分命令の申立てに当たっては，①債務者の選定，②当事者目録の表記，③訳文の添付，④呼出しに要する時間等に留意が必要である。

1 はじめに

　債務者であるプロバイダが外国法人である場合であったとしても，債務者であるプロバイダが日本国内の法人である場合と基本的な手続に異なるところはない。しかるに，債務者であるプロバイダが外国法人である場合，仮処分命令の申立てに当たっては，①債務者の選定，②当事者目録の表記，③訳文の添付，④呼出しに要する時間等に留意が必要であるため，以下この点を中心に留意事項を説明する。

2 ①債務者の選定

　プロバイダである外国法人が日本国内に別法人を設立していたとしても，上記日本国内の別法人には，発信者情報開示や投稿記事削除の対象となる投稿記事が記載されている掲示板等の管理権（発信者情報の開示権限や投稿記事の削除権限。以下同じ）がないことが判明する場合がある。この場合，上記日本国内の別法人を債務者としても，債務者である同法人では対応できないとの反論がなされることとなる。そのため，債務者の選定に当たっては，発信者情報開示や投稿記事削除の対象となる投稿記事が記載されている掲示板等の管理権者がどの法人であるかという点について，当該掲示板等のトップページ等の確認や必要に応じて当該法人に問い合わせるなどした上，十分に検討する必要がある。

3 ②当事者目録の表記

　東京地裁保全部においては，債務者であるプロバイダが外国法人である

場合,当事者目録の債務者欄の住所,商号,代表者名について,それぞれ外国語表記と日本語表記(カタカナ表記等。ただし,漢字表記が行われている国の場合,日本語表記を不要とする場合もあるであろう。)を併記するよう求める取扱いがされている(裁74参照)。当事者目録を作成するに当たり,外国語表記と日本語表記とを併記する場合には,資格証明書及びその訳文と当事者目録の記載との間に離齬がないよう注意する必要がある。

4 ③訳文の添付

(1) 資格証明書について

債務者が法人の場合には,資格証明書を提出しなければならない。そして,当該法人が外国法人の場合には,原則として,外国政府等が認証した資格証明書を提出し,当該資格証明書が外国語で表記されている場合には訳文を付して提出する必要がある(以上につき,規則6,民訴規138,18,15,裁74)。

(2) 呼出状について

審尋期日への呼出しは,送達による必要はなく,相当と認める方法によれば足りるから(規則3Ⅰ),外国法人に対して呼出状を送付する場合,当該外国法人が「民事又は商事に関する裁判上及び裁判外の文書の外国における送達及び告知に関する条約」の締結国で同条約10条(a)について拒否宣言をしていない国,又は「民事訴訟手続に関する条約」の締結国で同条約6条1項1号について拒否宣言をしていることが確認されていない国に所在する場合については,郵便による直送によって呼出状を送付することが可能であると解される(Q44参照)。東京地裁保全部においては,この場合,日本郵便株式会社の国際スピード郵便(以下「EMS」という。)により呼出状を送付するのが一般的である。一方,上記以外の国に所属する外国法人については,呼出状を,申立書等の主張書面及び疎明資料とともに送達することとなる。そして,東京地裁保全部においては,いずれの場合についても,呼出状の訳文を添付している。

(3) 申立書等の主張書面及び疎明資料について

ア 直送の方法

　審尋期日が指定された場合，債権者は，債務者に対し，既に提出した主張書面及び疎明資料を債務者に直送することとなる（規則15）。そして，債権者が外国法人たる債務者に直送する方法としては，前記(2)の場合と同様に，送達又は EMS による送付が考えられる。

イ 送達と訳文添付について

　債務者である外国法人が，「民事又は商事に関する裁判上及び裁判外の文書の外国における送達及び告知に関する条約」の締結国で同条約10条(a)について拒否宣言をしていない国，又は「民事訴訟手続に関する条約」の締結国で同条約6条1項1号について拒否宣言をしていることが確認されていない国以外の国に所在する場合，申立書等の主張書面及び疎明資料を債務者に送達することとなる。申立書等の主張書面及び疎明資料を債務者に送達する場合，送達すべき文書には，受送達者が日本語を解することが明らかな場合を除き，送達すべき地の公用語又は受送達者が解する言語による訳文を添付する必要がある（民事訴訟手続に関する条約等の実施に伴う民事訴訟手続の特例等に関する規則2条2項，11条2項参照）。そして，送達による場合については，疎明資料の一部のみの訳文では足りず，申立書等の主張書面及び疎明資料の全文について，訳文を添付する取扱いである。したがって，債権者としては，疎明資料のなかに明らかに不必要な部分があると判断した場合，マスキングをするなどして，当該部分を訳する必要がないように工夫することが望ましい。

ウ EMS による送付と訳文添付について

　債務者である外国法人が，「民事又は商事に関する裁判上及び裁判外の文書の外国における送達及び告知に関する条約」の締結国で同条約10条(a)について拒否宣言をしていない国，又は「民事訴訟手続に関する条約」の締結国で同条約6条1項1号について拒否宣言をしていることが確認されていない国に所在する場合，申立書等の主張書面及び疎明資料を EMS により送付するのが一般的である。EMS による送付の場合，訳文の添付について，根拠となる規定はないものの，債権者から申立書等の主張書面及

び疎明資料の直送を受けた債務者は，その内容を検討することにより，反論の要否，代理人の選任の要否等を検討するものと解され，東京地裁保全部においては，債務者の手続保障の観点から，原則として，送達の場合と取扱いを異にすることなく，申立書等の主張書面及び疎明資料の全文について，訳文を添付するよう債権者に求める取扱いをしている。

　ただし，疎明資料の内容によっては，その一部に明らかに要証事実と関係のない記載（例えば，発信者情報開示や投稿記事削除の対象となる投稿記事が記載されている掲示板等に商業広告が掲載されている場合，当該広告は，要証事実と関係ない場合が多い。）がある場合も散見されることから，債権者面接において，当該疎明資料のうち，要証事実との関係で重要な部分かどうか検討し，重要な部分については枠で囲うなどして判別できるようにし，当該部分の訳文（抄訳）のみを添付し，申立書等の主張書面及び疎明資料を直送する運用も可能と解され，現にそのような運用を行った例もある。なお，債権者としては，裁判所に提出した疎明資料を撤回し，訳文を作成する費用や手間などの負担を減らすことも考えられるが，一旦裁判所に提出された疎明資料を債権者面接の段階で，撤回することは好ましいということはできない。したがって，債権者としては，訳文作成の負担を考慮し，申立て前の段階で必要かつ十分な疎明資料を厳選すべきである。

5　④呼出しに要する時間

(1)　投稿記事削除仮処分命令申立てについて

　東京地裁保全部においては，投稿記事削除の仮処分命令申立事件について，債務者が実態のない会社であるなど特段の事情がない限り，必ず双方審尋を経た上で，仮処分命令を発している（法23Ⅳ。詳細はQ45）。債務者であるプロバイダが日本国内の法人である場合，通常，呼出状の送付から1週間程度後に審尋期日を定めているところ，債務者であるプロバイダが外国法人である場合であって，EMSにより呼出状の送付を行う場合，債権者において申立書等の主張書面及び疎明資料の訳文も完成し，直送できる状態になっていることを呼出手続をする前提とし，債権者による呼出状の訳文提出時からおおよそ2，3週間先に審尋期日を指定している。ま

た，呼出状等を送達する場合，呼出状，申立書等の主張書面及び疎明資料の訳文が完成した後，当該法人の所属する国の実情にあわせて審尋期日を指定している（例えば，フィリピンに送達する場合は，呼出状，申立書等の主張書面，疎明資料の訳文が完成した後，8か月後に審尋期日を指定した例がある。その他，送達に要する期間の一応の目安は，最高裁判所事務総局民事局監修『民事事件に関する国際司法共助手続マニュアル』を参照されたい。）。

(2) 発信者情報開示仮処分命令申立事件・発信者情報消去禁止仮処分命令申立事件について

債務者であるプロバイダが外国法人である場合であって，EMSにより呼出状の送付を行う場合，前記(1)の場合と同様に，債権者において申立書等の主張書面及び疎明資料の訳文も完成し，直送できる状態になっていることを前提とし，債権者による呼出状の訳文提出時からおおよそ2，3週間先に審尋期日を指定している。一方で，呼出状等を送達するしか方法がない場合，送達には相当長期間時間を要することが見込まれるところ，一般に経由プロバイダは，アクセスログ（IPアドレス，タイムスタンプ等）を比較的短期間しか保有していないため（概ね3か月程度である場合が多いようである。八木＝関[上]Q75参照），送達を待っていたのでは，アクセスログが消去され，債権者の目的が達せられないことが予想される。このような場合については，法23条4項ただし書に基づき，審尋等を経ることなく，仮処分命令を発することも可能であろう（なお，東京地裁保全部においては，法23条4項ただし書に基づき審尋等を経ることなく，仮処分命令を発する場合，債権者から同項ただし書の要件該当性について理由を記載した上申書（【書式10－1】参照）の提出を求めている。）。

［参考文献］
　本文中に掲げたもの

（小谷岳央）

Q41 携帯電話端末からの投稿記事に係る発信者情報開示の留意事項

人格権を侵害する投稿記事が携帯電話端末から発信されたとして，コンテンツプロバイダに対し発信者情報開示を求める仮処分を申し立てる場合，留意する事項は何か。

【参照条文】プロバイダ責任制限法4条1項，総務省令

答 開示を求める発信者情報として，侵害情報に係るIPアドレスのほかに，①携帯電話端末等からのインターネット接続サービス利用者識別符号又は②SIMカード識別番号のうち携帯電話端末等からのインターネット接続サービスにより送信されたもの，及び上記①，②に係るタイムスタンプについても対象に加えるかどうかを検討する必要がある。

1 はじめに

投稿記事により人格権が侵害されたとして，コンテンツプロバイダに対して発信者情報開示の仮処分を申し立てる場合，その投稿記事が携帯電話端末から発信されたか，それ以外の情報端末等から発信されたかによって，当該仮処分の審理の進め方等が大きく異なることはないが，開示対象とすべき発信者情報の範囲は異なる可能性がある。

2 携帯電話端末と発信者情報

(1) 発信者情報に関する総務省令の規定

すなわち，総務省令は，プロバイダ責任制限法4条1項に基づく発信者情報として，①発信者その他侵害情報の送信に係る者の氏名又は名称，②発信者その他侵害情報の送信に係る者の住所，③発信者の電子メールアドレス，④侵害情報に係るアイ・ピー・アドレス（インターネットに接続され

た個々の電気通信設備を識別するために割り当てられる番号をいう。）及び当該アイ・ピー・アドレスと組み合わされたポート番号（インターネットに接続された電気通信設備において通信に使用されるプログラムを識別するために割り当てられる番号をいう。），⑤侵害情報に係る携帯電話端末又はPHS端末（以下「携帯電話端末等」という。）からのインターネット接続サービス利用者識別符号（以下「利用者識別符号」という。），⑥侵害情報に係るSIMカード識別番号（携帯電話端末等からのインターネット接続サービスを提供する電気通信事業者との間で当該サービスの提供を内容とする契約を締結している者を特定するための情報を記録した電磁的記録媒体を識別するために割り当てられる番号をいう。）のうち，携帯電話端末等からのインターネット接続サービスにより送信されたもの（以下「送信されたSIMカード識別番号」という。），⑦上記④から⑥までに係る開示関係役務提供者の用いる特定電気通信設備に侵害情報が送信された年月日及び時刻（いわゆるタイムスタンプ），の7つを定めている（詳細はQ4参照）。

(2) **携帯電話端末特有の情報**

　上記①ないし⑦の情報のうち，投稿記事が携帯電話端末により発信された場合に特有の情報が，上記⑤の利用者識別符号，⑥の送信されたSIMカード識別番号並びに⑦のうち⑤及び⑥に係るタイムスタンプである。

　上記⑤の利用者識別符号は，携帯電話事業者等がその利用者に割り当てているものであり，利用者による電子掲示板への書込み等の際に，電子掲示板の管理者等に対して送信されることがある（なお，携帯電話番号等，携帯電話端末等の製造番号，MACアドレスについては，利用者識別符号に当たらないとされる。）。

　上記⑥に関して，そもそもSIMカード識別番号とは，SIMカードに記録されているSIMカードを識別するための番号であり，一部の携帯電話事業者のものについては，利用者による電子掲示板への書込み等の際に，携帯電話端末等からのインターネット接続サービスにより送信することが可能であり，インターネットにおける利用者の識別に用いられることがある。このようなSIMカード識別番号のうち，インターネット接続サービスにより送信されたものが，上記⑥の送信されたSIMカード識別番号に

該当する。

(3) 法改正の経緯

上記⑤の利用者識別符号，⑥の送信されたSIMカード識別番号並びに⑦のうち⑤及び⑥に係るタイムスタンプは，制定当初の総務省令には規定されておらず，平成23年に総務省令が改正された際に追加されたものである。この改正は，侵害情報が携帯電話端末等からのインターネット接続サービスを利用して特定電気通信により送信された場合，携帯電話事業者によっては，そのネットワークの構成上，同時に複数の利用者に対して同一のIPアドレスを共有させていたり，ごく短い割当時間でIPアドレスを変更したりすることがあるため，あるIPアドレスを特定の時刻に使用した可能性のある者が複数存在し，IPアドレスとタイムスタンプのみによる発信者の特定が困難な場合があるところ，利用者識別符号や送信されたSIMカード識別番号が存在する場合には，それらの情報により発信者の特定が可能なこともあることから，発信者情報として付加されたものである。

3 留意事項

このように，投稿記事が携帯電話端末から発信された場合には，開示請求の対象となる発信者情報に，携帯電話端末等に特有の上記⑤，⑥並びに⑦のうち⑤及び⑥に係るタイムスタンプを付加すべき事案が含まれ得るので，その点に留意して，発信者情報目録を作成する必要がある。

ただし，上記のとおり，携帯電話端末等から投稿記事を発信した場合に，コンテンツプロバイダに対して，常に利用者識別符号やSIMカード識別番号が送信されるとは限らず，また，コンテンツプロバイダにおいて，送信された上記各情報の保存が義務付けられているものでもない。このため，発信者情報開示仮処分の申立てに当たっては，上記各情報を発信者情報目録に記載する必要性の有無について検討を要する。また，申立ての時点において，投稿記事が携帯電話端末等から発信されたかどうか不明な場合や，上記各情報の送信や保存の有無が確認できない場合に，それらが存在する場合に備えて，上記各情報を発信者情報目録に記載している事

例も散見されるが，債務者となったコンテンツプロバイダがそれらの情報を有していないときには，その部分に関する申立ての一部取下げが必要となる。

[参考文献]

八木＝関[上]353頁以下，プロバイダ解説

（古谷健二郎）

Q42 経由プロバイダがMVNO（仮想移動体通信事業者）の場合の留意事項

債務者であるプロバイダがMVNO（仮想移動体通信事業者）の場合，仮処分申立て時に留意する事項は何か。

【参照条文】プロバイダ責任制限法2条3号，4条1項

答 発信者（利用者）が仮想移動体通信事業者（Mobile Virtual Network Operator。以下「MVNO」という。）を介して，移動体通信事業者（Mobile Network Operator。以下「MNO」という。）の移動体回線網を利用してインターネットに接続した場合，利用者の氏名・住所等を把握しているのはMVNOのみで，IPアドレスから判明するMNOはこれらを把握していないこともある。そこで，インターネット上のウェブサイトに名誉を毀損する表現等がなされた被害者は，MNOが任意にMVNOの名称や住所を開示しない場合には，その開示を命ずる仮処分を得て，さらにMVNOに対して，発信者の氏名・住所等の保存を命ずる仮処分を求めることができる。

1 はじめに

本問を検討する前提として，まず，プロバイダ責任制限法4条に基づく

発信者情報開示制度（以下「発信者情報開示制度」という。）の意義と，経由プロバイダに対する発信者情報開示請求の可否について述べる。

(1) 発信者情報開示制度の意義

インターネット上のウェブサイトに名誉を毀損する表現等がなされた場合に，その被害者が法的救済を求めるときには，加害者を特定し，その者を相手に訴訟を提起することになる。被害者が加害者を特定するためには，加害者の氏名・住所等を知る必要があるが，インターネット上では匿名で情報発信をすることが可能であるため，発信された情報からは発信者の氏名・住所等を特定することができないことが多い。

発信者情報開示制度は，このように匿名で発信された情報により名誉毀損等の損害が発生した場合に，当該情報発信を媒介し，あるいはそれに関与した「特定電気通信役務提供者」（プロバイダ責任制限法2③）に対し，その発信者に関する情報を開示させることで，被害者が法的救済を求める道を確保したものである（Q4参照）。

(2) 経由プロバイダに対する発信者情報の開示請求の可否

ア　コンテンツプロバイダに対する発信者情報の開示請求

個人がインターネット上のウェブサイトで情報発信を行う場合，自らウェブサーバなどの設備を用意するのではなく，他の者からウェブサーバの記録媒体の一定領域について提供を受けたり，他の者が運営する電子掲示板に記事を投稿したりするのが通常である。当該ウェブサイトが記録されているサーバを管理運営する事業者（コンテンツプロバイダ）は「特定電気通信役務提供者」に該当する。

しかし，コンテンツプロバイダは，発信者に対し正確な氏名・住所等を記載することを要求しないが，そのIPアドレス（場合によりポート番号を含む。以下同じ）とタイムスタンプを自動的に取得しているのが通常である。したがって，コンテンツプロバイダに対し発信者情報の開示を命じた場合，発信者の氏名・住所等は開示されず，IPアドレスとタイムスタンプのみが開示されることが多い（Q6参照）。

イ　経由プロバイダに対する発信者情報の開示請求

個人がインターネットを利用する場合，そのコンピューターをインター

ネットに接続するサービスを提供する事業者（経由プロバイダ）を通じてインターネットにアクセスして，前記**ア**のとおり情報を発信するのが一般的である。この場合，インターネット利用者は，経由プロバイダが保有するIPアドレスの割当てを受けて，これを用いるため，コンテンツプロバイダから開示されたIPアドレスとタイムスタンプから判明するのは，この経由プロバイダのみであることが多い。

一方，経由プロバイダは，課金の都合上，利用者の氏名・住所等を把握している。

そこで，インターネット上のウェブサイトで発信された情報により名誉を毀損された被害者が法的救済を受けるためには，上記の経由プロバイダから発信者の氏名・住所等の情報を取得する必要がある（**Q7**参照）。

経由プロバイダが「特定電気通信役務提供者」に該当するか否かについて，かつてはこれを否定する見解もあったが，最判平22.4.8民集64巻3号676頁は，プロバイダ責任制限法2条の文言に照らすと，最終的に不特定の者によって受信されることを目的とする情報の流通過程の一部を構成する電気通信を電気通信設備を用いて媒介する者は，「特定電気通信役務提供者」に含まれると解するのが自然であること，発信者の氏名・住所等を把握しているのが経由プロバイダのみであることが多いという実態に照らし，経由プロバイダが「特定電気通信役務提供者」に該当しないと解すると，前記(1)の発信者情報開示制度の趣旨が没却されることになることなどを理由に，これを肯定した。

2　MNOに対し，プロバイダ責任制限法4条に基づいてMVNOの名称及び住所の開示を請求することができるか

総務省総合通信基盤局「MVNOに係る電気通信事業法及び電波法の適用関係に関するガイドライン」によれば，MNOとは，電気通信役務としての移動通信サービスを提供する電気通信事業を営む者であって，当該移動通信サービスに係る無線局を自ら開設（開設された無線局に係る免許人等の地位の承継を含む。）又は運用している者，MVNOとは，MNOの提供する移動通信サービスを利用して，又はMNOと接続して，移動通信サービ

スを提供する電気通信事業者であって，当該移動通信サービスに係る無線局を自ら開設しておらず，かつ，運用をしていない者とそれぞれ定義される。

　MVNOを介し，MNOの移動体回線網を利用した電気通信は，MNOからMVNOに対する卸電気通信役務の提供という形態と，MNOとMVNOとの間の接続という形態とが考えられる。電気通信利用者との間の契約関係は，後者の形態ではMVNOとMNOがそれぞれの役務提供区間について契約履行責任を負うが，前者の形態ではMVNOのみが契約当事者となる。したがって，発信者がMVNOを介して，MNOの移動体回線網を利用してインターネットに接続する場合，発信者の氏名・住所等を把握しているのはMVNOのみであって，IPアドレスから判明するMNOは発信者の氏名・住所等を把握していないことも考えられる。この場合，インターネット上のウェブサイトで発信された情報により名誉を毀損された被害者は，MNOからMVNOの情報を得た上で，このMVNOに対して発信者の氏名や住所といった発信者情報の開示を求める必要がある。

　MVNOは，総務省令1号及び2号の「発信者」ではないが，「その他侵害情報の送信に係る者」には当たると考えられ，また，このように解することが，経由プロバイダが「特定電気通信役務提供者」に含まれると解する前記平成22年最判の解釈とも整合することから，MVNOの名称及び住所はプロバイダ責任制限法4条1項の発信者情報に該当すると解される。

　そこで，被害者は，MNOが任意にMVNOの名称や住所を開示しない場合には，これらの情報の開示を命ずる仮処分を得て，さらにMVNOに対して，発信者の氏名・住所等の消去禁止を命ずる仮処分を求めることができると解される。

3　発信者がMVNOを介して，MNOの移動体回線網を利用してインターネットに接続した事案の場合の留意点

(1)　開示請求を迅速に行う必要があること

　経由プロバイダは，一般的にアクセスログを比較的短期間（2週間ないし3か月とする文献もあるが，実際には概ね3か月程度であることが多いよう

である。ただし，アクセスログの保存期間はプロバイダごとに異なっているようであり，法律等によって保存期間が定められているわけではないから，3か月以上前に投稿された投稿記事であることから直ちに保全の必要性が否定されるというものではない。Q21参照）しか保存していない。

そのため，コンテンツプロバイダが保有している発信者情報のうち，IPアドレス及びタイムスタンプについては，仮処分命令によりその開示を請求することができると解されているのであるが，発信者がMVNOを介して，MNOの移動体回線網を利用してインターネットに接続している場合，被害者は，まず，MNOに対してMVNOの情報開示を受け，その後，MVNOに対する発信者情報開示請求を行う必要があることから，上記アクセスログの保存期間内に行わなければならない手続が一つ多くなる。そのため，通常の経由プロバイダの場合よりも迅速に手続を行っていくことが求められる。

また，経由プロバイダが二重に経由されている場合（発信者→第一次経由プロバイダ→第二次経由プロバイダ→電子掲示板の存するウェブサーバといった経路で記事が投稿された場合）の，第二次経由プロバイダに対する発信者情報開示請求の場合と同様，MNOに対しては，発信者情報の消去禁止ではなく，その開示を命ずる仮処分を得る必要があり，また，それが可能であると考えられる。

(2) **MNOに対し，MVNOの情報の開示を求める場合の記載例**
ア 申立ての趣旨

> 債務者は，債権者に対し，別紙発信者情報目録記載の（各）情報を仮に開示せよ。

イ 別紙発信者情報目録

前記のとおり，MVNOは「発信者」ではない。総務省令3号の文言上，メールアドレスについては発信者のものに限定されているため，MVNOの情報の開示を求めるときは，メールアドレスの開示請求はできない。一方，MVNOは，「その他侵害情報の送信に係る者」に該当するため，その名称と住所は発信者情報に含まれる。そこで，発信者情報目録の

記載は，次のとおりとなる。

> 　別紙投稿記事目録記載の（各）投稿記事の投稿に用いられた，同目録記載のIPアドレスを，同目録記載の（各）投稿日時頃に使用して情報を発信していた電気通信設備を管理する者の下記情報
> ①　氏名又は名称
> ②　住所

ウ　別紙投稿記事目録

　通常の発信者情報開示仮処分の場合と同様であるが，経由プロバイダである債務者と発信者との間にMVNOが介在している場合，債務者において投稿に係る発信者情報を特定するためにIPアドレス及びタイムスタンプのほかに接続先IPアドレスが必要となることが多いため，債権者は接続先IPアドレスを調査しておく必要がある。そこで，投稿記事目録の記載は，次のとおりとなる。

```
URL　http://〇〇〇〇
投稿番号　〇〇
投稿日時　〇〇年〇〇月〇〇日　〇〇：〇〇：〇〇．〇〇
IPアドレス　〇〇〇．〇〇〇．〇〇〇．〇〇〇
接続先IPアドレス　〇〇〇．〇〇〇．〇〇〇．〇〇〇
```

(3)　MVNOに対し，発信者の情報の開示を求める場合

　MVNOに対し，発信者の情報の開示を求める手続は，通常の経由プロバイダに対する場合と同様，発信者情報の開示を命ずる仮処分まで求めることはできず，発信者情報の消去禁止の仮処分を求めることができるにすぎない。また，その場合の記載例も，通常の経由プロバイダに対する消去禁止の仮処分と特に異なる点はない。

[参考文献]
　総務省総合通信基盤局「MVNOに係る電気通信事業法及び電波法の適用関係に関するガイドライン」（平成29年2月），鬼澤友直＝奥俊彦＝鈴木雄輔＝廣瀬

仁貴「インターネット関係仮処分(2)発信者情報開示仮処分・発信者情報消去禁止仮処分」八木＝関㊤352頁，鈴木雄輔＝廣瀬仁貴「インターネット関係仮処分(3)申立て上の留意点」八木＝関㊤362頁，プロバイダ解説20〜23頁，82頁，清水陽平＝神田知宏＝中澤佑一『ケース・スタディ　ネット権利侵害対応の実務―発信者情報開示請求と削除請求―』82頁

（鈴木雄輔）

第2節　債務者の期日呼出し

Q43　債務者の期日呼出し（国内法人等）

債務者審尋を要する仮処分命令申立事件において，日本国内に本店を有するプロバイダが債務者である場合，審尋期日に呼び出す方法はどのような方法が考えられるか。

【参照条文】法23条，7条，29条，40条1項，41条4項，規則3条，民訴93条1項，94条，158条，159条，263条

答　期日の呼出しは，「相当と認める方法によることができる」とされている。「相当と認める方法」の具体的な方法としては，普通郵便，電話，ファクシミリなどが考えられる。

　裁判所書記官は，相当と認める方法で呼出手続を行った場合は，呼出しをした旨及び呼出しの方法を記録上明らかにしなければならない。

1　期日の指定と期日の呼出し

　民事保全手続については，特別の定めがある場合を除き，民訴法の規定が準用される（法7）。したがって，民事保全手続における口頭弁論又は審尋の期日の指定も，裁判長が行い（民訴93Ⅰ），その指定がされたときは，当事者その他訴訟関係人を期日に呼び出さなければならない。期日の指定は，特定の期日を定める裁判長の命令であり，期日の呼出しは，定められた期日及びこれに出頭すべき旨の告知である（条解規則15頁）。期日の呼出しの方式等については，民訴法94条及び規則3条に規定されている。

2 規則3条の趣旨と適用範囲

(1) 趣　　旨

　民事保全法施行前の保全命令手続では，判決手続で審理する場合，最初の口頭弁論期日の呼出しは，必ず呼出状の送達という方法によらなければならなかった（旧民訴742Ⅰ，745Ⅱ，746Ⅱ，747Ⅱ，756）が，決定手続で審理する場合の審尋期日の呼出しは，相当と認める方法により行われていた。これに対し，規則3条1項は，迅速な事件処理の要請に対応し，審尋期日の呼出しについての民事保全法の施行前の実務の運用を明文で規定し，保全命令手続における口頭弁論期日及び審尋期日の呼出し全般について，相当の方法によることができることとした。そして，同条2項は，相当な方法による呼出手続をしたときは，送達の方法以外では呼出しをした痕跡が残らない場合もあるため，その記録化を義務付けた。

(2) 適用範囲

　規則3条は，明示的には，「口頭弁論又は審尋」の期日の呼出方法についてのみ規定するにすぎないが，和解期日の呼出しにおいても適用されることはもちろんである。また，相当と認める方法による呼出しは，当事者だけでなく，訴訟代理人，法定代理人，補佐人，参加人など呼出しを必要とする者すべてに対して行うことができる（条解規則14頁）。

　保全異議及び保全取消しの申立て並びに保全抗告についての手続においては，口頭弁論又は当事者双方が立ち会うことができる審尋の期日を開かなければ決定をすることができない（法29，40Ⅰ，41Ⅳ）が，この期日における呼出方法も，当事者の出頭の見込み，後の手続で口頭弁論又は双方立会いの審尋期日が開かれたかどうかについて争いが生ずる見込みとの関連において，適宜選択すれば足りる。呼出しの有無について争いが生ずる可能性があり，時間的余裕もあるときは，特別送達の方法による呼出しをすることとなろう。

3 規則3条と民訴法との関係

　平成8年に改正された民訴法は，期日の呼出しについて「呼出状の送

達，当該事件について出頭した者に対する期日の告知その他相当と認める方法によってする。」と規定し（民訴94Ⅰ），最初の期日の呼出しについても相当な方法によることができるものとされた。民訴法は，民事保全手続にも準用される（法7）ため，規則3条1項は，民事保全の手続における口頭弁論又は審尋の期日について，相当な方法によることができる旨を確認的に規定したと解することができる。また，同項を前提とする同条2項との関係から，同条1項が残されたものと考えられる（条解規則16頁）。

なお，民事保全手続は，上記のとおりオール決定主義を採用しており（法3），口頭弁論も裁判所の裁量によって開かれる任意的口頭弁論であって，書面又は審尋による審理を補充するものにすぎず，当事者が期日に出頭しない場合にも，訴状等の陳述の擬制（民訴158），自白の擬制（民訴159Ⅲ），訴え取下げの擬制（民訴263）の規定は適用の余地がない（山崎91頁）から，民訴法94条2項は準用されないと解される（条解規則16頁）。

4 呼出しの具体的方法

「相当と認める方法」としては，普通郵便，電話，ファクシミリなどが考えられるが，これに限らず，呼出しの目的を達することができればどのような方法でもさしつかえない（条解規則14頁）。呼出しをすべき者の所在が不明の場合には，呼出しをする相当な方法がないので，公示送達の方法により呼出しをするほかない。

呼出しの方法が相当か否かの判断は，最終的には裁判所が行うことになる。相当と認める方法の選択に当たっては，事案の性質や当事者の特性，緊急度等，諸般の事情を考慮し，当事者の意見も参考にしながら，裁判所として十分検討する必要がある。

5 呼出方式等の記録化

「相当と認める方法」による呼出しがされたときは，呼出しをした旨及び呼出しの方法を記録に明らかにしなければならない（規則3Ⅱ）。

相当と認める方法による呼出しをした場合，相手方に確実に到達したことの証拠がないこともあるが，相手方に到達しなかったことがその場で直

ちに明らかとなる場合（例えば，電話による呼出しの手続をしたが相手方が不在であった場合等）のほかは，呼出しの手続がされた以上は，裁判所書記官は，記録上これを明らかにすべきである。呼出しがされた旨を記録上明らかにした後，呼出しが到達していないことが判明したような場合（例えば，普通郵便で呼出しをした場合において，それが名宛人に到達せずに戻ってきたような場合）には，その旨を呼出しの記録に付記しておくのが相当であろう。

「記録上明らかにする」とは，調書を作成する必要はないが，何らかの方法で記録上，明瞭にすることである。相当と認める方法による呼出しがされたときは，呼出しをした旨及び呼出しの方法を記録に記載した上，裁判所書記官が押印する。記録上明らかにすることは，期日の呼出しがされたことの証明方法にすぎないから，これを怠ったとしてもそれによって直ちに呼出しの効力が否定されるわけではない。

東京地裁保全部では，日本国内に本店を有するプロバイダが債務者となる場合，審尋期日の呼出しは，原則として，債権者面接期日（東京地裁保全部では，原則として債権者の口頭審尋（いわゆる「債権者面接」）が行われている。）の約1週間後に双方審尋期日を指定して速達普通郵便又は特定記録郵便で行っている（法文上は「債務者が立ち会うことができる審尋の期日」とされている（法23Ⅳ）が，当事者双方を同時に審尋する運用である。）。また，呼出しをした旨及び呼出しの方法は，別紙「期日の簡易呼出表」を利用して記録上明らかにしている（債務者が外国法人である場合については，**Q44**参照）。

6 続行期日の呼出し

なお，審尋の続行期日については，裁判官が双方審尋の席で当事者に告知する運用である。

[参考文献]
条解規則13頁以下，瀬木230頁，コンメ民保28頁，53頁，小室直人ほか編『基本法コンメンタール新民事訴訟法1』194頁，菊池章「審理の方式(1)―決定主

義,任意的口頭弁論,面接,審尋」実務の現状30頁

(渡邉堅司)

平成　年（ヨ）第　　号
平成　年（モ）第　　号　　　　　　　　　　　　　　　　（期日の簡易呼出表）

□審尋　□口頭弁論　期日	被呼出者	呼出方法	あて所
平成　年　月　日 午前・後　時　分 と　□指定　□変更する 平成　年　月　日 裁判官	□債権者　□代理人 □申立人 □債務者　□代理人 □被申立人 □	□封書 □電話 □ファクシミリ □	□申立書記載の住所 □委任状記載の代理人事務所 □備考欄記載のとおり □
	上記のとおり平成　　年　　月　　日　呼出手続を行った。 　　　　　　　　　　　　　　　　　　　　　裁判所書記官		
備考　前同日同庁において債権者（代理人）に口頭にて告知ずみ　　裁判所書記官			
□審尋　□口頭弁論　期日	被呼出者	呼出方法	あて所
平成　年　月　日 午前・後　時　分 と　□指定　□変更する 平成　年　月　日 裁判官	□債権者　□代理人 □申立人 □債務者　□代理人 □被申立人 □	□封書 □電話 □ファクシミリ □	□申立書記載の住所 □委任状記載の代理人事務所 □備考欄記載のとおり □
	上記のとおり平成　　年　　月　　日　呼出手続を行った。 　　　　　　　　　　　　　　　　　　　　　裁判所書記官		
備考			
□審尋　□口頭弁論　期日	被呼出者	呼出方法	あて所
平成　年　月　日 午前・後　時　分 と　□指定　□変更する 平成　年　月　日 裁判官	□債権者　□代理人 □申立人 □債務者　□代理人 □被申立人 □	□封書 □電話 □ファクシミリ □	□申立書記載の住所 □委任状記載の代理人事務所 □備考欄記載のとおり □
	上記のとおり平成　　年　　月　　日　呼出手続を行った。 　　　　　　　　　　　　　　　　　　　　　裁判所書記官		
備考			
□審尋　□口頭弁論　期日	被呼出者	呼出方法	あて所
平成　年　月　日 午前・後　時　分 と　□指定　□変更する 平成　年　月　日 裁判官	□債権者　□代理人 □申立人 □債務者　□代理人 □被申立人 □	□封書 □電話 □ファクシミリ □	□申立書記載の住所 □委任状記載の代理人事務所 □備考欄記載のとおり □
	上記のとおり平成　　年　　月　　日　呼出手続を行った。 　　　　　　　　　　　　　　　　　　　　　裁判所書記官		
備考			

Q44 債務者の期日呼出し（日本国内に営業所等がない外国法人）

債務者が，次の国に本店があり，日本国内に営業所や事業所がない外国法人である場合，債務者審尋期日の呼出しは，どのような方法が考えられるか。
(1) アメリカ合衆国
(2) フィリピン共和国

【参照条文】民訴108条，110条，規則3条1項

答 名宛国が，民事又は商事に関する裁判上及び裁判外の文書の外国における送達及び告知に関する条約（以下「送達条約」という。）等において，外国にいる者に対する裁判上の文書の郵送について拒否の宣言をしない限り，直接，呼出状を送付することは許される。

アメリカ合衆国は，同条約において拒否の宣言をしていないので，東京地裁保全部では，日本郵便株式会社の国際スピード郵便（以下「EMS」という。）を利用して期日の呼出しをしている。

他方，フィリピン共和国は，送達条約・民事訴訟手続に関する条約（以下「民訴条約」という。）を批准しておらず，裁判上の文書を直接送付することができないため，管轄裁判所送達による呼出しを行うことになる。

1 はじめに

日本から外国に在住する者に対して，文書を送達（又は送付）する方法としては，次のものがある。
(1) 領事送達（外国に駐在する我が国の外交官又は領事官に嘱託して送達を行うもの）
(2) 中央当局送達（送達条約に基づき外国の中央当局に対し要請して送達を行

うもの)
(3)　指定当局送達（民訴条約に基づき外国の指定当局に対し要請して送達を行うもの）
(4)　民訴条約に基づく外交上の経路による送達（外国に駐在する我が国の大使から当該外国の外務省に要請して送達を行うもの）
(5)　管轄裁判所送達（二国間の共助取決め又は個別の応諾に基づき，外国の裁判所に嘱託して送達を行うもの）
(6)　公示送達
(7)　郵便による直送

　外国にいる者に対して，裁判上の文書を「送達」するには，前記(1)ないし(6)の方法によることになる（民訴108，110）が，法律上，「送達」することを要求されていない文書については，必ずしもこれらの方法によることを要しないとされている。

　ただし，裁判上の文書の送達や郵送も，国家の裁判権の行使であるから，我が国の裁判所がこれを名宛国において自由に行えばその国の主権を侵害しかねないので，送達や郵送を許容する名宛国との合意（条約等）が必要であるところ，送達条約10条(a)及び民訴条約6条1項1号は，いずれも，名宛国が拒否宣言をしない限り，外国にいる者に対し，直接に，裁判上の文書を郵送することを認めている。したがって，名宛国が拒否を宣言していない場合には，名宛人に「直接に文書を郵送する」方法が認められると解される。

　以上から，保全手続においては，期日の呼出しは，送達による必要はなく，相当と認める方法によれば足りるから（規則3Ⅰ），外国法人に対して呼出状を送付する場合，当該外国法人が送達条約の締結国で同条約10条(a)について拒否宣言をしていない国，又は民訴条約の締結国で同条約6条1項1号について拒否宣言をしていることが確認されていない国に所在する場合については，郵便による直送によって呼出状を送付することが可能であると解される。

2 具体的な呼出しの方法について

(1) アメリカ合衆国

アメリカ合衆国は，送達条約締約国でかつ同10条(a)につき拒否宣言していない国であるから，東京地裁保全部においては，この場合，日本郵便株式会社のEMSにより呼出状を送付するのが一般的である。

(2) フィリピン共和国

フィリピン共和国は，送達条約にも民訴条約にも加盟していないので，名宛国に対する主権侵害の問題が生じないよう，当該国に対して個別の応諾を求めるほかないものと解される。

そこで，東京地裁保全部では，このような国に対する相当な方法による呼出しは，管轄裁判所送達の方法によって，呼出状，申立書，主張書面及び疎明資料を送達している。この送達には，東京地裁保全部の過去の例では，通常，約8か月程度を要する。

なお，東京地裁保全部においては，上記(1)，(2)のいずれの場合においても，呼出状の訳文を添付している（**Q40**参照）。

［参考文献］
　法曹会『国際民事事件手続ハンドブック』

（渡邉堅司）

第3節 面接・審尋

Q45 債務者の審尋等

仮の地位を定める仮処分において，債務者審尋が原則として必要となる理由は何か。また，例外はどのような場合に認められるか。

【参照条文】法23条4項

答 仮の地位を定める仮処分は，これが発令されると債務者に与える影響が大きいことから，発令前に，債務者から意見を聞く機会を制度的に保障するため，債務者審尋が原則として必要とされる。
　この例外として，その期日を経ることにより仮処分命令の申立ての目的を達成することができない事情があるときには，審尋等を経ることなく仮の地位を定める仮処分命令を発することができるとされているが，上記の法の趣旨に照らして，このような例外は無限定に広く許容すべきではなく，この点は，インターネット関係仮処分についても同様である。

1 仮の地位を定める仮処分一般における債務者の審尋

(1) 原　則

　法は，口頭弁論又は債務者が立ち会うことができる審尋（以下，これらを併せて「審尋等」という。）の期日を経なければ，仮の地位を定める仮処分を発することができない旨規定している（法23Ⅳ本文）。この規定は，仮の地位を定める仮処分は，債権者に対して仮の満足を与えるような現状の

248　第3章　手　　続

変更を求めるものが多く，これが発令されると債務者に与える影響が大きいことから，発令前に，債務者から意見を聞く機会を制度的に保障するためのものである。ここで必要とされているのは「口頭弁論……の期日」又は「債務者が立ち会うことができる審尋の期日」であるから，債務者に電話や書面による意見陳述の機会を与えただけでは足りず，期日をもって債務者から意見を聞く機会が与えられる必要がある。ただし，実務上，このような債務者の意見を聞く期日は，口頭弁論ではなく，審尋の形式で行われるのが通常である。

なお，この規定は，仮の地位を定める仮処分を発する場合の定めであり，審尋等を経るまでもなくその申立てを却下すべき場合には，審尋等を経る必要はない。

また，債務者に意見を聞く機会を与えれば足りるから，債務者が期日に不出頭であっても，債務者の手続保障として十分といえる場合には，裁判所が審尋等を打ち切って申立てを判断できることは当然である。

(2) 例　　外

上記規定の例外として，その期日を経ることにより仮処分命令の申立ての目的を達成することができない事情があるときは，審尋等を経ることなく仮の地位を定める仮処分命令を発することができるとされている（法23Ⅳただし書）。もっとも，(1)で述べた法の趣旨からは，このような例外を無限定に広く許容すべきではないと解される。

このような例外に該当する具体的場合としては，（被保全権利の疎明が十分であることは前提として）審尋等の期日を経ることにより債務者が執行妨害を行い，その結果仮処分が奏功しなくなるおそれが高い場合や，債権者に重大な危険が切迫していて，審尋等を待っていたのではそれが現実化してしまう場合があげられる。前者の具体例としては，①審尋等の期日を経ることにより仮処分命令の申立ての目的を達することができなくなることがある程度定型的に予想される類型の仮処分について，裁判所が，申立ては法23条4項ただし書の要件を満たすと判断した場合，②執行妨害の可能性がきわめて高く，あるいはそのおそれが既に現実化している場合，③債務者が現に重大な違法行為を行っていることが明確に疎明され，かつ，こ

れについての正当な弁解がおよそ考えられず，審尋等を経ることが無意味であるような場合，④債務者が，以前に，実質的にはほぼ同一の内容の申立てについて審尋等の機会を与えられている場合があるとされている。

これに対し，法23条4項の対象となる仮処分には，発令によって債務者に与える影響も大きいことが多いため，債権者に重大な危険が切迫していることだけを理由に審尋等の期日を経ずに仮処分命令を発令することが認められるかについては慎重に検討すべきであり，例えば，出版期日が迫っている場合の出版差止めの仮処分の場合，（対象の表現の性質にもよるものの）表現の自由との関係から原則として審尋等の期日を経るべきであり，また，競売手続・抵当権実行禁止の仮処分の場合，通常，債権者はより早期に申立てを行うことが可能であったと考えられるから，債権者が重大な危険が切迫している旨主張したとしても，そのことから直ちにそのような危険が切迫していると認めることはできず，原則として審尋等を省略すべきではないと解される。

2　インターネット関係仮処分における債務者の審尋等の要否について

インターネット関係仮処分においては，債務者が外国法人である場合に，海外送達に長期の日数を要することなどを理由に審尋等を経ることなく仮処分命令を発するよう債権者から上申されることがあり，どのような場合に審尋等を経ることなく仮処分命令を発令することができるかが問題となる。

(1)　発信者情報開示仮処分等の場合

発信者情報開示仮処分又は発信者情報消去禁止仮処分（以下，これらを併せて「発信者情報開示仮処分等」という。）の申立ての場合，前記（**Q21**，**22**）のとおり，プロバイダは，一般的に，発信者情報を比較的短期間で削除しているとされている。しかしながら，前記（**Q44**）のとおり，東京地方裁判所民事第9部では，日本郵便株式会社の国際スピード郵便（以下「EMS」という。）を用いることが可能な場合（債務者である外国法人の所在する国が，「民事又は商事に関する裁判上及び裁判外の文書の外国における送達

及び告知に関する条約」の締約国で同条約10条(a)につき拒否宣言していない国，又は同条約締結国でなく「民事訴訟手続に関する条約」の締結国で同条約6条1項1号につき拒否宣言していることが確認されていない場合。**Q44**参照）には，EMSを用いて呼出状を送付する扱いであるところ，外国法人に対しては，EMSで呼出状を送付すれば比較的短期間で審尋等の期日を指定することが可能な場合があり，また，債務者が委任した日本の弁護士が代理人として期日に出頭する例も相当程度見受けられる。これらの事情からすれば，債務者が外国法人ということから直ちに，法23条4項ただし書の要件を満たすとして，審尋等を経ることなく，発信者情報開示仮処分等を発令することは相当ではないと解される。これに対して，EMSを用いて呼出状等を送ることができない国・地域に本店が所在する債務者に対する発信者情報開示仮処分等が申し立てられた場合，通常，送達が完了するには，数か月を要するといわれていることからすれば，送達がされるのを待っていては発信者情報が消去されてしまう可能性が高いといえる。したがって，このような場合には，債権者に重大な危険が切迫していて，審尋等を待っていたのではそれが現実化してしまう場合に該当するとして，審尋等を経ることなく，発信者情報開示仮処分等を発令することが認められると考えられる。

(2) 投稿記事削除仮処分の場合

これに対し，投稿記事削除仮処分の申立ての場合，発信者情報開示仮処分等の申立ての場合とは異なり，発信者情報が比較的短期間で削除されるなどの審尋等を待っていたのでは現実化してしまうような切迫した重大な危険が一般的に存在するとはいえない。したがって，実体がなく，審尋期日への出頭もほとんど期待できないなどの特殊な事情を有する特定の法人を債務者とする事案などについて，一定の要件を満たす場合に，審尋等を経ることなく仮処分命令を発令することを例外的に許容する余地が否定できないとしても，投稿記事削除仮処分一般について，債務者の本店所在地がEMSを用いて呼出状等を送ることのできない国・地域であることのみをもって，審尋等を経ることなく発令することは相当ではないと解される。

もっとも，投稿記事削除仮処分の申立てにおいても，債権者に重大な危険が切迫していて，審尋等を待っていたのではそれが現実化してしまうと認められる場合には，審尋等を経ることなく発令することが可能であると解される。その具体例としては，人格権侵害の程度が甚だしく，送達が完了するまでの間，投稿記事を放置しておくことが相当でないと認められるような事案が考えられる。しかしながら，前記1(2)のとおり，法の趣旨に照らし，審尋等を経ることなく発令が認められる場合を厳格に解すべきであることに照らすと，上記に該当するとして審尋等を経ることなく発令が認められる場合は例外的な場合に限られると解される。したがって，債権者において審尋等を経ることなく発令することを求める場合には，上記に該当する事情について，上申書（【書式10－1】）による説明と，さらに必要があれば具体的な立証を尽くす必要があると考えられる。

[参考文献]
　八木＝関[上]18頁，378頁，野村34頁，瀬木224頁，瀬木比呂志「民事保全の申立てと審理に関する理論上，実務上の諸問題」詳論40頁，山崎168頁

（野口晶寛）

Q46 債権者面接・債務者審尋における裁判所及び当事者の留意事項

　インターネット関係仮処分における債権者面接・債務者審尋について，裁判所及び当事者の留意事項は何か。

【参照条文】法23条4項，規則15条

答　債権者面接に関しては，裁判所と債権者のいずれも，申立ての趣旨，申立ての理由及び各種目録の内容や形式に不備がないかどうか，事前に十分な検討をしておくことが望まれる。債務者審尋に関しては，第1回期日においては，債務者にとって，反論準備のための期間

> が限られるが，可能な限り書面で，書面が間に合わない部分については口頭で，具体的な反論や指摘ができるよう準備することが期待される。また，インターネット関係仮処分では，債務者側の技術的な理由や障害により，債権者の申立てに応ずることができないこともあるので，そのような点についても，早期の情報提供が求められる。

1 審理の手続

(1) 双方審尋

インターネット関係仮処分は，争いのある権利関係について仮の地位を定める仮処分に当たることから，原則として，口頭弁論又は債務者が立ち会うことができる審尋の期日を経なければ，仮処分命令を発することができない（法23Ⅳ本文）。通常は，債権者にも審尋期日を告知し，双方審尋として行う。

なお，仮の地位を定める仮処分であっても，口頭弁論又は債務者が立ち会うことができる審尋の期日を経ることにより仮処分命令の申立ての目的を達することができない事情があるときには，これらの期日を経ることなく，仮処分命令を発することができるとされている（法23Ⅳただし書）が，東京地裁保全部では，インターネット関係仮処分については，原則として，すべての事件について双方審尋を実施するものとしている。債権者が発信者情報の保存期間が満了するおそれがあることを理由として双方審尋期日を経ないで仮処分命令を発令することを求める例もあるが，債務者の手続保障という法23条4項本文の趣旨に鑑みると，発信者情報の保存期間が満了するおそれがあるという一事をもってこのような取扱いがされることは，実際上は，ないと思われる（**Q45**参照）。

(2) 債権者面接

また，東京地裁保全部では，保全命令の申立てがあると，原則として，仮の地位を定める仮処分に当たるものであっても，直ちに双方審尋の期日を指定することはせず，まず裁判官が債権者との面接（口頭による債権者審尋）を行うこととしており，インターネット関係仮処分においても，原

則として，双方審尋に先立ち，債権者面接がされている。申立てに法律上，事実上の問題点があり，債権者に補充説明を求める必要があったり，疎明資料が不完全であり，その追完が必要となったりすることは少なくないことから，裁判官が早い段階で債権者と面談して主張等を直接に聴取し，必要な釈明をすることによって，一応の整理をした上で，双方審尋を開始することにより，争点の拡散による審理の長期化を避け，審理の迅速化を図るという趣旨に基づくものである。

2 債権者面接における留意点

(1) 債権者面接における留意点

債権者としては，申立てをするに当たり，その内容や形式を十分に検討した上で，申立書を作成しなければならない。実際上，申立ての趣旨，申立ての理由及び各種目録の内容や形式に様々な不備や不十分な点があるため，債権者面接が1回では終了せず，続行となる事例も少なくない。安易に仮処分命令の対象の投稿記事を広めに捉えた申立てをすることは，かえって時間がかかり，迅速な救済に至らない場合もあることに留意する必要がある（**Q37**参照。このほか，個別の各事件類型における留意事項は，本書の各該当箇所を参照されたい。）。

他方で，裁判官としては，債権者面接の前に，申立てについて検討し，債権者又は債務者となるべき者の選択が誤っていないか，被保全権利が適切に選択されているか，主張される事実の疎明ができているか，保全の必要性はあるかなどといった観点から，仮処分命令の発令の蓋然性をふまえつつ，債権者面接の場において釈明をすべき点の整理をしなければならない。申立てのうち，債務者の主張を待つまでもなく，仮処分命令の発令の蓋然性が低いと予測される部分は，債権者に対し，取下げを促すなど，再考を求め，積極的に審理の対象を絞り込む必要がある。

(2) その他の実務上の留意点

このほか，実務上の留意すべき点がいくつかある。

債権者が申立書を提出すると，受付や担当書記官から，形式的な不備や追完が必要な事項を指摘されることがある。このような場合に，債権者面

接の当日に初めて補正をしたものを持参すると，その場で再度の補正が必要かどうかの判断ができないこともあるので，あらかじめ余裕をもって補正をしたものをファクシミリで送信しておくことが望まれる。

　また，補正に当たり，提出ずみの書面の差替えは認められない。そのため，申立書等の主張書面の記載を訂正する場合には，「訂正申立書」などと表題において訂正の書面であることを明らかにした上で，新たな書面を提出する必要がある。この場合には，訂正した部分が一見して分かるような工夫が望まれるが，各種目録については，仮処分命令を発令する場合に，決定に添付することとなるので，正誤の部分を抜き出すような形ではなく，訂正をすべて終えた完成版を作成する必要がある。

　なお，東京地裁保全部では，債権者が補正箇所を訂正した新たな申立書を持参した場合など，補正に当たり，訂正の書面であることが明らかでない体裁の書面が提出された場合に備え，訂正の書面であることを表示するための定型の表紙を準備しており，債権者に対し，債権者面接の場において，書込みと押印を求めることがある。このほか，軽微な補正を訂正印により処理することも想定されることから，債権者は，債権者面接に当たり，印鑑を持参することが望ましい。

　また，債権者面接の場においては，裁判官による疎明資料の原本の確認がされることから，債権者は，疎明資料の原本を持参する必要がある。このとき，代理人によっては，疎明資料の原本を疎明資料番号順に整理しないまま無造作に（時として未提出資料と混ぜて）保管しているため，その場で，様々な資料を机上に広げながら，裁判官から求められている疎明資料の原本を探すということがある。このような保管の方法は，疎明資料の原本を紛失させるおそれがあることから，避けるべきであり，疎明資料の原本を疎明資料番号順に整理した上で持参するなど，紛失を防止するための方策が求められよう。

　なお，近時は，債権者本人から代理人に対して書証を電子ファイル化して送付することもあるためか，代理人が原本を持参しておらず，原本確認のための再面接になる事例も増えているので注意を要する。

3 双方審尋における留意点

(1) 双方審尋期日の呼出し等における留意点

　双方審尋期日が指定される場合には，東京地裁保全部では，裁判官が，債権者との間で，最後の債権者面接の場において，双方審尋期日の調整をした上で，双方審尋期日の指定をしている。債務者に対して双方審尋期日の呼出しがされた場合には，債権者において，債務者に対し，申立書及び疎明資料を直送しなければならないものとされている（規則15）ので，債権者は，債務者に対し，直ちにこれらの書面を直送（多くの場合は，速達で送付している。）する必要がある。

　インターネット関係仮処分においては，日本国内の法人等を債務者とする場合には，最後の債権者面接の終了後に直ちに債務者に対する呼出しがされることを前提として，最後の債権者面接の日から1週間程度後をメドとして，双方審尋期日の調整や指定がされることが多いが，外国に主たる事務所を置く外国法人等を債務者とする場合には，スケジュールや費用の点において，留意しなければならない点がある（Q40，Q44参照）。

(2) 双方審尋における留意点

　上記のとおり，第1回双方審尋期日においては，呼出しがされてから双方審尋期日の当日までの日数が少ないことから，債務者が検討や反論の準備のための十分な期間を確保することができていないことが多い。もっとも，民事保全手続では迅速な審理が求められることに照らし，債務者においても，答弁書上は，準備未了，認否留保といったものにとどめざるを得ないとしても，口頭では，投稿記事ごとに，おおよその方向性や現段階で考えられ得る債権者の主張の問題点の指摘等はできるようにしておくことが求められる。また，債務者に代理人が就いた場合に，呼出しがされた双方審尋期日がさしつかえであるとして，その変更が求められる例がある。このような場合には，実務上，債権者の意見をふまえながら，柔軟に対応することが多いと思われるが，仮に，双方審尋期日が変更される場合であっても，変更後の双方審尋期日は，数日程度の後に指定される例が多く，債務者としては，いずれにせよ，準備に要する期間が限られているこ

とに留意が必要である。双方審尋期日が変更された場合に，具体的な準備ができていないというようなことは，避けるべきである。

　他方で，裁判官は，債務者の応訴やその方針の状況をふまえ，早期に争点や審理の方向性を見定めて，審理の終局時期をも見据えたスケジュールを策定する必要がある。特に，発信者情報開示仮処分については，一般的な発信者情報の保存期間を常に念頭に置きながら，審理の運営に当たらなければならない。

　また，裁判官は，双方審尋期日を単なる書面の交換の場とするのではなく，積極的に当事者双方と争点等についての議論を行って争点を整理するとともに，場合によっては，積極的な心証開示をして争点を絞り込む必要もある。裁判官から積極的な心証開示がされた場合には，同時に，裁判官の心証をふまえた和解協議がされることも多いと思われることから，当事者としては，早期に和解勧告があることを予想し，当事者本人と十分に打ち合わせた上で，和解の可否，条件等の見通しを示せるようにしておくことが必要であろう（Q50参照）。

　双方審尋期日が続行される場合には，事案の性質や当事者の準備に要する期間等にもよるが，多くの事例では，短くて数日後，長くとも2週間程度の後までには次回期日が指定されている。民事保全手続を自ら選択した債権者はもちろん，応訴を余儀なくされている債務者においても，協力が望まれる。

(3) インターネット関係仮処分特有の留意事項

　このほか，インターネット関係仮処分の場合には，特有の留意事項がある。インターネット関係仮処分においては，技術的な理由や障害により，債権者の申立てに応ずることができない例が少なからずある（典型的なものとしては，システム上，発信者情報の一部を保有していない，投稿記事の一部の削除ができないなどといったものが考えられる。）。その場合には，裁判官としては，債権者に対して，申立てを維持するかどうかの検討や申立ての趣旨の変更の検討を促さなければならないなど，審理の運営等に，大きな影響が生ずることもある（技術的な理由等により申立てを維持するかどうかの検討が促されるような事例では，多くの場合には，該当する申立てを取り

下げることとなろう。）。そのため，債務者においては，早急に技術的な理由や障害の有無などを把握し，裁判官や債権者に対し，双方審尋の場などにて情報提供をすることが求められる。

[参考文献]
　八木＝関[上]Q29，Q30，Q31，Q76，条解規則95頁以下

（大野晃宏）

第4節 記録の閲覧謄写

Q47 閲覧謄写事務における留意事項

インターネット関係仮処分の記録の閲覧謄写事務における留意事項は何か。

【参照条文】法5条，民訴91条，92条

答
1 仮処分の記録を閲覧謄写（以下「閲覧等」という。）するには，当該保全命令が係属した裁判所の裁判所書記官に対し，請求しなければならない。
2 債権者以外の利害関係人は，口頭弁論又は債務者を呼び出す審尋期日の指定があり，又は債務者審尋を行わない場合には保全命令の送達があるまで，閲覧等の請求はできない。
3 閲覧等の請求をするためには，請求者が法律上の利害関係を有することを証明しなければならない。
4 当事者以外の第三者については，以上のほか，民訴法92条の定める秘密保護のための制限がある。

1 閲覧等の請求手続

記録の閲覧謄写の請求者は，当該保全命令が係属した裁判所の裁判所書記官に対し，法律上の利害関係を有することを証明した上で（疎明では足りない（山崎106頁）），裁判所所定の閲覧請求書に必要事項を記載，押印して，閲覧等を請求しなければならない。ただし，請求者が，当該保全命令申立事件の債権者あるいは債務者であることを証明した場合は，法律上の

利害関係があることは明らかなので，これを証明する必要はない。

なお，発令前の当事者を除き，1件当り（事件の記録の正本，謄本又は抄本の交付については，用紙1枚当り）収入印紙150円分を手数料として納付する（民訴費7，8，別表第2）。

請求に際しては，閲覧等の請求者と利害関係人との同一性等を確認するために，以下のものを提出させるとともに，印鑑の持参を求めている。

① 利害関係人本人であることについて……運転免許証等の本人確認資料
② 利害関係人である法人のため，当該法人の代表者が閲覧等を請求する場合……法人の登記事項証明書（既に記録中にあり，その内容に変動のない場合は不要），当該法人の代表者本人であることを証明する運転免許証等の本人確認資料
③ 法人の従業員の場合……法人の登記事項証明書（既に記録中にあり，その内容に変動のない場合は不要），法人代表者が作成した委任状及び社員証，委任状及び社員証に記載された従業員本人であることを証明する運転免許証等の本人確認資料
④ 個人から依頼を受けた代理人……委任状

2 閲覧等の時期的な制限

民事保全手続では，利害関係を有する者は原則として記録の閲覧等をすることができる（法5本文）が，債権者以外の利害関係人については，保全命令申立事件について口頭弁論若しくは債務者審尋の期日指定があるか，又は債務者に対する保全命令の送達があるまでは，記録の閲覧等の請求は認められない（法5ただし書）。保全執行の妨害を防止するため，密行性を維持しつつ手続を行う必要があることによる。

インターネット関係仮処分は，いずれも仮の地位を定める仮処分であるから，原則として「口頭弁論又は債務者が立ち会うことができる審尋の期日」を経る必要がある（法23Ⅳ本文）。口頭弁論又は債務者を呼び出す審尋期日の指定がされた場合には，債務者側も期日に出頭するため債権者側の主張を知る必要があるので，その限りにおいて密行性が解除されるから，

法5条本文の文言どおり，債務者に対する期日告知前でも閲覧等が可能になる。

なお，裁判所の執務に支障があるとき（裁判官が決定書の作成等のため，あるいは裁判所書記官が調書作成・記録の整理等のため，事件記録を必要としている場合等）や，訴訟記録の保存に支障があるときは，記録の閲覧等が制限される（法7，民訴91Ⅴ）。

3 閲覧等の人的な制限

閲覧等を請求することができる者は，利害関係を有する者に限られる（法5本文）。

利害関係人とは，保全命令ないし保全執行により直接又は間接に，自己の私法上又は公法上の権利ないし法的利益に影響を受ける者，すなわち，法律上の利害関係を有する者のことをいい，単に事実上又は経済上の利益が影響を受けるにすぎない者は含まれない。法律上の利害関係があるといえるためには，保全命令ないし保全執行の段階において法律上の影響が現実化するおそれがあることが必要である（なお，一般的な，主たる利害関係人の例示については，八木＝関[下]資料編Ⅱ書式10参照）。

また，法律上の利害関係人であっても，取引先の資力や取引状況等を把握する目的など，明らかに閲覧等の必要性がないと認められるときは，閲覧等の権利の濫用に当たり，閲覧等が制限される場合があると解される。

さらに，保全手続においては，立証の程度として疎明しか求められず，しかも発令段階では，多くの場合，債権者の提出した資料のみが綴られているから，閲覧等により債務者が受ける影響についても十分に配慮することが必要である。この意味から，当事者以外の利害関係人に対しては，個人の信用，プライバシー保護の面から，閲覧等の対象を制限できるものと解される。

インターネット関係仮処分の場合，債務者となっていない，当該事件に関係するコンテンツプロバイダ，同経由プロバイダが，利害関係人として閲覧等を請求してくることが考えられるが，個別具体的な事件において，上述の要素に照らし，利害関係の有無，利害関係があるとした場合の制限

の要否が判断されることとなると解される。

4　秘密保護のための制限

　民訴法92条に規定されている「秘密保護のための制限」は，法7条により，保全手続に準用されることとなる。したがって，たとえ利害関係人に当たる場合であっても，民訴法92条1項各号に該当する場合には，プライバシー保護の観点から，当事者以外の利害関係人に対して閲覧等を認めるのが相当でない部分について，当事者の申立てにより，決定で閲覧等の対象から除外される場合がある。

[参考文献]
　本文中に掲げたもののほか，書式・実務，コンメ民保

（今泉香代・捧　直樹）

第5節 担　保

Q48　担保額・担保提供期間・担保提供方法

インターネット関係仮処分の担保額・担保提供期間・担保提供方法は，どのように定められるか。

【参照条文】法4条，14条1項，規則2条，17条1項，民訴75条1項，77条，78条，119条

答　インターネット関係仮処分の担保額は，その保全命令の執行が違法・不当であった場合に債務者が被るであろう損害額等に基づいて裁判所の裁量によって決定されるが，発信者情報開示又は消去禁止の仮処分については10万円から30万円までの間で，投稿記事削除の仮処分については30万円から50万円までの間で決定されることが多い。また，担保提供期間は，他の民事保全と同様に，3日から7日程度とされることが多い。担保提供方法も，他の民事保全と同様に，金銭や支払保証委託契約等の方法があるほか，債権者以外の第三者は，担保決定前に裁判所の許可を得て，担保を立てることができる。

1　担保額

(1)　保全命令の立担保

　保全命令は，担保を立てさせて，若しくは相当と認める一定の期間内に担保を立てることを保全執行実施の条件として，又は担保を立てさせないで発することができる（法14Ⅰ）。すなわち，裁判所は，被保全権利及び保全の必要性についての疎明があり，保全命令を発することが可能である

と考えた場合，担保を立てさせるか否か，担保を立てさせる場合には，あらかじめ立てさせてから発令するか，それとも一定の期間内に担保を立てることを保全執行実施の条件として発令するかを判断し，さらに，担保額，担保を立てるための期間（担保提供期間），担保提供者及び方法等をその裁量により判断することとなる。

　保全命令は，被保全権利の存否の確定を本案の裁判に委ねつつ，疎明に基づき，迅速に暫定的な判断を行うものであるが，一旦保全命令が発せられ執行されると，後にそれらが取り消され，又は発令や執行の手続に何らかの違法があったことが確認されたとしても，債務者が回復し難い損害を被ることがあり得る。担保は，このように違法・不当な保全執行等によって債務者に発生する可能性のある損害を担保するためのもので，債務者は，債権者に対して取得する損害賠償請求権につき，かかる担保に対して優先弁済権を有することとなる（法4Ⅱ，民訴77）。保全命令の担保によって担保される損害には，保全命令の執行によって債務者の権利行使や管理処分が妨げられて発生する損害のほか，債務者が違法・不当な保全命令を避けるために仮差押解放金を供託し，又は保全異議・保全取消し等の手続をとったために発生する費用等も含まれる。さらに，違法・不当な保全命令が発令されて送達されたこと（いわゆる「広義の執行」）により債務者がその信用を毀損されたり，精神的苦痛を受けたりしたことによる損害も含むと考えられる（保全命令の発令それ自体による損害を含むか否かについては争いがあるが，条解規則107頁は，規則17条1項が一旦保全命令が発令された後でも担保取戻しの余地を認めているのは，発令それ自体による損害は賠償されるべき損害に含まれないことを前提にする旨指摘している。）。

　上記のとおり，保全命令の立担保にはいくつかの選択肢があるものの，実務上は，担保をあらかじめ立てさせて発令する取扱いが多数である。無担保で発令される例としては，交通事故による損害賠償請求権を被保全権利とする金員仮払いの仮処分や解雇無効を理由とする賃金仮払いの仮処分のように，債権者の生活が困窮していて仮払いを受けないと生活が保持できない場合が想定される。このような場合には，生活保持のために仮払いを受けることが不可欠であるとして保全の必要性を肯定しつつ，担保の提

供をさせることは一貫しないとして，無担保での発令を許容せざるを得ないこともあるが，債務者が無担保での発令に同意している場合を除き，非常に限定された場合であり，かつ，通常，高度の疎明が求められることとなる。

担保についての決定は，債権者に対し，相当と認める方法で告知する（法7，民訴119）。東京地裁保全部においては，事案に応じて，裁判官が面接時に直接口頭で告知を行ったり，書記官を通じて電話により告知を行うなどの方法で行っている。

以上に対し，担保を立てることを保全執行の実施の条件とする方法による場合には，保全命令の主文において，担保額や担保提供期間等のほか，立担保が保全執行の実施の条件であることを明示する（具体的には，「債権者が本決定送達の日の翌日から7日以内に担保〇〇万円を立てることを条件として，債務者は，別紙投稿記事目録記載の各投稿記事を仮に削除せよ。」などと記載する。）。実務でこの方法を用いる例は一部認容一部却下の場合などに限られると思われるが，世間の耳目を集めている事件など，保全命令を債権者と債務者に同時に告知することが適切な場合にも，この方法も検討されるべきであろう。保全命令の告知前に担保決定を告知すれば，債権者代理人は，保全命令の少なくとも一部は認容されるものと気がつくからである（西山111〜112頁）。

(2) 担保額についての一般的考慮要素

一般に，担保の額は，保全命令の種類，目的物の種類と価額等を考慮し，その上で，被保全権利の性質（一般的に存在する確実性が高い類型か，低い類型か）や，債務者の職業，財産，信用状態等を検討し，さらには，被保全権利や保全の必要性の疎明の程度等を斟酌して，発生する可能性のある損害の範囲及びその蓋然性の程度を検討し決定することとなる。このうち，保全命令の種類については，現状の変更を生じない仮差押えや処分禁止の仮処分の場合よりも，現状の変更を生ずる仮の地位を定める仮処分の方が，違法・不当な民事保全により債務者が損害を被る可能性やその額が大きくなると考えられるから，担保額も高くなると考えられている。また，債務者の職業・財産・信用状態等が考慮される例としては，預金仮差

押えや動産仮差押えであって，債務者が営業主であり，これにより致命的な打撃を受け得る場合をあげることができる。

　仮差押えや係争物に関する仮処分の場合には，目的物の価額が重要な基準となることが多いのに対し，仮の地位を定める仮処分では，その類型や事案ごとに考慮すべき要素や算定のあり方が異なる。例えば，明渡し断行の仮処分のように，その執行後に債権者が目的物を処分してしまうなど，債務者にとって回復し難い損害が発生する可能性がある場合には，担保も高額なものとなりやすい。一方で，債務者に一定の行為を禁止する仮処分（面会等禁止や街頭宣伝活動禁止等）であって，その行為におよそ正当性が認められない場合には，担保は低額なものとなりやすい。

(3)　インターネット関係仮処分の場合

　上記のとおり，仮の地位を定める仮処分については，類型や事案ごとに担保額を考える必要がある。インターネット関係仮処分のうち，発信者情報開示の仮処分は，コンテンツプロバイダを債務者として，発信者が利用している経由プロバイダを割り出すために必要となるアクセスログ（IPアドレスとタイムスタンプなど）の開示を受けるものであるが，この開示によって発信者の個人情報等が直ちに明らかになるものではなく，コンテンツプロバイダに具体的な損害が発生するおそれは少ない。また，経由プロバイダを債務者とする消去禁止の仮処分についても，現状の保全にとどまり，保全命令それ自体によって直接，具体的な損害が生じるおそれは少ないという性質がある。そのため，これらの仮処分については，担保額は一般的に低いものとなりやすい。

　これに対し，インターネット関係仮処分のうち，コンテンツプロバイダを債務者とする投稿記事削除の仮処分については，命令を受けた債務者が削除義務を負わされるという具体的な不利益があり，かつ，単なる現状の保全にとどまらない断行的な要素もあるため，発信者情報開示や消去禁止の仮処分に比べ，担保額は高いものとなりやすい。東京地裁保全部においても，かかる一般的な傾向のとおり，発信者情報開示又は消去禁止の仮処分については10万円から30万円までの間で，投稿記事削除の仮処分については30万円から50万円の間で決定されることが多い。

このように，インターネット関係仮処分においては，具体的な類型によって担保額についてのおおよその傾向があるが，具体的な事案においては，上記(2)で述べた一般的な考慮要素のうち，被保全権利や保全の必要性に関する疎明の程度等について考慮した上，具体的な担保額が定められることになる。

　また，コンテンツプロバイダを債務者として，発信者情報の開示と投稿記事の削除が併せて申し立てられ，同時に発令されることもあるが，その場合，東京地裁保全部においては，投稿記事削除の仮処分のみが申し立てられた場合と同程度の担保額とされることが多い。さらに，東京地裁保全部においては，債務者審尋を行わない一部の場合（**Q45**参照）については，30万円以上の担保額とされることが多い。

2　担保提供期間

(1)　民事保全における担保提供期間

　上記のとおり，実務上は担保を立てさせた上で保全命令を発する場合が多いが，この場合における担保提供期間（法14Ⅰ）は，保全命令の緊急性（法43Ⅱ参照）に照らし，通常は3日から7日（初日不算入）程度の範囲内で定められることが多い。年末年始にかかるなど，特別の事情がある場合も想定されるが，この場合でも2週間を超えるような長期間とされることは考えにくい。

　担保提供期間内に担保の提供がない場合，裁判所は保全命令の申立てを却下することができる（民訴78の類推適用）。もっとも，却下の裁判を行う前に担保の提供があった場合には，その時点で発令することは可能であると解される。

(2)　インターネット関係仮処分の場合

　インターネット関係仮処分についても，その他の民事保全と特に異なることはなく，通常，上記の範囲で定められている。

3 担保提供方法

(1) 民事保全における担保提供方法

担保提供の方法には、担保を立てることを命じた裁判所又は保全執行裁判所の所在地を管轄する地方裁判所の管轄区域内の供託所に、金銭又は裁判所が相当と認める有価証券を供託する方法、規則で定める支払保証委託契約（いわゆるボンド）を締結する方法、そして当事者間の特別の契約による方法がある（法4Ⅰ、規則2）。

供託場所については、金銭又は有価証券による供託の場合、上記のほかに、特別の事由があるときに裁判所の許可を得て債権者の住所地等裁判所が相当と認める地の管轄区内の供託所に行うことも認められている（いわゆる管外供託。法14Ⅱ）。

担保提供者は、前記の供託所に対し、供託物とともに所定の事項を記載した供託書を提出する（供2、供則13）。そして、保全命令に立担保を先行させた場合には担保決定をした裁判所に、相当と認める一定の期間内に担保を立てることを保全執行実施の要件として保全命令が発せられた場合には執行機関に、供託書正本又は供託証明書を示して担保を立てたことを証明するとともに、その写しを提出する。

また、支払保証委託契約の方法による場合には、その方法による立担保の許可を得るために許可申請書を裁判所に提出し、その後、銀行等から契約を締結した旨の証明書の交付を受け、これを裁判所に提出することとなる。

上記のとおり、担保提供方法としては、当事者間の特別の契約による方法も認められているが、実務上の利用はほとんどない。

(2) 第三者による立担保

担保提供の趣旨に照らし、担保を立てる者（担保提供者）は、当該保全命令の申立てを行った債権者となるのが原則であるが、債権者以外の第三者が債権者にかわって保全命令の担保を立てることが許されるかについては法律上特段の規定がない。特にこれを禁ずる規定もなく、また、これを認めても債務者の損害を担保する観点から債務者に別段不利益が生じると

も考えにくいことから，実務上これを認めている。もっとも，みだりに第三者が担保提供することを認めた場合には，非弁活動を招く等の弊害や危険が考えられることから，債権者代理人弁護士，日本司法支援センター，債権者の親族等の裁判所が相当であると認めた者に限る運用をしている。そのため，東京地裁保全部では，第三者による立担保の場合は，債権者が，担保決定前に，上申書（【書式10－2】参照）でその旨説明し，裁判官がこれを審査して許可するという扱いをしている（八木＝関[下]Q94）。

(3) **インターネット関係仮処分の場合**

その他の民事保全と異なるところはない。インターネット関係仮処分の場合，担保額がそれほど高いものとはならない場合が多く（上記1参照），金銭の供託による方法で行われることがほとんどである。また，第三者による供託についても，第三者の立場等についての審査を経た上で認めている。

4 その他

(1) **不服申立て**

担保決定を受けた債権者が，担保の額や担保を立てさせる必要性について不服がある場合には，実質的に見ると申立ての一部が却下されたと解することが可能であることから，担保決定自体に対して即時抗告をすることができる（法19）。

他方で，担保の額等についての債務者の不服は，保全命令が発せられて初めて意味をもってくるものであることから，担保決定自体に対する不服を申し立てることはできないものの，保全異議（法26）の理由にはなる。

(2) **提供された担保の処理**

立担保の必要性が消滅した場合，担保提供者（債権者）はこれを取り戻すことができる。担保を取り戻す方法として，裁判所の担保取消決定（法4Ⅱ，民訴79）を得ることのほか，裁判所の許可（規則17）を得てその取戻しを行う方法がある。

インターネット関係仮処分についても，担保を取り戻すためには，その他の民事保全と同様，法4条2項が準用する民訴法79条1項から3項まで

のいずれかの事由によって担保取消しの申立てを行い，担保取消決定を経てその取戻しを受けるか，保全命令により債務者に損害が生じないことが明らかで，かつ法43条2項の期間が経過し又は保全命令の申立てが取り下げられた場合に，裁判所の許可を得て取戻しを行うこととなる（詳細はQ53参照）。

[参考文献]
　八木＝関(下)Q90，92，94，野村34頁，35頁，荒井史男＝大西嘉彦「保全命令手続における担保」理論と実務(上)185頁，竹下＝藤田78頁以下，瀬木75頁以下，注釈民保(上)212頁以下，書式・実務212頁以下，462頁以下

（佐藤彩香）

第6節　保全命令手続の終了

Q49　仮処分命令書を作成する際の留意事項

インターネット関係仮処分における仮処分命令書を作成する上で留意すべき点及び当事者に提出が求められる必要な資料は何か。

【参照条文】総務省令

答　1　インターネット関係仮処分命令の申立てを認容する場合には仮処分命令書（決定書）が作成されるが，これらの決定は，各申立類型（①発信者情報開示，②投稿記事削除及び③発信者情報消去禁止）に応じた主文を記載するとともに，各種形式の目録（「発信者情報目録」と「投稿記事目録」）を添付引用することとなる。
2　申立てを認容する場合（一部認容一部却下の場合を除く），主文と申立ての趣旨（対象となる投稿記事の一部取下げなど，申立ての趣旨に訂正ないし変更がある場合には，最終の申立ての趣旨）とを比較し，対象となっている投稿記事に齟齬がないかを確認する必要がある。
3　また，各種目録に記載される事項は，各種の疎明資料や添付資料に基づいて確認された正確な事実を記載する必要があるため，申立てに際して，債権者から疎明資料や添付資料の提出を受けることが望ましい。

1　決定書作成（総論）

インターネット関係仮処分は，債務者（当事者双方）審尋による審理を経て，被保全権利及び保全の必要性が認められれば，債務者に生じ得る損

害を考慮した上で，立担保額が定められ（なお，立担保を不要とする場合には担保決定はされない。），仮処分命令書（決定書）が作成される。

　法定書の記載事項は規則9条のとおりであるが，インターネット関係仮処分の決定書には，上記の立担保の方法及び額や主文が記載され，当事者目録，発信者情報目録，投稿記事目録などの各種目録を別紙として引用する構成となっている。

　このように各種目録を引用して決定書が作成されるのは，緊急性の高い保全事件において，決定書を作成する時間や保全執行までに要する時間を極力短くするためであり，保全事件全般を通じていえるところではあるが，①発信者情報開示，②投稿記事削除及び③発信者情報消去禁止の各仮処分のインターネット関係仮処分においても同様の迅速性の要請から同様の運用がされている。

　したがって，東京地裁保全部では，上記運用のため，債権者に対し，インターネット関係仮処分の申立書において，必要となる各種目録を引用する構成で申立てをするよう求めている。かつ，各種目録の記載内容は，疎明資料等に基づき正確に記載される必要がある。

2　決定書作成（各論）

　インターネット関係仮処分には，発信者に対して損害賠償等を求めるために発信者を特定することを目的とするもの（発信者情報開示，発信者情報消去禁止）と，債権者の人格権侵害を生じさせ得る投稿記事をすみやかに削除させることを目的とするもの（投稿記事削除）がある。発信者情報開示と発信者情報消去禁止は，その申立ての目的を同じくするので決定書で引用する目録の構成や記載される文言等に共通する部分も多いが，コンテンツプロバイダや経由プロバイダである債務者の各業態などにより特殊な記載も必要になる場合もあるため，必ずしも定型のものが用いられるとは限らないことに注意が必要である。

(1) 主文の記載例
ア 発信者情報開示仮処分

> 債務者は，債権者に対し，別紙発信者情報目録記載の各情報を仮に開示せよ。

イ 投稿記事削除仮処分

> 債務者は，別紙投稿記事目録記載の投稿記事を仮に削除せよ。

ウ 発信者情報消去禁止仮処分

> 債務者は，別紙発信者情報目録記載の各情報を消去してはならない。

※発信者情報開示又は発信者情報消去禁止における発信者情報については，複数の情報の開示又は消去禁止を求めることが多いので，その場合は「各情報」となる。また，投稿記事削除において，対象となる投稿記事が二つ以上の場合は「各投稿記事」となる。

(2) 立担保の方法及び立担保額の記載例

担保の提供については，裁判官の裁量により，その額及び期間（担保額の告知日（初日不算入）から7日以内とされることが一般的である。この期間内に担保提供ができない場合には，最長14日まで期間伸長が認められることがある。）が定められ，債権者は担保を立てることを命じた裁判所又は保全執行裁判所の所在地を管轄する法務局（東京地方裁判所の場合は東京法務局）に金銭又は有価証券（裁判官が相当と認める有価証券）を供託する。

また，上記供託の方法によらず，支払保証委託契約を締結する方法による立担保の場合は，裁判所の許可を得た上で，銀行等と規則2条各号所定の要件を満たす支払保証委託契約を締結し，その証明書を裁判所に提出する方法により行う。

担保を立てさせる場合の仮処分命令前文の記載例は次のとおりである。

> 債権者に金〇〇万円の担保を立てさせて

> 債権者にかわり，※第三者弁護士〇〇〇〇に金〇〇万円の担保を立てさせて

※担保を立てる第三者が債権者代理人弁護士の場合

担保を立てさせない場合の仮処分命令前文の記載例は次のとおり。

> 担保を立てさせないで

　なお，インターネット関係仮処分において，仮処分命令が発令される場合，暫定的なものとはいえ，発信者情報の開示や投稿記事の削除をすることで債務者には損害が生じないとまではいえないことから，原則として担保を立てさせることになる。もっとも，当該仮処分命令の発令によっても債務者に損害が生じないことが明らかな場合や，債務者から「仮処分が発令される場合でも，担保は不要である」との申述があった場合などであれば無担保での発令も考え得る。

(3)　各種目録について
ア　当事者目録
　①　記載事項
　債権者及び債務者の氏名又は名称及び住所，代理人の氏名を記載する（規則9Ⅱ②③）。
　なお，債権者に代理人が選任されている場合，その事務所所在地（送達場所の届出も兼ねる場合が多い。）及び電話番号（ファクシミリの番号を含む。）も記載する（規則6が準用する民訴規53Ⅳ，法7が準用する民訴104Ⅰ各参照）。
　②　必要な書類
(ｱ)　ドメイン名による検索結果等
　ウェブサイト上の記載から当該ウェブサイトを管理運営している者（コンテンツプロバイダ）が明らかな場合は，管理運営者を表示している画面

をプリントアウトしたものを提出する（写しで可）。

　管理運営者が明らかではない場合には，「Whois」サービスを利用してドメイン検索を行ってドメイン名の登録者を割り出し，その検索結果をプリントアウトしたもの（写しで可）を提出する方法によって特定する。

　利用可能な検索サービスは次のとおりである。
・日本国内のコンテンツプロバイダ（「.jp」）
　　JPRS　株式会社日本レジストリサービス
・日本国外のコンテンツプロバイダ（「.com」,「.net」）
　　InterNIC

(イ)　当事者の住所・名称・代表者名等（添付書類として提出が求められる。）
①　国内法人の場合
　・現在登記事項証明書（写し不可）
②　外国法人の場合
　・外国政府等が認証した債務者の資格証明書（写し不可）
　・同証明書の訳文（写しで可）
　・国際裁判管轄及び国内土地管轄に関する上申書（債務者が外国法人である場合において，管轄が東京地裁にあることを示した書面。【書式9】）

イ　発信者情報目録の記載例
　①　発信者情報開示仮処分

```
1　別紙投稿記事目録記載の投稿記事に投稿した際のIPアドレス
2　前項のIPアドレスを割り当てられた電気通信設備から債務者の用いる
　特定電気通信設備に前項の投稿記事が送信された年月日及び時刻
```

```
1　別紙投稿記事目録に係る（各）投稿記事を投稿した際の
　(1)　IPアドレス
　(2)　携帯電話端末又はPHS端末（以下「携帯電話等」という。）からの
　　インターネット接続サービス利用者識別符号
　(3)　SIMカード識別番号のうち，携帯電話等からのインターネット接続
　　サービスにより送信されたもの
2　前項(1)のIPアドレスを割り当てられた電気通信設備，前項(2)の携帯端
```

末等からのインターネット接続サービス利用者識別符号に係る携帯電話端末等又は前項(3)の SIM カード識別番号に係る携帯電話端末等から，債務者の用いる特定電気通信設備に（各）投稿記事が送信された年月日及び時刻

② 発信者情報消去禁止仮処分

別紙投稿記事目録記載の IP アドレスを同目録記載の投稿日時頃に使用して同目録記載の URL に接続した者に関する情報であって，次に掲げるもの
(1) 氏名又は名称
(2) 住所
(3) 電子メールアドレス

なお，経由プロバイダによっては，システム上，IP アドレスとタイムスタンプのみでは投稿を行った者の特定ができない場合があり，その場合，URL については，閲覧用の URL ではなく投稿用の URL の情報が必要となるため，あらかじめ投稿用 URL を調査しておくことが有益である。

③ ②の作成に必要な書類
・コンテンツプロバイダから IP アドレス及びタイムスタンプの開示を受けた書面（提出は写しで可。ただし，債権者面接時又は双方審尋期日において必要に応じて原本の提示を求めることがある。）。
・投稿用 URL が必要な場合は，これが分かる書面（写しで可）。

ウ 投稿記事目録

対象となる投稿記事の特定のために記載すべき事項は，対象となる投稿記事のうち，次の事項が考えられる。

(ア) URL（閲覧用 URL）
(イ) 投稿番号
(ウ) 投稿日時（〇〇年〇〇月〇〇日 ●●：●●：●●．●●）
(エ) 投稿 ID（上記で特定できない場合など）
(オ) 投稿記事（内容）

投稿記事目録を決定書別紙として添付する場合に投稿記事内容を明記すると，当該決定書が掲示板上に掲載された際，投稿記事内容が不

特定多数の者に知られる結果となるため注意を要する。決定書に別紙で投稿記事の内容まで記載することは必須のものではなく，原則として記載は不要である。また，記載する場合でも，例えば，「『××』で始まり，『△△』で終わる部分というように記載すれば足り，全文を記載することを要しない。

なお，上記(ア)ないし(オ)を確認するため必要な資料として，URL，投稿番号，投稿日時，投稿記事等について表示されている画面をプリントアウトした書面を疎明資料として提出することが必要である（写しで可）。これらのうち，特にURLについては，ヘッダ又はフッタ部分にURLが印刷されているなど，当該URLの文字列が最初から最後まで，かつ，明瞭に確認できることが必要である。

なお，検索事業者に対して検索結果の削除を求める事案では，スニペットの記載によってリンク先の記事の記載が推認可能な場合も少なくないが，他方で，スニペットは同記事の抜粋にすぎないことから，リンク先の記事をプリントアウトしたものを疎明資料として提出するか否かは，裁判官の心証と，これに基づく訴訟指揮によって定められる場合が多いであろう（Q24参照）。

(4) **経由プロバイダと発信者の間にMVNOが介在するため，MVNOの情報の開示を求める場合の記載例**

ア 主　文

発信者情報開示仮処分と同じである。

イ 立担保の方法及び立担保額

発信者情報開示仮処分と同じである。

ウ 発信者情報目録

　　別紙投稿記事目録記載の各投稿記事の投稿に用いられた，同目録記載のIPアドレスを，同目録記載の各投稿日時頃に使用して情報を発信していた電気通信設備を管理する者の下記情報
　① 氏名又は名称
　② 住所

エ　投稿記事目録

　基本的に発信者情報開示仮処分の場合と同じである。債務者（経由プロバイダ）と発信者間にMVNOが介在する場合には，MVNOが介在していることを疎明する資料（写しで可）のほか，IPアドレス，タイムスタンプに加えて，接続先IPアドレスが必要となることが多いので，これが分かる資料（写しで可）も必要となる。

[参考文献]
　八木＝関[上]Q76，野村

（岩立英雄）

Q50　和解の実務と和解条項

　インターネット関係仮処分における和解の実務はどのようなものか。また，同事件において成立する和解の和解条項には，どのような例があるか。

【参照条文】法7条，23条4項，民訴89条，267条

> **答**　発信者情報開示仮処分の場合に和解に至ることは非常に稀である。他方で，投稿記事の削除の場合には和解成立に至ることがある。また，発信者情報消去禁止仮処分の場合には，消去禁止の対象となる発信者情報の特定と確認がされている限り，債務者である経由プロバイダが和解に応ずる例も多い。

1　インターネット仮処分における和解

　インターネット関係仮処分は，争いのある権利関係について仮の地位を定める仮処分に当たることから，原則として，口頭弁論又は債務者が立ち

会うことができる審尋の期日を経なければ，仮処分命令を発することができない（法23Ⅳ本文）。通常は，債権者にも審尋期日を告知し，双方審尋として行われる（**Q45**，**Q46**参照）が，双方審尋期日における争点整理の過程で，裁判官から積極的な心証開示がされることなどを契機として，和解協議がされ，和解成立に至る事例も少なくない（法7，民訴89，267。なお，民訴267（和解調書等の効力）は，準用否定説もある（コンメ民保36頁）が，和解に関する部分に限り準用されるとする説が多数である（注釈民保[上]146頁，エッセンシャル72頁，八木＝関[上]Q37，書記官実務研究報告書「書記官事務を中心とした和解条項に関する実証的研究・補訂版」9頁）。これに対し，民訴264（和解条項案の書面による受諾）及び265（裁判所等が定める和解条項）については，一般には準用が肯定されている（上記各文献参照））。

2　発信者情報開示仮処分における和解

　もっとも，発信者情報開示仮処分の場合には，実務上，債務者であるコンテンツプロバイダにおいて，後日に投稿者から損害賠償請求をされる可能性があることを避けるため，例えば債務者から見ても明白な名誉毀損だと判断されるような事例であっても，和解に応ずることは，非常に稀である。

　そのため，1通の申立書で発信者情報開示仮処分と投稿記事削除仮処分の申立てをしている場合において，投稿記事の削除の和解協議がされるときは，当事者間で削除部分の合意を事実上した上で，債務者においてこれを削除し，債権者が削除を確認した後に投稿記事削除仮処分命令申立てを取り下げ，審理の対象を発信者情報開示仮処分命令申立てのみとする事例も見受けられる。一般に，和解協議に相応の時間を必要とすることは，避け難い反面，発信者情報開示仮処分については，審理に当たり，一般的な発信者情報の保存期間を考慮しなければならないことに鑑みると，同時に発信者情報開示仮処分と投稿記事削除仮処分の申立てをする場合には，発信者情報開示仮処分の審理が投稿記事削除仮処分の和解協議に引きずられることを避けるため，1通の申立書による申立てとするのではなく，それぞれ別個の申立てとすることも考えられよう。

3 発信者情報消去禁止仮処分における和解

　これに対し，発信者情報消去禁止仮処分の場合には，消去禁止が求められている発信者情報の開示請求訴訟が現に係属し，又は予定されているという事情がある。そのため，消去禁止の対象となる発信者情報の特定と確認がされている限り，債務者である経由プロバイダにおいて，当該発信者情報の消去をしないことなどを内容とする和解に応ずる例が多い。

　この場合の和解条項例は，次のようなものである。

【発信者情報消去禁止仮処分における和解条項例】

> 1　債務者は，債権者に対し，債務者が別紙発信者情報目録記載の各情報（以下「本件発信者情報」という。）を現在保管していることを確認する。
> 2　債務者は，債権者に対し，本件発信者情報の開示を求める本件仮処分命令申立事件の本案訴訟に係る請求棄却判決が確定するまでの間，又は当該本案訴訟の判決において，裁判所から債務者に対し，本件発信者情報の全部若しくは一部の開示が命じられたときには，債務者が当該判決に従って本件発信者情報の全部又は一部を開示するまでの間，本件発信者情報を保管することを約束する。ただし，平成○○年○○月○○日までに，本件仮処分命令申立事件の本案訴訟に係る訴状が債務者に送達されなかったとき又は債権者が本件発信者情報の消去に同意したときは，この限りでない。
> 3　債権者及び債務者は，本件情報が現実に別紙投稿記事目録記載の情報を発信した主体に関する情報であることを何ら保証するものではないことを相互に確認する。
> 4　債権者は，本件仮処分命令申立てを取り下げる。
> 5　申立費用は，各自の負担とする。
> ※発信者情報目録は，
> 　「別紙投稿記事目録記載のIPアドレスを同目録記載の投稿日時頃に使用して同目録記載のURLに接続した者に関する情報であって，次に掲げるもの
> 　　(1)　氏名又は名称
> 　　(2)　住所
> 　　(3)　電子メールアドレス　　　　　　　　」とし，
> 　投稿記事目録は，
> 　「URL：http://○○○○/○○○○/○○○○/)

```
スレッドタイトル：「○○ってどうよ」
投稿番号：10
投稿日時：2017年6月30日　14：59：21
投稿内容：「○○○○○○○○○○○」」
```
とする例が多い。

4　投稿記事削除仮処分における和解

　また，投稿記事削除仮処分の場合に和解による解決がされるかどうかは，債務者であるコンテンツプロバイダの和解に対する姿勢によることが多いと思われる。一般的に和解による投稿記事の削除自体に消極的なコンテンツプロバイダと必ずしもそうではないコンテンツプロバイダとがおり，前者の場合には，裁判官や債権者から和解協議の打診がされたとしても，投稿記事の内容によることは，当然ではあるものの，和解協議自体を拒む例も多い。そのため，債権者としては，投稿記事削除仮処分命令申立てをするに当たり，債務者とするコンテンツプロバイダが類型的に和解による投稿記事の削除自体にどのような姿勢を有しているかということを把握しておくことが，解決のための方針や選択肢を検討する上で，有益といえよう。

　投稿記事削除仮処分における和解条項例は，事案に応じ様々なものがあるが，一般的なものとしては，次のような例が考えられる。

【投稿記事削除仮処分における和解条項例1―全部削除の約束等をするもの】

```
1　債務者は，債権者に対し，平成○○年○○月○○日限り，別紙記事目
　録記載の記事（表題を含む。）を削除する。
2　債権者及び債務者は，前項の記事に関し，名目の如何を問わず，金銭
　その他一切の請求をしないことを相互に確認する。
3　債権者は，本件仮処分命令の申立てを取り下げる。
4　債権者及び債務者は，債権者と債務者との間には，本件に関し，本和
　解条項に定めるもののほか何らの債権債務がないことを相互に確認する。
5　申立費用は，各自の負担とする。
```

【投稿記事削除仮処分における和解条項例2―全部削除をしたことの確認をするもの】

> 1 債権者は，債務者に対し，別紙投稿記事目録記載の投稿（以下「本件投稿」という。）が削除されたことを確認する。
> 2 債務者は，債権者に対し，以後，本件投稿を表示しないことを約束する。
> 3 債権者は，債務者が第2項に違反した場合を除き，債務者に対し，本件投稿について，裁判上又は裁判外を問わず，送信防止措置請求（削除請求），発信者情報開示請求及び損害賠償請求を行わないことを約束する。
> 4 債権者は，本件仮処分命令の申立てを取り下げる。
> 5 債権者及び債務者は，債権者と債務者との間には，本件に関し，本和解条項に定めるもののほか何らの債権債務のないことを相互に確認する。
> 6 申立費用は，各自の負担とする。

【投稿記事削除仮処分における和解条項例3―一部削除の約束等をするもの】

> 1 債務者及び債権者は，別紙投稿記事目録記載の各投稿（以下同投稿記事目録の項番に応じて，「本件投稿1」，「本件投稿2」等という。）の掲載及び削除につき，以下の各号のとおり合意する。
> (1) 本件投稿1の全部分につき，債務者が管理・運営するウェブサイト「○○○○」（以下「本件サイト」という。）において，今後も掲載しないものとする。
> (2) 本件投稿2の全部分につき，本和解成立後，本件サイトにおいて，記載を削除し，以後掲載しないものとする。
> (3) 本件投稿3の下線部分につき，本件サイトにおいて，本和解成立後，記載を同一文字数にて「＊」（アスタリスク）へ置き換えて，掲載を継続するものとする。
> (4) 本件投稿4の全部分につき，本和解成立後，本件サイト上で再度掲載を開始し，以後掲載を継続するものとする。
> 2 債権者及び債務者は，今後，前項の合意及び本件投稿1から4までの各投稿（本件サイトの仕様変更により投稿ID やURL を変更された後の投稿も含む。以下「本件各投稿」という。）が掲載又は削除されたことについて，事由の如何を問わず，何ら異議を述べず，損害賠償請求その他の請求を行わないことを相互に約束する。
> 3 債務者が本件各投稿の発信者から訴訟上又は訴訟外で損害賠償請求をされた場合，債権者は，債務者に対し，債務者が損害賠償義務を負担す

ることがないよう，債務者が行う同請求への対応について，合理的な範囲で協力を行うことを約束する。
4 債権者及び債務者は，本件仮処分命令申立ての概要及び結果を除き，今後，本件仮処分命令申立てに関する一切の事項について秘密を保持し，正当な理由なく第三者に開示しないことを相互に確認する。
5 債権者は，本件仮処分命令の申立てを取り下げる。
6 債権者及び債務者は，債権者と債務者との間には，本件に関し，本和解条項に定めるもののほか何らの債権債務がないことを相互に確認する。
7 申立費用は，各自の負担とする。

また，検索結果の削除を求める仮処分（**Q24**，**Q25**参照）における和解条項例としては，次のようなものが考えられる。

【投稿記事削除仮処分における和解条項例4―検索結果の削除をするもの】

1 債務者は，債権者が削除を求めている別紙記載のURLに係る検索結果（ただし，本和解成立の時点で「○○○.co.jp」に表示されているものに限る。以下「本件検索結果」という。）を除外する措置を行う。
2 債権者は，債務者（その関連会社及びそれぞれの取締役，使用人，代理人その他の関係者を含む。以下同じ。）に対し，本件検索結果に関し，損害賠償，補償その他の請求（債務者に対する仮処分命令の申立て又は訴えの提起を含むが，これらに限らない。）をしない。
3(1) 債権者及び債務者は，本件に関する一切の情報（手続の経過，本和解の存在及び内容，並びに公開の情報によらず，債務者が検索結果の除外措置を行っていることが分かるあらゆる情報を含むが，これらに限らない。）は，債務者の秘密情報とすることに合意する。
　(2) 債権者及び債権者代理人（それぞれの親族，使用人，代理人その他の関係者を含む。）はこれを厳に秘密として保持し，いかなる秘密情報も第三者に開示してはならない。
　(3) 本条項に違反して開示がされた場合，債務者は，開示者に対し，当該開示による損害賠償を請求することができる。
4 債務者が，第1項の除外措置に関して第三者から不服，異議，損害賠償その他の請求を受けた場合，債権者は，誠実に，債務者の防御のために必要な協力を行う。
5 債権者は，本件仮処分命令の申立てを取り下げる。
6 債権者及び債務者は，債権者と債務者との間には，本件に関し，本和解条項に定めるもののほか何らの債権債務がないことを相互に確認する。

> 7　申立費用は，各自の負担とする。

このほか，特殊なものとして，次のようなものもある（**Q19**参照）。
【投稿記事削除仮処分における和解条項例5─画像の削除をするもの】

> 1　債務者は，債務者が運営するホームページ（http://www.○○○○/）から，債権者の別紙目録記載の画像等情報のすべてを削除する。
> 2　債務者は，別紙目録記載の画像等情報中，「○○○○○」の部分をすみやかに削除する。
> 3　債権者は，本件仮処分申立事件を取り下げる。
> 4　債権者及び債務者は，債権者と債務者との間には，本件に関し，本和解条項に定めるもののほか何らの債権債務のないことを相互に確認する。
> 5　申立費用は，各自の負担とする。

［参考文献］
　本文中に掲げたもの

（大野晃宏・篠山裕一）

第7節 保全命令発令後

Q51 保全命令送達の際の留意事項

保全命令の送達における事務処理上の留意事項は何か。

【参照条文】法17条，19条1項，43条2項，3項，規則16条1項

> **答** 1 保全命令の申立てを認容する決定は，その決定正本を当事者双方に送達する。
> 2 債務者への保全命令の正本は，通常，密行性に基づいて，保全執行の完了後に送達するが，インターネット関係仮処分においては，双方審尋期日の呼出しがあった場合には，その時点で密行性が解除されるため，発令後すみやかに債務者に送達する。
> 3 債務者がコンテンツプロバイダで国内に拠点のない外国法人又は外国人の場合には，決定正本は外国送達によって送達することとなり，送達実施までの手続があり，送達完了までに相当期間を要することがある。

1 送達の必要性

　保全命令に関する申立てについての裁判は，決定の形式でなされる（法3）が，一般に，決定は，特別の定めがある場合を除き，相当と認める方法で告知すれば足り，送達を要しないのが原則である（法7，民訴119）。これに対し，保全命令に関する申立てについての認容ないし却下の決定については，その内容を確実に債務者に了知させて，その証明方法を残す必要があること，当事者の不服申立期間の始期（法19Ⅰ）や保全執行期間の

始期（法43Ⅱ）を確定する必要があるなど，当事者の利害に重要な影響を及ぼすものであることから，これらの決定を告知する場合，その方法は，法律上（法17）又は実務上，送達する方法によっている。

そして，送達の方法については，民訴法の送達に関する規定に従って行うことになる（法7，民訴98〜113，規則6，民訴規39〜47）。

2 保全命令の申立てを認容する決定の送達（一般論）

(1) 債権者への決定正本の送達

保全命令の申立てを全部又は一部認容する決定は，決定正本を当事者双方に送達する（法17。なお，法17は「保全命令」つまり保全命令の申立てを全部又は一部認容する命令についての規定である。）。実務上は，債権者に対する送達は保全執行期間の始期となる（法43Ⅱ）点に留意が必要である。

(2) 債務者への決定正本の送達

保全命令の申立てを全部又は一部認容する決定は，債務者への決定正本の送達が必要である（法17）。ところで，保全執行は，保全命令が債務者に送達される前であってもすることができる（法43Ⅲ）が，これは保全執行がされるまで密行性を保持する必要性があることから認められたものである。そのため，密行性が要求される不動産・債権ないし動産仮差押えなどについては，保全命令が発令され，同決定に基づく保全執行が完了したことを確認してから決定正本を債務者に送達することが望ましい。なお，東京地裁保全部では，事件を大量に処理している関係から，保全命令の発令日の1週間後に債務者に決定正本を発送する扱いとしている（なお，1週間が経過するまでに保全執行が完了しない場合には，債権者からの上申により債務者への送達を遅らせる扱いも行っている。）。もとより，債務者への決定正本の送達が不要となるわけではなく，執行と同時又は執行後相当期間内に送達しなければならず，送達が不相当に遅延した場合は，債務者からの執行異議の申立てによる執行の取消しの対象となり得ることに注意が必要である。

これに対し，仮の地位を定める仮処分の場合は，債務者に対し口頭弁論又は審尋の期日の呼出しがされるのが原則であるから（法23Ⅳ本文），その

ような呼出しがされたときには，もはや密行性を確保する必要はなく，保全命令の発令後すみやかに債務者への決定正本の送達がされることとなる。

3 保全命令を却下する決定の送達（一般論）

(1) 債権者に対する送達

保全命令の申立てを全部却下する決定は，法令上，決定正本の送達が義務付けられておらず，相当と認める方法で告知すれば足りる。しかし，債権者による即時抗告期間（法19参照）を明確にする必要などから，実務上，送達する方法によっている。

(2) 債務者に対する送達

債務者に対し口頭弁論又は審尋の期日の呼出しがされた場合には，規則16条1項が適用されない上に，債務者にも保全事件の結果を知る利益があるし，保全の密行性が解除されているので，実務上，却下決定を送達している。しかし，無審尋事件の場合には，債務者は，当該保全事件の申立て自体を知らず，不服申立ての利益もないし，保全の密行性も解除されていないので，規則16条1項に従い，却下決定を送達などにより告知しない（なお，同項にいう「告知することを要しない。」は，「告知してはならない。」との趣旨であると解されている（条解規則102頁）。）。

4 インターネット関係仮処分の決定正本の送達

(1) 原則的取扱い

発信者情報開示，発信者情報消去禁止及び投稿記事削除のインターネット関係仮処分は，いずれも仮の地位を定める仮処分であり，債務者に対し口頭弁論又は審尋の期日の呼出しがされるのが通常である（法23Ⅳ本文）。そのため，この場合には規則16条1項の適用がない上，保全命令が発令される時点においては密行性を維持する必要性がないことから，発令後すみやかに当事者双方に仮処分決定正本が送達されることとなる。

(2) 外国法人等が債務者となる場合の取扱い

ところで，この送達を受けるべき債務者には，大別すると発信者との間

で通信契約関係にある経由プロバイダ（インターネットサービスプロバイダ）のケースと侵害情報の投稿された掲示板を管理運営する者（コンテンツプロバイダ）のケースがある。

　このうち，債務者が経由プロバイダの場合には，経由プロバイダが，通信事業を営む国内法人であることから送達に関する問題は特段生じないことが多い。これに対し，債務者がコンテンツプロバイダである場合には，コンテンツプロバイダが日本国内に本店所在地や営業所等の拠点を置かない外国法人である場合や日本国内に居住しない自然人（外国人）であるケースが多くあるため，保全命令が発令された場合，その決定正本は，法17条に基づいて，原則として民訴法108条の外国送達により送達することとなる。

　ただし，このような外国法人等が債務者となる場合であっても，代理人弁護士が選任されているときは，送達場所として届出があった債務者代理人事務所へ決定正本を送達することとなり，その場合の送達手続は国内法人等の債務者へする送達と同様である。

　仮処分決定正本を外国送達（具体的な留意点については，裁判所職員総合研修所監修『民事訴訟関係書類の送達実務の研究〔新版〕』272頁以下，法曹会『国際民事事件手続ハンドブック』参照）によって送達する場合には，国内における送達に比較して，送達の奏功又は不奏功が判明するまでに，数か月から1年程度の日数を要するものがあること，決定全文の訳文添付が必要であること（民訴条約や送達条約で義務付けられている。）や，国によっては送達に関する条約への加盟状況が異なるため，外国送達の実施（嘱託）の方法が異なることなどの相違点があり，その結果，相当の負担を伴うことになる。

　なお，外国法人等か否かにかかわらないが，一部のコンテンツプロバイダは，裁判所の仮処分命令の送達前であっても，同仮処分命令の内容を了知した場合，任意に投稿記事の削除や発信者情報の開示等を行うこともある。そのようなコンテンツプロバイダが債務者の場合は，上記のような外国送達に伴う負担（決定全文の訳文の作成等）がなくなる可能性があることや，担保取戻し（規則17）の便宜などから，債権者から，債務者が任意の

削除・開示に応じれば，仮処分申立てを取り下げる予定であるとして，債務者への決定正本の送達を遅らせてほしい旨の上申書が提出されることが多い。東京地裁保全部では，このような上申に基づき，債務者への決定正本の送達を合理的期間内の範囲で遅らせる運用をしている。

[参考文献]

八木＝関[上]159頁，瀬木256～257頁，野村35頁，裁判所職員総合研修所監修『民事訴訟関係書類の送達実務の研究〔新版〕』，法曹会『国際民事事件手続ハンドブック』

(岩立英雄)

Q52 保全執行の概要

インターネット関係仮処分の保全執行は，どのような手続で行われるか。

【参照条文】法52条1項，民執172条1項，法43条

答 発信者情報開示，発信者情報消去禁止，投稿記事削除の仮処分のいずれについても間接強制の方法により行われる（民執172Ⅰ）。この保全執行は，債権者が保全命令の送達を受けた日から2週間以内に執行に着手する必要があるものがある（法43Ⅱ）。

1 インターネット関係仮処分の執行方法

仮処分の執行については，民事保全法第3章第3節に定めるもののほか，仮差押えの執行又は強制執行の例による（法52Ⅰ）。インターネット関係仮処分の執行は，強制執行の例による。発信者情報開示及び投稿記事削除の仮処分の執行は，不代替的作為債務を目的とするものであり，発信

者情報消去禁止の仮処分の執行は，不作為債務を目的とするものであるから，いずれも，保全執行裁判所の間接強制による（民執172Ⅰ）。

2　保全執行としての間接強制申立手続

(1)　管　　轄

間接強制を申し立てるべき裁判所は，保全命令を発した裁判所である（法52Ⅰ，民執172Ⅵ，171Ⅱ，33Ⅱ①）。ただし，本案の第一審裁判所と解する余地もある（瀬木510頁）。

(2)　申立方法

書面により申立てをすることを要する（規則1⑥）。申立書には，民執規則21条各号に掲げる事項を記載し，保全命令正本を添付しなければならない（規則31本文，民執規21，法52Ⅱ，43Ⅰ）。保全命令正本には，原則として執行文の付与は必要とされていない（法43Ⅰ本文，民執25本文参照）が，保全命令に表示された当事者以外の者に対し，又はその者のためにする保全執行をする場合には，承継執行文の付与を受ける必要がある（法43Ⅰ項ただし書）。

また，執行開始要件としての債務者への送達（民執29本文）は不要である（法43Ⅲ）ため，送達証明を添付することは不要である。ただし，決定の告知としての債務者への送達は必要であり（法17），保全執行後相当期間内に送達が実施されない場合には，執行異議の申立てにより，執行の取消しを求めることができると解されている（法46，民執11Ⅰ，山崎283頁）。間接強制では，債務者に対し，審尋書を送達する必要があるので，実務では，遅くとも，審尋書と同時に送達を実施することになろう。なお，執行文付与が必要となる場合（法43Ⅰただし書），執行文等の謄本の送達がなくても保全執行は開始できる（法46は民執29を準用していない。）が，債務者には承継の事実等について争う利益があるので，実務では，保全命令の送達と同様の取扱いがなされている（八木＝関[下]164頁）。

(3)　執行期間

保全執行は，債権者に対して保全命令が送達された日（請書による交付を含む。）から，2週間を経過したときは行うことができない（法43Ⅱ。た

だし，初日不算入（法7，民訴95Ⅰ，民140））。この期間内に執行の着手があれば足りる（通説）。不代替的作為を命じる仮処分については間接強制の申立てをもって執行の着手と見るのが実務であるから，発信者情報開示又は投稿記事削除の仮処分については，間接強制の申立てを2週間以内にすればよい。これに対し，不作為を命じる仮処分については，執行期間の制限はないものと解するのが多数説であり，発信者情報消去禁止の仮処分については，期間の制限なく間接強制の申立てをすることができる（以上につき，八木＝関下162頁）。この申立てをするには，債務者がその不作為義務に違反した事実の立証は不要であり，不作為義務に違反するおそれがあることを立証すれば足りる（最決平17.12.9民集59巻10号2889頁参照）。

⑷　**間接強制決定に基づく金銭執行**

間接強制決定は，金銭給付に関する債務名義となる（民執22③）。

発信者情報開示又は投稿記事削除の仮処分については，その履行の事実を債務者が主張立証すべきものであるから，間接強制決定正本に単純執行文の付与（民執26）を受けて執行の申立てをする。

発信者情報消去禁止の仮処分については，その違反行為を債権者が主張立証すべきものであるから，その違反行為のあったことを証する文書を提出して，事実到来執行文の付与（民執27Ⅰ）を受けて執行の申立てをする。

これらの執行申立ては，一般の強制執行と同様である。

[参考文献]
本文中に掲げたもの

（篠山裕一・田町賢）

Q53 担保の取消し及び取戻しの手続

保全命令発令前に提供した担保を事件終了後に返還を受けるためには，どのような手続をとればよいか。

【参照条文】法4条2項，民訴79条，規則17条

答 法4条2項が準用する民訴法79条が規定する担保取消しの手続又は規則17条が規定する簡易な担保取戻しの手続による。

1 担保の返還を受けるための手続の全体像

インターネット関係仮処分に係る保全命令は，一般的な保全命令と同様，例外的な場合を除き，あらかじめ担保が立てられてから発令されることとなる。ところで，保全命令における担保は，違法・不当な保全処分の執行によって債務者が損害を被る可能性に備えて，担保として供託された金銭等をもって上記の債務者の損害に充てることを目的とするものであるが，何らかの理由により担保を提供しておく必要が消滅した場合，担保提供者は，当然，担保の返還を受けることを望むであろう。法は，このような場合について，担保取消しの手続を定めている（法4Ⅱが準用する民訴79。以下，本問においては法4Ⅱの記載を省略する。）。また，規則上，保全命令により債務者に損害の生じないことが明らかである場合や担保の返還を受けることにつき債務者に不服申立ての機会を与える意味がない場合について，簡易な担保取戻しの手続が定められている（規則17）。

以下，担保取消し及び簡易な担保の取戻しの要件及び手続について，概観する（担保取消し，担保取戻しに関する詳細については，後掲の各文献に当たられたい。また，東京地裁保全部では，裁判所ホームページにおいて，担保取消し及び担保取戻しについて，手続の概略の説明，申立てに必要な添付書類を申立ての類型ごとに整理した一覧表等を公表するとともに，各種申立書等の

書式をダウンロードに供しているので，申立てに当たって参考にされたい。）。

2 担保取消し

(1) 担保取消事由

民訴法79条１項から３項（３項は，２項に規定する同意が擬制される場合である。）までに規定されている。

ア 「担保の事由が消滅した」とき（民訴79Ⅰ）

担保を立てておく必要性が消滅したことであり，実務上は，被担保債権である債務者の損害賠償請求権（違法，不当な保全執行により損害を被ったことを原因とする不法行為損害賠償請求権）の不存在が確定したこと（被担保債権の絶対的不存在）を意味するものと解されている（瀬木101頁，八木＝関(下)40頁。なお，最決平13.12.13民集55巻７号1546頁も参照）。

具体的には，①保全命令の債権者が本案訴訟において全面勝訴の判決を得て，これが確定した場合や，②保全命令の債務者が本案訴訟で請求を認諾した場合のほか，③本案訴訟において債権者の勝訴的和解が成立した場合，④債務者による被担保債権の損害賠償請求訴訟の請求棄却判決が確定した場合などが典型である。

イ 「担保の取消しについて担保権利者の同意を得た」とき（民訴79Ⅱ）

担保権利者が担保取消しに同意すれば，当該担保に対する権利行使を放棄する意思表示をしたものと解され，担保取消しが認められる。なお，担保権利者の同意が上記のとおり担保に対する権利行使の放棄の意思表示であることから，その同意の相手方は，担保提供者（又はその承継人）となる。第三者による立担保の場合に，保全事件の債権者に対して担保取消しの同意があっても，民訴法79条２項の同意があったとは認められない（八木＝関(下)46頁）。

ウ 担保権利者の同意の擬制（民訴79Ⅲ）

訴訟の完結後，担保権利者が被担保債権の行使に別段支障のない状態に至っているにもかかわらずその権利を行使しない場合，担保提供者は，その間，担保を利用することができないという不利益を被る。そこで，担保提供者の申立てにより，裁判所が担保権利者に対して一定の期間を定めて

権利行使をするか否かを催告し，その催告期間内に担保権利者が権利行使をしなかった場合，担保権利者は担保取消しに同意したものとみなすこととされている。

　民訴法79条3項にいう「訴訟の完結」とは，保全事件については，保全事件のみならず本案訴訟も完結したことを意味するものと解されている。担保取消しに係る担保の被保全債権の存否及びその額は，保全事件が終了しただけでなく，本案訴訟が終了しない限り確定しないからである。もっとも，本案訴訟が未提起の場合であって，かつ，保全命令の申立てが取り下げられ，保全執行が解放されているときには，担保権利者が被担保債権の存否額を算定し権利行使するのに支障はないと考えられるので，「訴訟の完結」に当たるというべきである（瀬木106頁，八木＝関(下)49頁）。

　なお，いわゆる断行の仮処分にあっては，既に保全執行がなされていれば，本案訴訟提起前に保全命令が取り下げられたとしても原状が回復されるわけではなく，損害が発生し続けている（明渡し断行の仮処分などを想起されたい。）とも考えられるから，本案訴訟が確定するまでは「訴訟の完結」に当たらず，担保権利者は担保取消しの申立てができないと解されている（瀬木107頁，八木＝関(下)50頁）。しかしながら，投稿記事削除の仮処分や発信者情報開示仮処分については，一旦記事が削除され，又は発信者情報が開示されてしまえば原状回復は困難であり，担保権利者たる債務者による損害の算定に支障はないと考えられるから，保全命令の申立てが取り下げられれば「訴訟の完結」に当たり，権利行使催告を申し立てることができるものと解する。

(2) 手続の概要

ア　管轄裁判所

　明文の規定はないが，学説上も，実務上も，取消しを求める担保の提供を命じた裁判所であると解されている（八木＝関(下)52頁。例外の余地につき同書53頁）。

イ　申立権者及び相手方

　担保提供者（民訴79）又はその承継人である。第三者による立担保の場合においては，保全命令の債権者は担保取消しを求めることができないこ

とに留意されたい。

相手方は，担保権利者である保全命令の債務者又はその承継人である。

ウ　申立ての方式・添付書類等

申立ては書面又は口頭によることとされている（規則1）が，実務上は，書面による申立てが求められており，併せて，取消事由を証明する書面や申立人又は被申立人等に承継が生じた場合にそれを証する書面等を添付書類として提出する必要がある。申立書の記載事項や具体的な添付書類については，八木＝関(下)42頁以下，55頁以下のほか，前記1に掲記した裁判所ホームページを参照されたい。

エ　決　定　等

裁判所は，原則として書面審理により担保取消事由の有無を審査し，要件が確認されれば担保取消決定をする。担保取消決定は，担保権利者にも送達される。担保取消決定に対しては，担保権利者は即時抗告をすることができ（民訴79Ⅳ），申立却下決定に対しては，申立人は通常抗告をすることができる（民訴328Ⅰ）。なお，担保権利者の同意によって担保取消しを求める場合には，担保提供者がすみやかに担保を取り戻せるよう，担保取消しの同意書のほか，担保権利者による即時抗告権放棄書及び担保取消決定正本の受書を提出するのが実務の通例である。

担保が供託による場合，担保提供者は，供託所に対して，担保取消決定正本及び確定証明書又はこれにかえて供託原因消滅証明書を添付して供託物払渡請求をし，供託物を取り戻すことができる（第5002号通達第1の4(1)）。

3　担保取戻し

(1)　**担保取戻事由**

規則17条1項による場合と同条4項による場合とがある。

ア　規則17条1項

「債務者に損害が生じないことが明らかである場合」において，2週間の執行期間（法43Ⅱ）が経過し，又は保全命令の申立てが取り下げられることである。具体的にいかなる場合が「債務者に損害が生じないことが明

らかである場合」に当たるかについては,「担保取戻しの運用基準」(条解規則118頁。なお,八木＝関(下)452頁以下も参照。)が策定されており,全国の裁判所においてほぼ統一した運用がされている。

　インターネット関係仮処分は仮の地位を定める仮処分であるところ,「担保取戻しの運用基準」によれば,担保取戻しの許可の要件は,①発令前に保全命令の申立ての取下げがあった場合,②債務者への送達未着手又は債務者の送達不能の場合において,保全命令の申立ての取下げがあり,又は執行期間が経過したとき(債務者の命令の送達以外に,当該仮処分の効力実現の手段が予定されているときは,その着手がなかったことも要する。)とされている。

　なお,インターネット関係仮処分の債務者となるインターネット関係事業者によっては,債権者が発令を受けた仮処分命令の決定書をPDFファイルにしてアップロードした上で当該事業者に投稿記事の削除や発信者情報の開示を依頼することにより,任意にこれらに応じることがある。この場合,任意の削除や発信者情報開示を受けた債権者が保全申立てを取り下げることにより,債務者への送達を待たずに保全事件が終了することもある(野村29頁)が,これは,前記②のケースに該当する。

イ　規則17条4項

　債務者が担保に関する債権者の権利(供託物払戻請求権等)を承継したことである。一般承継,特定承継のいずれでもさしつかえない。

(2)　手続の概要

ア　管轄裁判所

　取戻しを求める担保に係る保全命令を発令した裁判所である(規則17Ⅰ)。

イ　申立権者

　条文上は「債権者」とされている(規則17Ⅰ)が,これは,担保提供者(又はその承継人)の趣旨である。

ウ　申立ての方式・添付書類等

　担保取戻しの申立ては,書面でしなければならない(規則17Ⅱ,Ⅴ)。併せて,取消事由を証明する書面や申立人に承継があった場合にそれを証す

る書面等を添付書類として提出する必要があることは，担保取消しと同様である。申立書の記載事項や具体的な添付書類については，八木＝関[下]62頁以下のほか，前記1に掲記した裁判所ホームページを参照されたい。

エ　決　定　等

　裁判所は，書面審理により担保取戻事由の有無を審査し，要件が確認されれば担保取戻しの許可の裁判をする。担保取戻しの許可の裁判は，債務者（担保権利者）に損害が生じないことが明らかである場合又は不服申立ての機会を与える意味がない場合にされるものであるから，債務者に対して告知をすることは不要であり，債務者は不服申立権を有しない。また，規則17条は，債権者（担保提供者）に対して申立権を与えた趣旨のものではないとされており，不許可の裁判がされても，債権者は，通常抗告をすることができない（条解規則112頁）。

　担保が供託による場合，債権者は，供託所に対して，担保取戻許可書正本を供託所に提出して供託物払渡請求をし，供託物を取り戻すことができる（第5002号通達第1の4(2)）。

[参考文献]

　瀬木100頁以下，山口浩司ほか「担保取消に関する諸問題」詳論440頁以下，吉田健司「保全命令の担保の取消し，取戻し」理論と実務[上]213頁，八木＝関[下]39頁以下，条解規則103頁

（遠藤啓佑）

第8節 不服申立て

Q54 不服申立手続の概要

地方裁判所に申し立てられたインターネット関係仮処分の地方裁判所の決定に対する不服申立ては，どの裁判所に，どのような理由を主張して，いつまでに，すればよいか。

【参照条文】法6条，7条，16条，19条，26条〜42条，規則1条，6条，9条，24条〜30条，民訴286条，297条，307条，308条，331条，333条，336条，337条，349条，民訴規184条，205条

答 地方裁判所に申し立てられたインターネット関係仮処分につき，地方裁判所が発令した保全命令に対しては，債務者は，当該地方裁判所に対して保全異議又は保全取消しの申立てをすることができる。
　他方，地方裁判所がした保全命令の申立てを却下する決定に対しては，債権者は，却下決定の告知を受けた日から2週間の不変期間内に，高等裁判所に宛てた抗告状を当該地方裁判所に提出する方法により，却下決定に対する即時抗告の申立てをすることができる。

1 はじめに

インターネット関係仮処分の申立てが認容されて保全命令が発令された場合に債務者がし得る不服申立ては，保全異議の申立て（法26）と保全取消しの申立て（法37ないし39）である。これらの申立ては，債務者から保全命令を発した地方裁判所に対してされる同一審級の不服申立てであり，いずれの申立てについても，不服申立期間に制限はない。

これに対し，インターネット関係仮処分の申立てが却下された場合に債権者がし得る不服申立ては，高等裁判所に対してする即時抗告（法19）であり，債権者は，却下決定の告知を受けた日から2週間の不変期間内に，即時抗告の申立てをしなければならない。
　また，地方裁判所がした保全異議又は保全取消しの申立てについての決定に対しては，その送達を受けた日から2週間の不変期間内に，高等裁判所に対して保全抗告の申立てをすることができる（法41Ⅰ本文）。
　以下，これらの不服申立ての概略について説明する。

2　保全異議

(1)　管轄裁判所

　保全異議の申立てについての管轄裁判所は，「保全命令を発した裁判所」（法26）であり，これは専属管轄とされている（法6）。

(2)　保全異議の申立て及び答弁

　保全異議の申立ては，書面でしなければならない（規則1③）。申立書の記載事項については，規則24条1項に定められている。保全異議の手続は，続審として発令手続の一部と見ることができるから，発令時の呼称をそのまま用い，保全異議の申立てをする側を「債務者」，申立ての相手側を「債権者」と表示する。
　保全異議の申立ての趣旨（規則24Ⅰ④）には，「保全命令の取消しを求める旨」及び「保全命令の申立てを却下する裁判を求める旨」を記載する。また，保全命令の一部の取消し又は変更を求めるときは，申立ての趣旨においてその範囲を明らかにしなければならない（規則24Ⅱ）。
　保全異議の申立ての理由（異議事由）には制限がなく，被保全権利が存在しないこと，保全の必要性が存在しないことのほか，担保が低額に過ぎることなども理由にすることができる（竹下＝藤田214頁）。また，保全取消しの事由も異議事由と併せて主張することができる。なお，申立ての理由においては，保全命令の取消し又は変更を求める事由を具体的に記載し，かつ，立証を要する事由ごとに証拠を記載しなければならない（規則24Ⅲ。なお，申立書の書式は【書式11】参照）。

第8節　不服申立て

これに対し，保全異議の答弁書中，「申立ての趣旨に対する答弁」は，債権者が保全異議において求める裁判を記載するところ，後記のとおり，保全異議で保全の実体的要件があることを理由に原決定を維持する主文は，原決定の「認可」であるから（法32Ⅰ），その旨の決定を求める答弁書においては，保全異議申立ての却下の裁判ではなく，原決定の「認可」の裁判を求める旨の答弁をする必要がある（【書式12】参照）。

(3) **執行停止等の申立て**

保全命令に不服がある債務者が保全異議の申立てをしても，それだけでは保全執行は停止されない。保全執行の停止又は既にした執行処分の取消しが認められるのは，「保全命令の取消しの原因となることが明らかな事情」及び「保全執行により償うことができない損害を生ずるおそれ」の両者について疎明があったとき（法27Ⅰ）に限られ，厳格な要件が求められている。なお，執行停止等の申立ては，保全異議の申立てとは別個にしなければならない。

(4) **保全異議の審理**

保全異議の手続は，前述のとおり，続審として発令手続の一部と見ることができるから，その審理については，基本的に保全命令の申立てについての審理と同様である。ただし，保全異議の審理に特有のものとして，法は，手続保障の見地から，最低一度は口頭弁論又は当事者双方が立ち会うことのできる審尋の期日を経なければならないこと（法29），審理を終結するには，相当の猶予期間を置いて，審理を終結する日を決定しなければならないこと（法31本文。ただし，審尋等の期日においては，直ちに審理終結を宣言できる〔同ただし書〕。）を定めている。

(5) **保全異議の裁判**

保全異議審の裁判所は，保全異議の申立てについての決定においては，保全命令を認可し，変更し，又は取り消さなければならない（法32Ⅰ）。具体的な決定の主文は，次のようになる。

① 保全命令の申立てに理由があり，保全異議の事由があると認めることができない場合は，保全命令を認可する旨の決定をする。保全異議の申立てを却下する旨の宣言はしない。

② 保全命令の申立てに理由がない（例えば，被保全権利又は保全の必要性が認められない）場合は，保全命令を取り消す旨の決定をし，併せて，保全命令の申立てを却下する旨の決定をする。

例えば，仮処分の対象物のうちの一部につき被保全権利又は保全の必要性を欠く場合には，裁判所は，保全命令の申立ての一部を認可し，一部を取り消すことになる（この場合，実務上，決定の主文として変更の文言が用いられているものの，法32条1項の変更には当たらないと解される。変更の典型的なものとしては，保全命令の態様（内容又は方法）を変更する場合や債権者に新たな担保や増担保を命ずる場合である。山崎218頁）。

保全異議の申立てについての決定については，原則として決定書を作成する必要があるほか（規則9Ⅰ，1③），理由を明示しなければならず（法32Ⅳ，16本文），理由の要旨では足りない。ただし，理由の付記に当たっては，保全命令の申立書その他の主張書面を引用することができ（規則9Ⅳ，Ⅰ，1③），原決定の理由を引用することもできる（規則27Ⅰ）。

3 保全取消し

(1) 保全取消しの類型と管轄裁判所

保全取消しには，本案不提起等による保全取消し（法37），事情変更による保全取消し（法38）及び特別の事情による保全取消し（法39）の3種類がある。これらの取消事由等の詳細については，八木＝関下Q112からQ114までを参照されたい。

上記のうち事情変更による保全取消し及び特別の事情による保全取消しの申立てについての管轄裁判所は，「保全命令を発した裁判所又は本案の裁判所」（法38Ⅰ，39Ⅰ）とされており，債務者の選択に委ねられているが，本案不提起等による保全取消しの申立てについての管轄裁判所は，「保全命令を発した裁判所」（法37Ⅰ，Ⅲ）に限定されている。これは，本案不提起等による保全取消しについては，本案の訴えが既に提起されていることがほとんどないことによる（山崎247頁）。なお，これらはすべて専属管轄とされている（法6）。

(2) **保全取消しの申立て**

保全取消しの申立ては，書面でしなければならない（規則1④）。申立書の記載事項については，規則29条により保全異議の申立書の記載事項を定めた規則24条1項が準用される。

保全取消しの手続は，保全命令の存在を前提としてその取消し・変更を求めるもので，審理の対象は原則として保全命令発令後に生じた取消原因の存否であるから，発令手続とは別個の手続である。そこで，保全異議の場合とは異なり，保全取消しの申立てをする側を「申立人」，申立ての相手側を「被申立人」と表示する。

保全取消しの申立ての趣旨（規則29，24Ⅰ④）には，「保全命令の取消しを求める旨」を記載する。その他，申立書の記載については，規則29条により規則24条の規定が準用されており，保全異議の場合と同様である。

(3) **執行停止等の申立て**

保全異議の項で述べたところと同様である（法40Ⅰ，27）。

(4) **保全取消しの審理，裁判**

保全取消しは，取消事由が原則として保全命令発令後に生じた事由に限られ，いわば事後審としての性格を有するものではあるが，債務者からの不服申立てであり，保全命令を維持すべきか否かにつき，裁判所が決定手続で審理，判断するものであるから，その審理手続は基本的に保全異議と同様である。そこで，法は，保全取消しの審理手続について，保全異議に固有のものを除き，保全異議に関する規定を準用している（法40）。ただし，保全取消しの手続においては，申立人（債務者）が取消事由の存否についての主張・立証責任を負う。

裁判所は，保全取消しの申立てが不適法であるか理由がないときは申立てを却下する旨の決定をし，申立てに理由があると認めるときは保全命令を取り消す旨の決定をする（なお，この場合に，保全命令の申立てを却下する旨の宣言はしない。）。

保全取消しの申立てについての決定については，原則として決定書を作成する必要があることなど，保全異議の申立てについての決定の場合と同様である（法37Ⅷ，38Ⅲ，39Ⅲ，16本文，規則1④，9Ⅰ，Ⅳ，27Ⅰ，29）。

4 即時抗告

(1) 不服申立ての期間

法は，保全命令の申立てに対する裁判形式を決定に限定する（法3条，オール決定主義）とともに，保全命令の申立てを却下する決定に対する不服申立方法を即時抗告に限定した。そして，複雑困難な事件の準備期間も考慮して，即時抗告の期間を，告知を受けた日から2週間の不変期間とした（法19Ⅰ。なお，民事訴訟法上の即時抗告期間は1週間の不変期間とされている。民訴332）。

(2) 即時抗告の対象

即時抗告の対象となるのは，保全命令の申立ての全部又は一部を却下する裁判である。保全命令の申立てが形式的要件を欠く場合のみならず，被保全権利ないし保全の必要性という実体的要件を欠く場合であっても，実務上，保全命令の申立ては棄却ではなく却下されることになるから，被保全権利，保全の必要性の一方又は双方を欠くとの理由で保全命令の申立てが却下された場合は，当然に即時抗告の対象となる。

なお，裁判長による申立書却下（法7，民訴137）の場合については，裁判の形式は決定ではなく命令ではあるものの，法19条1項による即時抗告の対象となるとする見解（山崎157頁，瀬木338頁）もあるが，文理上，申立書を却下する裁判が「申立てを却下する裁判」に含まれるとの解釈は自然でないこと，実質的にも，訴状却下命令に対する即時抗告期間は1週間であるにもかかわらず，保全命令の申立書が却下された場合にあえて即時抗告期間を2週間とすることに合理性はないことから，保全命令の申立書が却下された場合の不服申立ては，法19条1項による即時抗告ではなく，法7条により準用される民訴法137条3項の即時抗告によるべきである（したがって，即時抗告期間は1週間の不変期間となる。注釈民保(上)262頁，八木＝関(上)135頁）。

(3) 即時抗告の申立て

即時抗告の申立ては，書面でしなければならず（規則1②），高等裁判所に宛てた抗告状を原裁判所である地方裁判所に提出してしなければなら

ない（法7，民訴331，286Ⅰ）。原裁判所は，いわゆる再度の考案により原決定を更正することができる（法7，民訴333）。

(4) **抗告審の手続**

抗告審の手続については，特段の規定がない限り第一審の手続によることになる（法7，民訴331，297）。なお，インターネット関係仮処分の事件には原則として必要的債務者審尋の規定（法23Ⅳ）が適用されるところ，原審で債務者審尋が行われている場合，抗告審裁判所は，再度の債務者審尋を経ることなく仮処分命令を発することができると解されている（八木＝関上Q36。なお，瀬木338頁は，実質的手続保障の見地から，審級ごとに債務者審尋を行う必要があるとしている。）。

(5) **抗告審の裁判**

抗告審裁判所は，即時抗告の申立てを理由があると認めるときは，保全命令の申立てを却下する原決定を取り消し，保全命令を発するか，原裁判所に差し戻す旨の決定をする（法7，民訴331，307，308）。

他方，法19条2項の文言にかかわらず，抗告審裁判所は，実務上，他の抗告の場合と同様，即時抗告の申立てが不適法であると認めるときは申立てを却下し，理由がないと認めるときは申立てを棄却するとの判断がされている。

即時抗告の申立てに対する決定については，原則として決定書を作成する必要があるほか（規則9Ⅰ，1②），理由を明示しなければならず（法19Ⅲ，16本文），理由の要旨では足りない。なお，即時抗告の申立てに対する決定についても，理由の付記に当たっては，口頭弁論又は債務者審尋を経ないで保全命令を発する場合を除いて保全命令の申立書その他の主張書面を引用することができ（規則9Ⅳ，Ⅰ，1②），原決定の理由を引用することもできる（規則6，民訴規205，184）。

(6) **再抗告の禁止**

即時抗告を却下ないし棄却した高等裁判所の決定に対しては，再抗告をすることができない（法19Ⅱ）。即時抗告の申立てを理由があるとして原決定が取り消され，高等裁判所において保全命令が発せられた場合には，債務者は保全異議の申立てをすることができるが，その保全異議の申立て

について高等裁判所がした決定に対しては，保全抗告をすることができない（法41Ⅰただし書）。これを認めると三審級の利益を認めたことになるからである（山崎159頁）。

5 保全抗告

　保全異議又は保全取消しの申立てについての裁判に対する不服申立ては，すべて保全抗告による（法41Ⅰ）。その不服申立期間は，対象となる裁判の送達を受けた日から2週間の不変期間内である。

　保全抗告の申立ては，書面でしなければならず（規則1⑤），高等裁判所に宛てた保全抗告状を原裁判所である地方裁判所に提出してしなければならない（法7，民訴331，286Ⅰ）。原裁判所は，保全抗告の理由の有無につき判断しないで，事件を抗告裁判所に送付しなければならず，いわゆる再度の考案は禁止されている（法41Ⅱ）。

　保全抗告の手続については，保全異議の手続に関する規定が準用されている（法41Ⅳ，規則30）。

　保全抗告についての裁判に対しては，さらに抗告をすることができない（法41Ⅲ。再抗告の禁止）。ただし，この規定によって再抗告が禁止されるのは，簡易裁判所が保全異議又は保全取消しの申立てについての裁判に対して地方裁判所に保全抗告が申し立てられ，これについての決定がされた場合である。高等裁判所がした保全抗告についての裁判に対しても，最高裁判所に抗告をすることはできないが，それは裁判所法7条2号の制約によるものである。なお，法41条4項により準再審の規定（民訴349）が準用されるので，保全抗告ができる裁判が確定した場合において，その裁判に再審事由があるときは，再審の申立てをすることができる。

6 特別抗告，許可抗告

　法7条により特別抗告の規定（民訴336）が準用されるので，高等裁判所がした即時抗告の申立てについての決定及び保全抗告の申立てについての決定に対しては，その裁判に憲法の解釈の誤りがあることその他憲法の違反があることを理由とするときに，決定の告知を受けた日から5日の不

変期間内に，最高裁判所に抗告をすることができる。

　また，保全命令手続における高等裁判所の裁判（附随的なものを除く。）については，許可抗告の対象となると解されている（法7，民訴337。高等裁判所がした保全抗告についての決定を許可抗告の対象とした判例として最決平11.3.12民集53巻3号505頁がある。）。

[参考文献]

　本文中に掲げたもののほか，八木＝関(上)Q36，(下)Q105〜123，書式・実務371頁以下，山崎47頁，49頁以下，156頁以下，193頁以下，瀬木127頁以下，337頁以下，加藤新太郎＝山本和彦編著『裁判例コンメンタール民事保全法』149頁以下，285頁以下，334頁以下，401頁以下，コンメ民保68頁以下，114頁以下，条解規則30頁以下，148頁以下，須藤＝深見＝金子201頁以下，裁判実務シリーズ294頁以下

（福田　敦）

資料編

書 式 等

【書式１】申立ての趣旨の記載例
【書式１－１】発信者情報開示仮処分

> 債務者は，債権者に対し，別紙発信者情報目録記載の各情報を仮に開示せよ。

【書式１－２】　投稿記事削除仮処分

> 債務者は，別紙投稿記事目録記載の（各）投稿記事を仮に削除せよ。

【書式１－３】　発信者情報消去禁止仮処分

> 債務者は，別紙発信者情報目録記載の各情報を消去してはならない。

【書式2】当事者目録の記載例

当　事　者　目　録

〒○○○－○○○○
東京都○○区○○町○丁目○番○－○○○号
債権者　○　○　○　○
〒○○○－○○○○
（送達場所）
東京都○○区○○町○丁目○番○号　○○ビル○階
○○総合法律事務所
債権者代理人弁護士　○　○　○　○
電話　03（○○○○）○○○○
FAX　03（○○○○）○○○○

アメリカ合衆国○○○州○○市○○ストリート○　○○ビルディング○○○号室　○○○○○
（○○○○　○○○○　○○○○　○○○○　○○○　USA）
債務者　○○○○エルエルシー
（○○○○○○　LLC）
代表者取締役　○○○○　○○　○○○○
（○○○○○　○○○　○○○○）

【書式3】発信者情報目録の記載例
【書式3-1】発信者情報目録①

> 1 別紙投稿記事目録記載の(各)投稿記事を投稿した際のIPアドレス及び当該IPアドレスと組み合わされたポート番号
> 2 前項のIPアドレスを割り当てられた電気通信設備から債務者の用いる特定電気通信設備に前項の(各)投稿記事が送信された年月日及び時刻

【書式3-2】発信者情報目録②

> 1 別紙投稿記事目録記載の(各)投稿記事を投稿した際のIPアドレス
> 2 前項のIPアドレスを割り当てられた電気通信設備から債務者の用いる特定電気通信設備に前項の(各)投稿記事が送信された年月日及び時刻

【書式3-3】発信者情報目録③

> 1 別紙投稿記事目録に係る(各)投稿記事を投稿した際の,
>   (1) IPアドレス
>   (2) 携帯電話端末又はPHS端末(以下「携帯電話端末等」という。)からのインターネット接続サービス利用者識別符号
>   (3) SIMカード識別番号のうち,携帯電話端末等からのインターネット接続サービスにより送信されたもの
> 2 前項(1)のIPアドレスを割り当てられた電気通信設備,前項(2)の携帯電話端末等からのインターネット接続サービス利用者識別符号に係る携帯電話端末等又は前項(3)のSIMカード識別番号に係る携帯電話端末等から,債務者の用いる特定電気通信設備に(各)投稿記事が送信された年月日及び時刻

【書式3-4】発信者情報目録(ログイン型)①

> 別紙投稿記事目録に係る(各)投稿記事を投稿した者の使用するアカウントについてログインした際のIPアドレスのうち,本決定が債務者に送達された日から遡って3か月以内の債務者が保有するものすべて。ただし,(各)投稿記事が投稿された直前のログイン時以降のものに限る。

【書式3-5】発信者情報目録（ログイン型）②

> 別紙アカウント目録記載のアカウントについてログインした際のIPアドレス及び当該IPアドレスを割り当てられた電気通信設備から債務者の用いる特定電気通信設備に当該ログイン情報が送信された年月日及び時刻のうち，本決定が債務者に送達された日から遡って3か月以内の債務者が保有するものすべて

【書式3-6】発信者情報目録（ログイン型）③

> 別紙アカウント目録記載のアカウントにログインした際のIPアドレスのうち，平成○○年○月○日以降のもので，債務者が保有するものすべて

【書式3-7】発信者情報目録（ログイン型）④

> 別紙投稿記事目録に係る（各）投稿記事を投稿した者の使用するアカウントについてログインした際のIPアドレスのうち，本決定が債務者に送達された日の正午（日本標準時）時点で，最も新しいもの

【書式3-8】発信者情報目録（ログイン型）⑤

> 1　別紙アカウント目録記載のアカウントにログインした際のIPアドレスのうち平成○○年○月○日正午（日本標準時）以降のもので，債務者が保有するものすべて
> 2　前項の各IPアドレスが割り当てられた電気通信設備から，債務者の用いる特定電気通信設備に前項のログイン情報が送信された年月日及び時刻

【書式3-9】発信者情報目録（MVNO）

> 別紙投稿記事目録記載の（各）投稿記事の投稿に用いられた，同目録記載のIPアドレスを，同目録記載の（各）投稿日時頃に使用して情報を発信していた電気通信設備を管理する者の下記情報
> (1)　氏名又は名称

(2) 住所

【書式3-10】発信者情報目録（発信者情報消去禁止仮処分）

　別紙投稿記事目録記載の IP アドレスを同目録記載の投稿日時頃に使用して同目録記載の URL に接続した者に関する情報であって，次に掲げるもの
(1) 氏名又は名称
(2) 住所
(3) 電子メールアドレス

【書式4】投稿記事目録の記載例
【書式4-1】投稿記事目録①

```
閲覧用URL　http://○○○○
投稿番号　○○
投稿日時　○○年○○月○○日　○○：○○：○○．○○
```

【書式4-2】投稿記事目録②

```
スレッドタイトル　○○○○○
閲覧用URL　https://○○○○/○○○○/○○○
投稿ID　○○○-○○
投稿日　○○年○○月○○日
```

【書式4-3】投稿記事目録③

```
スレッドタイトル　○○○○○
閲覧用URL　https://○○○○/○○○○/○○○
投稿番号　○○
投稿日時　○○年○○月○○日　○○時○○分
投稿内容　○○○○○○○○○○○○○○○○○○，○○○○○○，○
　　　　　○○○○○○，○○○○○○○○。○○○○○○○○，○○○○
　　　　　○。○○○○○。
```

【書式4-4】投稿記事目録④

```
スレッドタイトル　○○○○○
閲覧用URL　https://○○○○/○○○○/○○○
投稿番号　○○
投稿日時　○○年○○月○○日　○○時○○分
投稿内容　「○○○○」で始まり，「○○○○」で終わるもの。
```

【書式4-5】投稿記事目録（ログイン型）

```
URL   http://○○○○
名前   ○○○○
ユーザー名   @○○○○
投稿日時   ○○年○○月○○日   ○○：○○：○○．○○
```

【書式4-6】アカウント目録

```
名前   ○○○○
ユーザー名   @○○○○
```

【書式4-7】投稿記事目録（MVNOの情報開示を求める場合）

```
URL   http://○○○○
投稿番号   ○○
投稿日時   ○○年○○月○○日   ○○：○○：○○．○○
IPアドレス   ○○○．○○○．○○○．○○
接続先IPアドレス   ○○○．○○○．○○○．○○
```

【書式4-8】投稿記事目録（発信者情報消去禁止仮処分）

```
（投稿用）URL   http://○○○
投稿番号   ○○
投稿日時   ○○年○○月○○日   ○○：○○：○○．○○
IPアドレス   ○○○．○○○．○○○．○○
```

【書式5】発信者情報開示仮処分命令申立書の記載例

収　入
印　紙

発信者情報開示仮処分命令申立書

平成〇〇年〇月〇日

〇〇地方裁判所民事第〇部　御中

債権者代理人弁護士　〇　〇　〇　〇　印

　当事者の表示　別紙当事者目録記載のとおり
　被保全権利　プロバイダ責任制限法4条1項に基づく開示請求権
申立ての趣旨
　債務者は，債権者に対し，別紙発信者情報目録記載の各情報を仮に開示せよ
との裁判を求める。
申立ての理由
第1　被保全権利
　1　当事者
　　債権者は，〇〇に勤務する自然人である。
　　債務者は，インターネットで閲覧可能な電子掲示板〇〇（以下「本件掲示板」という。）を設置・運営し，そのシステムを管理する者である（疎甲第〇号証）。
　　本件掲示板は，誰でもこれを閲覧し，又はこれに書き込みをすることが可能であり，本件掲示板に書き込まれた情報は，電子通信により送信され，本件掲示板にアクセスする不特定の者によって受信されることとなる。債務者は，本件掲示板のシステムを用いて，本件掲示板に書き込みをして情報を発信する者と本件掲示板にアクセスして情報を受信する者との通信を媒介する者であり，プロバイダ責任制限法4条の「開示関係役務提供者」に該当する。
　2　債権者に対する権利侵害
　　(1)　本件投稿記事の存在
　　　本件掲示板上には，別紙投稿記事目録記載の投稿記事が存在し（疎甲第〇号証），インターネットを通じて不特定人に広く公開されている。
　　(2)　同定可能性

本件投稿記事には，債権者の実名に加え，属性としての……が記載されており，一般人が，本件投稿が債権者に向けられたものであると認識することは容易であるから，本件投稿には，同定可能性が認められる。

⑶　債権者に対する人格権侵害

本件投稿は，債権者が……との事実を摘示するものであって，債権者の社会的評価を低下させるものである。

具体的には，……。

⑷　違法性阻却事由の存在を窺わせる事情の不存在

債権者が，本件投稿に記載されているような行動を行った事実は一切なく（疎甲第〇号証），本件投稿自体，債権者が行ったことを裏付けるような具体的事実は一切記載されていない。本件投稿の，何らの具体的根拠を示すことなく，ただ，債権者を一方的に……人物であると断定する投稿内容からすれば，本件投稿に，公益目的の存することすら疑わしい。

本件投稿は，内容虚偽の投稿を，私怨を図る目的でなされたことが強く疑われるのであるから，本件投稿が名誉毀損に当たることは明らかである。

⑸　小括

以上により，本件投稿により債権者の名誉権が侵害されたことは明らかである。

3　債務者から発信者情報の開示を受けるべき正当な理由

債権者は，本件投稿記事の発信者に対し，不法行為に基づく損害賠償及び差止請求をする予定であるが，この権利を行使するためには，債務者が保有する別紙発信者情報目録記載の情報の開示を受ける必要がある。

4　まとめ

よって，債権者は債務者に対し，プロバイダ責任制限法4条1項に基づき本件発信者情報の開示請求権を有するものである。

第2　保全の必要性

債務者は，アクセスログとして，投稿につき別紙発信者情報目録記載のIPアドレスとタイムスタンプの記録を保有している。経由プロバイダのアクセスログの保存期間は3か月から6か月程度とされており（疎甲第〇号証），債務者から発信者情報の開示を受けなければ，前記損害賠償請求等に支障をきたすこととなる。

また，本件投稿記事が閲覧可能な状況が続くことにより，いわれのない中傷を受けている債権者は心労で日常生活にも支障をきたす状況であり（疎甲第〇号証），早急な発信者情報の開示を受ける必要がある。

```
                当 事 者 目 録
〒○○○-○○○○
  東京都○○区○○町○丁目○番○○-○○○号
      債権者　○　○　○　○

〒○○○-○○○○
  （送達場所）
  東京都○○区○○町○番○○号　○○ビル○階
                    ○○○法律事務所
      債権者代理人弁護士　○　○　○　○
          電　話　03（○○○○）○○○○
          ＦＡＸ　03（○○○○）○○○○

〒○○○-○○○○
  東京都○○区○○町○○丁目○番○号
      債務者　○○○○株式会社
      代表者代表取締役　○　○　○　○
```

```
                発信者情報目録

1　別紙投稿記事目録記載の投稿記事を投稿した際のIPアドレス及び当該
  IPアドレスと組み合わされたポート番号
2　前項のIPアドレスを割り当てられた電気通信設備から債務者の用いる
  特定電気通信設備に前項の投稿記事が送信された年月日及び時刻
```

投稿記事目録

閲覧用 URL　http://○○○○
投稿番号　○○
投稿日時　○○年○○月○○日　○○：○○：○○．○○

【書式6】 発信者情報消去禁止仮処分命令申立書の記載例

```
                                              収　入
                                              印　紙
```

発信者情報消去禁止仮処分命令申立書

　　　　　　　　　　　　　　　　　　　　平成○○年○月○日

○○地方裁判所民事第○部　御中

　　　　　　　　　　　　　債権者代理人弁護士　○　○　○　○　㊞

　当事者の表示　別紙当事者目録記載のとおり
　被保全権利　プロバイダ責任制限法4条1項に基づく開示請求権
　　　　　　　　　　　申立ての趣旨
　債務者は，別紙発信者情報目録記載の各情報を消去してはならない。との裁判を求める。
　　　　　　　　　　　申立ての理由
第1　被保全権利
　1　当事者
　　債権者は，○○に勤務する自然人である。
　　債務者は，○○○○という名称でインターネット接続サービス事業を運営している株式会社である（疎甲第○号証）。
　　債権者は，申立外株式会社○○○の運営する電子掲示板○○に投稿された別紙投稿記事目録記載の投稿記事（以下「本件記事」という。）によって，その権利が侵害された（疎甲第○号証）。
　2　サイト管理者からの発信者情報開示
　　債権者は，本申立てに先立ち，本件掲示板を管理する申立外株式会社○○○に対して，発信者情報開示仮処分命令申立を行い，仮処分決定を得た（疎甲第○号証）。そして，同決定に基づいて，同社から本件記事の投稿に用いられたIPアドレス等の開示を受けた（疎甲第○号証）。
　　開示結果により，本件記事の投稿者は，債務者を経由プロバイダとして本件投稿を行っていることが判明した（疎甲第○号証）。
　3　債務者の開示関係役務提供者該当性
　　本件投稿は，不特定の者が自由に閲覧でき，プロバイダ責任制限法2条1号の「不特定の者によって受信されることを目的とする電気通信の送信」に該当し，また，本件投稿が経由したリモートホストや電気通信設備

一式は,「特定電気通信の用に供される電気通信設備」(同条2号)に該当する。

そして,債務者は,前記特定電気通信設備を用いて,本件掲示板への投稿と閲覧を媒介し,または特定電気通信設備をこれら他人の通信の用に供する者であるから,「特定電気通信役務提供者」(同条3号)に該当する。

したがって,債務者は,「特定電気通信の用に供される特定電気通信設備を用いる特定電気通信役務提供者(開示関係役務提供者)」(同法4条1項)に該当する。

 4 発信者情報開示請求権
 (1) 本件記事は,以下のとおり債権者の人格権を侵害するものであり,違法性阻却事由の存在を窺わせるような事情も存在しない。したがって,債権者が本件記事によって権利を侵害されていることは明白である。
  ア 同定可能性
   本件投稿記事には,債権者の実名に加え,属性としての……が記載されており,一般人が,本件記事が債権者に向けられたものであると認識することは容易であるから,本件投稿には,同定可能性が認められる。
  イ 債権者に対する人格権侵害
   本件投稿は,債権者が……との事実を適示するものであって,債権者の社会的評価を低下させるものである。
   具体的には,……。
  ウ 違法性阻却事由の存在を窺わせる事情の不存在
   債権者が,本件投稿に記載されているような行動を行った事実は一切なく(疎甲第○号証),本件記事自体に債権者が行ったことを裏付けるような具体的事実は一切記載されていない。本件投稿の,何らの具体的根拠を示すことなく,ただ,債権者を一方的に……人物であると断定する投稿内容からすれば,本件投稿に,公益目的の存することは疑わしい。
   本件投稿は,内容虚偽の投稿を,私怨を図る目的でなされたことが強く疑われるのであるから,本件投稿が名誉毀損に当たることは明らかである。
 (2) 債権者は,本件投稿記事の発信者に対し,不法行為に基づく損害賠償及び差止請求をする予定であるが,この権利を行使するためには,債務者が保有する別紙発信者情報目録記載の情報の開示を受ける必要がある。
 (3) よって,債権者は債務者に対し,プロバイダ責任制限法4条1項に基づき本件発信者情報の開示請求権を有するものである。

第2　保全の必要性
 1　債務者はアクセスログとして，本件投稿に用いられたIPアドレス及び同割当日時等の記録，契約者情報として前記IPアドレス使用者の住所氏名等の情報を保有している。
 2　債務者を含め，経由プロバイダのアクセスログの保存期間は3か月から6か月程度とされている（疎甲第○号証）。
　そのため，発信者情報開示の本案訴訟を経た後では，もはやアクセスがなく，投稿者に対する損害賠償請求が不可能になるおそれがある。
　　よって，通信ログの保存を仮に求めておく必要がある。

当　事　者　目　録

〒○○○-○○○○
　東京都○○区○○町○丁目○番○○-○○○号
　　　　債権者　○　○　○　○

〒○○○-○○○○
　（送達場所）
　東京都○○区○○町○番○○号　○○ビル○階
　　　　　　　　　　　　○○○法律事務所
　　　　債権者代理人弁護士　○　○　○　○
　　　　　　電　話　03（○○○○）○○○○
　　　　　　ＦＡＸ　03（○○○○）○○○○

〒○○○-○○○○
　東京都○○区○○町○○丁目○番○号
　　　　債務者　○○○○株式会社
　　　　代表者代表取締役　○　○　○　○

発信者情報目録

　別紙投稿記事目録記載のIPアドレスを同目録記載の投稿日時頃に使用して同目録記載のURLに接続した者に関する情報であって，次に掲げるもの
(1)　氏名又は名称
(2)　住所
(3)　電子メールアドレス

投稿記事目録

（投稿用）ＵＲＬ　http://○○○○
投稿番号　○○
投稿日時　○○年○○月○○日　○○：○○：○○．○○
IPアドレス　○○○．○○○．○○○．○○

【書式7】 投稿記事削除仮処分命令申立書の記載例

収入印紙

投稿記事削除仮処分命令申立書

○○地方裁判所民事第○部　御中

平成○○年○月○日
債権者代理人弁護士　○　○　○　○　印

　当事者の表示　別紙当事者目録記載のとおり
　被保全権利　人格権に基づく妨害排除又は妨害予防の請求権としての削除請求権

申立ての趣旨

　債務者は，別紙投稿記事目録記載の投稿記事を仮に削除せよ。
との裁判を求める。

申立ての理由

第1　被保全権利
　1　当事者
　　債権者は，○○に勤務する自然人である。
　　債権者は，インターネットで閲覧可能な電子掲示板○○（以下「本件掲示板」という。）を設置・運営し，そのシステムを管理する者である（疎甲第○号証）。
　　本件掲示板は，インターネットを通じて誰でもこれを閲覧し，又はこれに書き込みをすることが可能であり，本件掲示板に書き込まれた情報は，電子通信により送信され，本件掲示板にアクセスする不特定の者によって受信されることとなる。
　2　債務者の削除義務
　　本件掲示板には，別紙投稿記事目録記載の投稿記事が，氏名不詳者によって投稿され，インターネットを通じて不特定人に広く公開され，現在もその状態に置かれている（疎甲第○号証）。
　　本件記事の内容は，別紙権利侵害の説明のとおり債権者の人格権を侵害するものであるが，本件記事は債務者の管理するシステムによって公開されており，本件記事の削除は債務者若しくは債務者から権限を与えられた者にしかできない仕組みとなっている。したがって，債務者は債権者に対して本件記事を削除すべき条理上の作為義務を負うものである。

よって，債権者は債務者に対し，人格権に基づき，本件記事を削除する
　よう請求する権利を有する。
第2　保全の必要性
　本件記事は，インターネットを通じて広く公開されており，誰でも閲覧可能である。よって，債権者の人格権に対する侵害は現在も継続しており，一刻も早く債務者による表示防止措置が執られる必要があり，保全手続による迅速な侵害状況からの回復が行われることが不可欠である。

　　　　　　　　　　当　事　者　目　録

〒〇〇〇-〇〇〇〇
　　東京都〇〇区〇〇町〇丁目〇番〇〇-〇〇〇号
　　　　債権者　　〇　　〇　　〇　　〇

〒〇〇〇-〇〇〇〇
　　（送達場所）
　　東京都〇〇区〇〇町〇番〇〇号　　〇〇ビル〇階
　　　　　　　　　　　　〇〇〇法律事務所
　　　　　　債権者代理人弁護士　　〇　　〇　　〇　　〇
　　　　　　　電　話　03（〇〇〇〇）〇〇〇〇
　　　　　　　ＦＡＸ　03（〇〇〇〇）〇〇〇〇

〒〇〇〇-〇〇〇〇
　　東京都〇〇区〇〇町〇〇丁目〇番〇号
　　　　　　債務者　　〇〇〇〇株式会社
　　　　　　代表者代表取締役　　〇　　〇　　〇　　〇

　　　　　　　　　　投　稿　記　事　目　録

スレッドタイトル　　〇〇〇〇〇
閲覧用ＵＲＬ　　http://〇〇〇〇/〇〇〇〇/〇
投稿番号　　〇〇〇
投稿日時　　〇〇年〇〇月〇〇日　　〇〇時〇〇分

権利侵害の説明

1　同定可能性
　本件投稿記事には，債権者の実名に加え，勤務先が記載されており，一般人が，本件投稿が債権者に向けられたものであると認識することは容易であるから，本件投稿には，同定可能性が認められる。
2　債権者に対する人格権侵害
　本件投稿は，債権者が……との事実を摘示するものであって，債権者の社会的評価を低下させるものである。
3　違法性阻却事由の存在を窺わせる事情の不存在
　債権者が，本件投稿に記載されているような行動を行った事実は一切なく（疎甲第○号証），本件投稿自体，債権者が行ったことを裏付けるような具体的事実は一切記載されていない。本件投稿の，何らの具体的根拠を示すことなく，ただ，債権者を一方的に……人物であると断定する投稿内容からすれば，本件投稿に，公益目的が存するとは考えられない。
　本件投稿は，内容虚偽の投稿を，私怨を図る目的でなされたことが強く疑われるものであり，本件投稿が名誉毀損に当たることは明らかである。
4　小括
　以上により，本件投稿により債権者の名誉権が侵害されたことは明らかである。

【書式8】証拠説明書の記載例（発信者情報開示仮処分申立事件の場合）

```
発信者情報開示仮処分申立事件
債権者　○○○○株式会社
債務者　○○○株式会社
```

証　拠　説　明　書

平成○○年○月○日

○○地方裁判所民事第○部御中

債権者代理人弁護士　○　○　○　○　印

番号	標　目 （原本・写しの別）		作成者	作成年月日	立証趣旨
疎甲1	掲示板○○のホームページ	写し	債務者	○○．○．○印刷	本件サイトの運営管理者が債務者であること
疎甲2	Whois	写し	○○○	○○．○．○印刷	本件サイトのURLの検索結果
疎甲3	本件投稿記事1	写し	不詳	○○．○．○	本件投稿記事1の内容，投稿日時等
疎甲4	本件投稿記事2	写し	不詳	○○．○．○	本件投稿記事2の内容，投稿日時等
疎甲5の1ないし8	休暇承認書	写し	○○○○外○名	○○．○．○	債権者会社において申請どおりに休暇の承認がされていること
疎甲6の1ないし5	タイムカード	写し	債権者会社		債権者会社従業員の勤務状況

疎甲7の1ないし5	給与明細	写し	債権者会社		超過勤務をした従業員に対し超過勤務手当が支給されていること
疎甲8	就業規則	写し	債権者会社	○○．○．○	債権者会社の勤務時間の規定等
疎甲9	陳述書	原本	債権者会社人事部長○○○	○○．○．○	債権者会社従業員の休暇取得状況，超過勤務手当支給状況等
疎甲11	陳述書	原本	債権者代表者○○○	○○．○．○	債権者主張事実全般
疎甲12	民事保全の実務	写し	○○○○外	○○．○．○	経由プロバイダのアクセスログの保存期間が3〜6か月程度であること

(注) 書式例には「疎甲○」とあるが，「甲○」でも差し支えない。

【書式9】管轄上申書の記載例
【書式9-1】外国法人が債務者である場合の管轄についての上申書
［発信者情報開示仮処分の場合］

1　国際裁判管轄について
　債務者は○○国に本店を置く法人であるが，ウェブサイト上の記載が日本語でされており，日本から当該ウェブサイトにアクセス可能である場合には，本件申立ての本案訴訟は，「日本において事業を行う者」に対する「日本における業務に関する」訴えに該当するといえるので，民事保全法11条，民訴法3条の3第5号により本件申立ても国際裁判管轄が認められると考えられる。
2　国内管轄について
　債務者については，日本国内に主たる事務所及び営業所がなく，日本における代表者その他の主たる業務担当者がいないことから，「管轄裁判所が定まらないとき」に該当し，民訴法10条の2，民訴規則6条の2により東京都千代田区を管轄する東京地方裁判所に管轄が生じる。

［投稿記事削除仮処分の場合］

1　国際裁判管轄について
　本件は，「不法行為に関する訴え」（民訴法3条の3第8号）に該当すると考えられ，不法行為があった地が日本国内にあることから，本件申立ての本案訴訟は日本国内に管轄があるため（民訴法3条の3第8号），本件申立ても民事保全法11条により国際裁判管轄が認められると考えられる。
2　国内管轄について
　本件は民訴法5条9号の「不法行為に関する訴え」に該当すると解され，本件の本案訴訟は，不法行為があった地を管轄する地方裁判所に管轄が認められる。不法行為があった地とは，不法行為の実行行為が行われた土地と損害の発生した土地の両方を含むと解されているが，ウェブサイト上に記事を投稿することによる不法行為においては，少なくとも債権者の住所地については損害の発生した土地と考えられる。したがって，本件では「本案の管轄裁判所」である東京地方裁判所に管轄が認められる（民事保全法12条1項）。

【書式9-2】外国法人がペーパーカンパニーで主たる業務担当者が日本に住所を有する場合の管轄についての上申書

1　国際裁判管轄について

債務者が管理する電子掲示板「○○○○」は，日本人向けに日本語によるサービスを提供していることから，「日本において事業を行う者」に該当し，本件仮処分命令申立ての本案訴訟は，「日本における業務に関する」訴えとして民訴法3条の3第5号による国際裁判管轄が認められると思料する。したがって，本件申立ては「日本の裁判所に本案の訴えを提起できるとき」に該当する（民事保全法11条）。

2　国内管轄について

　債務者が管理・運営する電子掲示板「○○○○」は，○○○○が創設した後，同人から債務者に譲渡されたが，債務者は実態のないペーパーカンパニーであり，本件掲示板の管理・運営はなお○○○○が行っている（資料○　※資料略）。したがって，本件掲示板の管理に関しての債務者の主たる業務担当者は○○○○といえる。

　債務者は日本国内において事務所又は営業所を有するものではなく，○○○○の住所は東京都○○区にあるので（資料○　※資料略），民訴法4条5項，民事保全法12条1項により御庁に管轄が認められると思料する。

【書式10】 上申書の記載例
【書式10－1】 無審尋上申書

> 発信者情報開示仮処分命令申立事件
> 債権者　○○株式会社
> 債務者　○○○○　インコーポレイテッド
>
> 　　　　　　　　　　　　　　　　　　平成○○年○月○日
>
> ○○地方裁判所民事第○部　御中
>
> 　　　　　　　　債権者代理人弁護士　○　○　○　○　印
>
> 　　　　　　　　上　　申　　書
>
> 　上記事件について，双方審尋期日を経る場合には，債務者の本店所在国である○○共和国への審尋期日の呼出状の送達手続が必要となるところ，同国への送達は7か月程度の期間を要するため，通常の送達手続を経ると経由プロバイダのアクセスログの保存期間が3か月から6か月程度であることからその期間内にアクセスログが消去される可能性があり，保全の目的を達することができないことが考えられます。このため，無審尋で手続を進められたく上申します。

【書式10－2】 第三者供託の上申書

> 　　　　　　　　　　　上　　申　　書
>
> 　　　　　　　　　　　　　　　　　　平成○○年○月○日
>
> ○○地方裁判所民事第○部　御中
>
> 　　　　　　　　申請人　債権者に代わる第三者担保提供者
> 　　　　　　　　　　　　弁護士　○　○　○　○　印
> 　　　　　　　　債権者　株式会社○○○○
> 　　　　　　　　債務者　○○○株式会社
>
> 　上記当事者間の平成○○年（ヨ）第○○○号発信者情報開示仮処分命申

立事件につき，債権者に代わり第三者たる弁護士○○○○をして供託することを許可されたく上申します。

【書式11】保全異議申立書の記載例

```
                                            収 入
                                            印 紙
```

保全異議申立書

平成〇〇年〇月〇〇日

〇〇地方裁判所　民事第〇部　御中

債務者代理人弁護士　乙山一郎　印

　当事者の表示　別紙当事者目録記載のとおり

申立ての趣旨

1　上記当事者間の〇〇地方裁判所平成〇〇年（ヨ）第〇〇〇〇号投稿記事削除仮処分命令申立事件について，同裁判所が平成〇〇年〇月〇日にした仮処分決定は，これを取り消す。
2　債権者の上記仮処分命令申立てを却下する。
3　申立費用は債権者の負担とする。
　との裁判を求める。

申立ての理由

第1　被保全権利がないこと
　1　〇〇〇〇
　　(1)　……
第2　保全の必要性がないこと
　1　〇〇〇〇
　　(1)　……
第3　まとめ
　　………

疎　明　方　法
　1　乙7　　　〇〇〇〇
　2　乙8　　　〇〇〇〇
　3　乙9　　　〇〇〇〇

添 付 書 類
 1 乙号証写し
 2 ○○○○

【書式12】保全異議答弁書の記載例

平成29年（モ）第〇〇〇〇号保全異議申立事件
（基本事件：平成29年（ヨ）第〇〇〇〇号投稿記事削除仮処分命令）

答　弁　書

平成〇〇年〇月〇〇日

〇〇地方裁判所　民事第〇部　御中

債権者代理人弁護士　甲野太郎　印

申立ての趣旨に対する答弁
1　上記当事者間の〇〇地方裁判所平成〇〇年（ヨ）第〇〇〇〇号投稿記事削除仮処分命令申立事件について，同裁判所が平成〇〇年〇月〇日にした仮処分決定を認可する。
2　申立費用は債務者の負担とする。
との裁判を求める。

申立ての理由に対する認否
第1　「被保全権利がないこと」について
　1　〇〇〇〇
　　　認める。
　2　……
第2　「保全の必要性がないこと」について
　1　〇〇〇〇
　　　認める。
　2　……

申立ての理由に対する反論
第1　被保全権利の存在
　1　〇〇〇〇
　　(1)　……
第2　保全の必要性の存在
　1　〇〇〇〇
　　(1)　……
第3　まとめ
　　　………

疎 明 方 法
　1　甲11　○○○○
　2　甲12　○○○○

添 付 書 類
　甲号証写し

事項索引

【英字】

EMS……………… 225, 245, 250
EU 個人データ保護規則……… 113
EU 司法裁判所………………… 115
EU データ保護指令…………… 112
GDPR…………………………… 113
IPv4………………………………… 28
IP アドレス……… 4, 13, 25, 27, 36, 42
ISP………………………………… 11, 25
JPNIC……………………………… 15, 40
MAC アドレス……………………… 230
MNO…… 44, 180, 213, 219, 232, 234
MVNO…… 44, 180, 213, 219, 232, 234
SIM カード識別番号……… 28, 39, 229
SNS………………………………… 4, 164
URL 等情報………………… 132, 140
Whois………… 27, 38, 40, 178, 211

【あ】

アイデンティティ権…………… 154
アカウント………………… 149, 163
アクセスログ…… 12, 13, 36, 228, 235
アルゴリズム……………………… 136
意見・論評………………………… 208
「石に泳ぐ魚」事件……………… 138
移送決定…………………………… 204
　　──の送達……………………… 204
一般読者の普通の注意と読み方
　………………………………… 63, 68
移動体通信事業者
　→ MNO
委任状……………………………… 223
違法性阻却事由……………………… 90
　　──の存在を窺わせる事情…… 72
　　──の不存在………………… 210

インターネット……………………… 3
インターネット・アクセス・サー
　ビス・プロバイダ……………… 41
インターネット関係仮処分……… 2
　　──における保全の必要性…… 120
インターネットサービスプロバイ
　ダ…………………………… 11, 25
インターネット上の動画………… 56
インターネット接続サービス利用
　者識別符号………………… 28, 230
ウェブサイト…………………… 4, 11
ウェブブラウザ…………………… 12
ウェブページ……………………… 4, 10
「宴のあと」事件…………… 86, 155
閲覧等の時期的な制限………… 260
閲覧等の人的な制限…………… 261
閲覧用の URL…………………… 276
オール決定主義…………… 21, 241

【か】

外国法人の国内裁判管轄（投稿記
　事削除の仮処分の場合）……… 195
外国法人の国内裁判管轄（発信者
　情報開示及び消去禁止の仮処分
　の場合）………………………… 201
開示関係役務提供者………… 30, 31
雅号………………………………… 102
仮想移動体通信事業者
　→ MVNO
仮処分命令書……………………… 271
仮の地位を定める仮処分………… 18
　　──における保全の必要性…… 120
間接強制…………………………… 290
期日の簡易呼出表………… 242, 244
期日の指定………………………… 239

期日の呼出し ………………… 239
急迫の危険 ……………………… 7
許可抗告 ………………… 142, 305
記録の閲覧謄写 ……………… 259
係争物所在地管轄 ……… 182, 186
携帯電話端末 ………………… 229
携帯電話端末等からのインターネット接続サービス利用者識別符号 ……………………… 39
携帯電話端末等の製造番号 …… 230
携帯電話番号 ………………… 230
芸名 …………………………… 102
経由プロバイダ
　………… 3, 11, 25, 41, 42, 124
　――の特定 ………………… 177
結果発生地 …………………… 189
決定正本 ……………………… 285
検索サービスの役割 ………… 141
「検索事業者＝情報の媒介者」論
　………………………………… 135
検索事業者の判断に対する司法審査の必要性 ………………… 139
権利侵害の説明 ……… 207, 212, 216
権利侵害の明白性 …………… 33
公共図書館のレファレンスサービス ……………………………… 136
公正な論評の法理 …………… 66
更生を妨げられない利益 …… 143
国際スピード郵便
　→ EMS
コンテンツプロバイダ
　………………… 11, 25, 40, 42
　――の特定 ………………… 177

【さ】
債権者（の同定） …………… 218
債権者面接 …………………… 254
再抗告の禁止 ………………… 305

債務者の選定 ………………… 224
債務者の特定 ………………… 210
削除権〔忘れられる権利〕…… 113
削除請求の補充性 …………… 139
暫定性 …………………… 8, 22
資格証明書 ……………… 223, 225
事業遂行地 …………………… 184
事実の公共性 ………………… 66
事実の摘示 …………………… 208
事実の摘示と意見ないし論評の表明との区別 ………… 65, 69, 75
死者に関する名誉 …………… 81
死者に対する敬愛追慕の情 …… 83
死者の人格権 ………………… 82
私生活上の事実 …………… 92, 155
実体のない外国法人 ………… 196
事務所・営業所の所在地 …… 183
氏名権 …………………… 98, 151
氏名の表示決定権 …………… 100
氏名を正確に呼称される利益 … 99
氏名を冒用されない権利 …… 98
収集元ウェブサイト ………… 147
主たる事務所・営業所 ……… 183
受忍限度論 …………………… 161
準再審 ………………………… 305
証拠説明書 …………………… 222
肖像権 …………………… 104, 152
肖像権侵害 …………………… 156
証明 …………………………… 22
人格権に基づく差止請求
　………………………… 48, 52, 56
人格権に基づく妨害予防請求権
　………………………………… 127
真実性 ………………………… 66
　――の抗弁 …………… 33, 66, 72
真実相当性 …………………… 66
（真実）相当性の抗弁 …… 33, 66, 73
審尋 …………………………… 249

事項索引　337

審尋期日の呼出し ………… 240
迅速性 …………………… 22
スニペット ……… 132, 140, 146
スレッド ………………… 169
接続先 IP アドレス ……… 215, 237
前科前歴 ………………… 92
前科等を公表されない利益 …… 92
先決裁定 ………………… 114
送達 ……………………… 23
送達条約 ………………… 245
相当性の抗弁 …………… 73
双方審尋 ………………… 253
即時抗告 ………………… 298
即時抗告期間 …………… 287
その他侵害情報の送信に係る者
 …………………………… 235
疎明 ……………………… 22
疎明資料の原本 ………… 255
損害発生地 ……………… 189

【た】
第1経由プロバイダ ……… 126
第2経由プロバイダ
 ………………… 43, 126, 180, 236
対抗言論の法理 ………… 50, 57
第三者による立担保 …… 268
タイトルやスニペットの一部のみ
 の削除 ………………… 140
代表者・主たる業務担当者の住所
 …………………………… 183
タイムスタンプ … 14, 25, 29, 36, 42
立担保 …………………… 263
団体の名称を専有する権利 …… 102
担保額についての一般的考慮要素
 …………………………… 265
担保提供期間 …………… 264
担保提供者 ……………… 264
担保提供方法 …………… 268

担保取消し ……………… 292
担保取戻し ……………… 292
直送 …………………… 23, 226
通称名 …………………… 61
訂正申立書 ……………… 255
デジタル情報 …………… 4
テレビジョン …………… 55
電子掲示板 ……………… 4
添付書類 ………………… 223
等価値的比較衡量 …… 134, 144
等価値的利益衡量 ……… 138
等価値的利益衡量論 …… 139
投稿記事削除仮処分の申立ての趣
 旨 ……………………… 206
投稿記事の意味内容 …… 207
投稿記事の特質 ………… 49
投稿用 URL …………… 215, 276
当事者目録 …………… 216, 224
同定可能性 ……………… 59, 218
動的 IP アドレス ……… 14, 165
特定電気通信 …………… 31
特定電気通信役務提供者 …… 31
特定電気通信設備 ……… 31
特別抗告 ………………… 305

【な】
「なりすまし」行為 …… 150
ニックネーム …………… 61
ネットスラング ………… 208
ノンフィクション「逆転」事件
 ……………… 89, 92, 134, 138, 157

【は】
発信者情報 …………… 25, 42
発信者情報開示仮処分 …… 14
 ——の申立ての趣旨 …… 206
発信者情報開示請求権 … 14, 184, 187
発信者情報消去禁止仮処分 …… 15

発信者情報消去禁止仮処分の申立
　ての趣旨……………………207
発信者情報消去禁止を求める仮処
　分………………………………42
発信者情報目録…………………212
パブリシティ権…………………107
比較衡量……………………89, 132
非公知性……………………87, 156
被撮影者の承諾…………………156
表現行為の事後抑制………………7
表現行為の事前抑制………………7
不法行為があった地……………187
不法行為に関する訴え……187, 194
プライバシー………………51, 58
　──の定義……………………86
プライバシー該当性の判断………87
ブログ………………………………4
プロトコル………………………28
ペンネーム………………………102
ペーパーカンパニー……………196
法人に対する名誉感情の侵害……79
法人に対する名誉毀損……………79
ポート番号…………………27, 213
ホスティングプロバイダ…………11
保全異議…………………………298
保全抗告…………………………305
保全執行…………………………289
保全取消し………………………298
保全の必要性…………119, 144, 222
保全命令の送達…………………285
北方ジャーナル事件…………7, 145
本案の管轄裁判所………20, 182, 185

【ま】
未成年者の「忘れられる権利」…116

密行性……………………………21
民事訴訟手続に関する条約
　……………………………225, 245
民事又は商事に関する裁判上及び
　裁判外の文書の外国における送
　達及び告知に関する条約
　……………………………225, 245
民訴条約…………………………245
名誉…………………………………64
名誉感情……………………64, 76
名誉毀損……………………47, 65
　──の成立時期………………67
名誉権侵害を理由とする削除請求
　………………………………144
名誉権に基づく差止め……………74
目的の公益性……………………66

【や】
訳文………………………………225
訳文添付…………………………226
呼出状……………………………225
　──の訳文……………………247
呼出方式等の記録化……………241

【ら】
利益衡量論………………………157
ログイン…………………………149
ログイン型投稿……………164, 213

【わ】
和解………………………………278
和解条項例…………………280, 281
和解調書等の効力………………279
忘れられる権利……………110, 142
　日本法における──…………116

インターネット関係仮処分の実務

2018年9月19日　第1刷発行
2021年2月5日　第2刷発行

　　　　　　　編著者　関　　述　之
　　　　　　　　　　　小　川　直　人
　　　　　　　発行者　加　藤　一　浩
　　　　　　　印刷所　株式会社太平印刷社

〒160-8520　東京都新宿区南元町19
発　行　所　一般社団法人 金融財政事情研究会
企画・制作・販売　株式会社きんざい
　出版部　TEL 03(3355)2251　FAX 03(3357)7416
　販売受付　TEL 03(3358)2891　FAX 03(3358)0037
　　　　　　URL https://www.kinzai.jp/

・本書の内容の一部あるいは全部を無断で複写・複製・転訳載すること、および磁気または光記録媒体、コンピュータネットワーク上等へ入力することは、法律で認められた場合を除き、著作者および出版社の権利の侵害となります。
・落丁・乱丁本はお取替えいたします。定価はカバーに表示してあります。

ISBN978-4-322-13277-9